깊은 설교

켄트 에드워즈 지음
조성헌 옮김

기독교문서선교회

기독교문서선교회(Christian Literature Crusade: 약칭 CLC)는 1941년 영국 콜체스터에서 켄 아담스에 의해 시작되었으며 국제 본부는 영국의 쉐필드에 있습니다.

국제 CLC는 59개 나라에서 180개의 본부를 두고, 약 650여 명의 선교사들이 이동도서차량 40대를 이용하여 문서 보급에 힘쓰고 있으며 이메일 주문을 통해 130여 국으로 책을 공급하고 있습니다.

한국 CLC는 청교도적 복음주의 신학과 신앙서적을 출판하는 문서선교기관으로서, 한 영혼이라도 구원되길 소망하면서 주님이 오시는 그날까지 최선을 다할 것입니다.

Deep Preaching

by

J. Kent Edwards

translated by

Sung Hun Cho

Copyright © 2009 by J. Kent Edwards

Originally published in English under the title as
Deep Preaching
by B&H Publishing Group.
Translated and used by the permission of
B&H Publishing Group
127 Ninth Avenue North, MSN 114
Nashville, TN 37234

All rights reserved.

Korean Edition
Copyright © 2012 by Christian Literature Crusade
Seoul, Korea

추천사

손석태 박사
개신대학원대학교 명예총장

　우리 개신대학원대학교의 조성헌 교수가 그의 박사학위 과정의 지도 교수인 켄트 에드워즈의 『깊은 설교』를 번역하여 출간했다. 나는 조성헌 교수가 설교학 교수로 부임하여 설교하는 모습을 보면서 참 교육을 잘 받았다고 생각했다. 그의 설교 내용이나 설교하는 모습이 예전과는 너무나 달랐기 때문이다. 그래서 그 배경에 대해서 궁금한 점이 많았는데 그의 지도교수가 쓴 책을 읽고 나서야 그 해답을 얻었다. 그가 추천서를 써달라며 보내준 원고를 읽으며, 많은 것을 공감하고, 많은 것을 반성하고, 많은 것을 배웠다.

　목회는 설교가 전부라고 해도 결코 과언이 아니라고 할 만큼 그 비중이 크다. 그래서 목회자들은 설교에 목숨을 걸고, 설교를 잘 해보려고 전심전력 한다. 그러나 좋은 나무가 좋은 열매를 맺듯이 좋은 "설교자"가 아니면 좋은 설교가 나올 수 없다. 에드워즈 교수는 포스트모던 시대에 성도들의 귀를 스치고 지나가는 열린 예배의 열린 설교를 염두에 두며, 『깊은 설교』를 우리의 가슴에 꽂고 있다. 에드워즈 교수는 설교하기 전에 먼저 설교자가 되라고 강조한다. 설교가 무엇인지, 왜 필요한 것인지 알고, 설교자로서의 소명과 사명과 철학을 먼저 정립하라는 것이다. 에드워즈 교수는 설교자가 되기 위하여 먼저 하나님과 깊은 관계에 들어가라고 권한다. 하나님과 심오한 관계를 누리는 사람만이 심오한 설교를 할 수 있으며, 하나님과의 심오한 관계를 갖는 사람만이 하나님을 깊이 그리고 정확하게 알 수 있고, 하나님과의 은밀한 교제를 나누는 사람만이 뜨거운 마음으로 뜨거운 설교를 토해낼 수 있다고 말한다.

따라서 에드워즈 교수가 가르치는 설교 준비 방법은 단번에 써 먹을 수 있는 것이 아니다. 마치 청자의 명장이 그의 후계자에게 도자기 만드는 비법을 가르치기 위하여 먼저 흙을 주무르며 가마솥에 불을 피우는 법부터 가르치듯이, 에드워즈 교수도 설교자들을 골방으로 밀어 넣고, 하나님의 존전에서 한편의 설교를 만들기 위한 골방 작업을 가르친다. 그리고 설교의 최종 목표는 사람을 기쁘게 하고 감동하게 하는 것이 아니라 우리를 그의 신부로 사랑하시는 하나님을 기쁘시게 하는 것이어야 한다고 말한다. 수많은 실수와 연단을 통하여 명장이 탄생하듯이 하나님이 기뻐하시는 깊은 설교도 감내하기 힘든 골방의 훈련과 연습을 통하여 이루어진다는 것을 가르치고 있다. 『깊은 설교』는 설교의 이론이나 기술을 가르치는 책이 아니다. 에드워즈라는 설교의 명장이 한 사람의 설교자를 기르기 위하여 우리의 머리를 두드리고, 가슴을 주무르며, 손발을 담금질하는 책이다.

나는 설교자로 부르심을 받은 목회자들과 신학도들이 본서를 읽고 설교자로서의 철학을 새롭게 세우고, 설교자로서 자기의 형상을 새롭게 다듬는 작업을 시작해야 한다고 생각한다. 강단의 말씀이 약화되어 한국의 교세가 기우는 이때에 꼭 필요한 책을 번역하여 소개한 조성헌 교수의 노고에 감사하며, 설교에 관심을 가진 모든 분에게 기쁨으로 본서를 추천한다.

추천사

나용화 박사
개신대학원대학교 총장

　예수님과 사도들의 설교는 하나님의 나라와 의, 하나님의 비밀이자 구원의 비밀인 예수 그리스도의 구속 사역, 그리고 율법의 참된 의미 등을 깊이 있게 전달한 것이 두드러진 특징이다. 교회 역사상 탁월한 설교들의 공통된 특징도 영적으로 성경적으로 깊이가 있다는 데 있다.

　고든콘웰신학대학원의 설교학 교수를 역임한 바 있고, 바이올라대학교 안에 있는 탈봇신학대학원의 목회학박사과정의 책임자이며 설교학 교수인 켄트 에드워즈의 『깊은 설교』는 예수님의 설교를 잘 반영한 것이다. 설교는 예수님이나 사도들의 경우처럼 성경에서 하나님의 비밀인 예수 그리스도와 그의 구속사역의 비밀을 깊이 통찰하는 것이어야 하는 바, 켄트 에드워즈의 『깊은 설교』가 이를 잘 다루었다.

　『깊은 설교』는 한국교회의 강단을 권세 있게 할 것으로 기대되는 바, 이 귀한 저서를 조성헌 교수가 번역하게 되어 큰 기쁨을 가지고 이에 적극 추천한다.

추천사

이동원 목사
지구촌교회 원로목사, 지구촌 미니스트리 네트워크 대표

점점 더 강단의 설교가 피상적, 감각적이 되어간다. 그 결과, 우리네 믿음의 삶도 치열성을 상실하고 있다. 이런 때에 설교학자 켄트 에드워즈가 저술한 『깊은 설교』는 중요한 공헌을 했다. 본서는 가벼운 현대 설교의 징후에 역행되는 "깊은 설교"에 도전한 것이다. 본서는 프리칭 북 어워즈Preaching Book Awards를 수상한 저서이기도 한다. 이 주목받는 책이 조성현 교수님의 번역으로 소개됨은 한국교회 강단을 위해 더 할 수 없이 다행스런 일이다. 모쪼록 본서로 한국교회 설교강단이 진지하고 치열한 진리의 강단으로 서는 것을 보고 싶다. 모든 진지하고 치열한 설교 동역자들에게 강력히 추천한다. 깊음이 깊음을 부르며 영광의 보좌 앞에 굴복하게 하는 날 한국교회는 새날의 희망을 다시 노래하게 될 것이다.

깊은 설교를 꿈꾸며…

추천사

오정현 박사
사랑의교회 담임목사, 국제제자훈련원 원장

　설교는 타오르는 불이 되었다가 타다 남은 재가 되는 영적 소진의 작업이다. 깊은 설교는 지식적으로 깊이가 있는 설교가 아니라 한 영혼을 위해 자신을 말씀의 불에 단련시키고 소진시키는 설교, 듣는 이들의 마음 깊은 곳을 파고드는 설교이다.

　켄트 에드워즈의 『깊은 설교』는 설교자 자신이 먼저 변화되는 말씀의 골방 경험을 통해 천지를 창조하신 그 말씀으로 혼돈과 공허 가운데 있는 회중의 세상을 재창조할 수 있는 능력 있는 설교를 선포하도록 도와준다. 본서를 읽는 이들은 피상적이고 얄팍한 말씀의 전시장을 진리의 능력으로 회중의 삶을 변화시키는, 말씀의 용광로로 바꿀 강력한 도전에 직면하게 될 것이다.

추천사

주승중 박사
장로회신학대학교 예배설교학 교수

　교회 역사를 보면 부흥의 한 가운데 늘 위대한 설교자들이 있었다. 그들의 설교는 청중들로 하여금 하나님의 임재와 능력을 체험하게 하였고 청중들의 삶과 사회를 혁명적으로 변화시켰다. 이 탁월한 설교자들의 설교는 하나님의 깊은 우물에서 길어올리는 생수였다.

　이 시대 사람들도 영혼의 생수에 목말라하고 있다. 특히 "깊은 설교"를 갈망하는 이들이 얼마나 많은지? 이 생수를 공급해주는 우물을 파는 사람들이 필요하다. 이때 켄트 에드워즈의 책 『깊은 설교』가 CLC에서 시기적절하게 출간되어 참 반갑다.

　본서는 시원한 생수만이 아니라 미네랄이 풍부한 청정 해양심층수와 같은 설교를 길어낼 수 있는 방법을 상당히 설득력 있게 실제적으로 안내하고 있다. 본서의 설득력은 제1장에서 오늘날 설교가 당면한 도전들에 대한 기술로 발휘하기 시작한다. 이어지는 설교해야 하는 신학적, 교회사적, 실용적 이유들이나 예수님과 바울을 비롯한 여러 깊은 설교자들의 모범과 지침들, 깊은 설교의 정의와 특징을 은유와 대조로 풀어나가는 부분은 어느 새 깊은 설교에 대한 압도적인 갈망을 일으킨다. 뿐만 아니라 본서는 깊은 설교를 위한 실제적인 방안들을 일목요연하게 제시해주고 있다. 핵심 아이디어를 찾아내고 그 핵심 아이디어를 중심으로 석의를 하고 그것을 가지고 골방에 들어가서 깊은 설교를 길어내라고 한다. 이 과정에 대한 실제적인 지침들이나 "골방 작업"에서 활용할 수 있는 구체적인 질문들은 아주 유용하며 그대로 충분히 바로 적용해볼만 하다. 그 외 설교 준비를 위한 공동체적 협력 모델도 제시하고 있는데 이 것 역시 기대해볼만한 새로운 시도다. 이외에도 본서가 깊은 설교를 배우고 싶어 하는 이들의 손에서 떨어질 수 없게 할만한 요소는 바로 "은유"에 대한 지침들이다. 쉽지 않은 은유법을 재밌게 잘 배울 수 있을 것이다. 본서 전반에 풍부하게 나타나는 유머와 지혜가 넘치는 그 다양하고 탁월한 은유들 때문에 설교에 관한 책임에도 큰 부담없이 아주 재밌게 읽어나갈 수 있을 것이다.

저자는 "깊은 설교의 비밀은 성령"이시라고 힘주어 말한다. 인터넷 바다에서 부유하는 설교들을 건지거나 "훔치는" 것이 아니라 성령의 심해에서 퍼올리는 "깊은 설교"를 이 시대 한국교회뿐 아니라 하나님도 간절히 원하신다. 하나님의 말씀을 전하는 설교자로 부름받은 이들이 "깊은 설교"를 본서를 통해 잘 배울 수 있을 것이다. 이에 한국교회의 모든 목회자들과 설교자들에게 정독을 권한다.

추천사

김창훈 박사
총신대학교 신학대학원 설교학 교수

오늘날 강단이 약화되고 있다는 것은 대부분의 학자들과 설교자들이 공감하는 바다. 깊은 묵상과 고민 없이 너무 피상적으로 말씀이 선포되는 것이 그 대표적인 원인 가운데 하나이다. 이러한 안타까운 상황에서 본서는 마음에 감동과 도전을 주는 깊은 설교를 어떻게 준비하고 전해야 하는지에 대한 신학적이며 실제적인 이유와 방법을 분명하게 제시해 주고 있다.

본서를 통해 한국교회의 목회자들은 설교에 대해 더욱 더 많은 노력을 투자해야만 한다는 거룩한 부담감을 느끼게 될 것이지만 하나님이 부르셨다는 소명 아래 설교의 가치를 다시금 깨달음으로써 설교를 왜 해야만 하는지에 대한 확실한 동기를 부여 받을 수 있을 것이다.

이 『깊은 설교』가 『강단의 비타민 일인칭 강해 설교』와 함께 한국의 많은 설교자들에게 소개되고 읽혀지기를 소망하고 기대해 본다.

추천사

마이클 두두윗
Preaching 편집장 및 앤더슨대학 학장 및 교수

너무나도 자주, 설교가 기술적으로 능숙하게 전해진다. 하지만 하나님과 그의 말씀 가운데 보낸 의미 있는 시간으로부터 오는 열정과 깊이가 없다. 『깊은 설교』에서, 켄트 에드워즈는 우리가 왜 설교하는지를 상기시키고 표면적인 것 이상으로 나아가는 설교를 개발하고 전하기 위한 강력한 통찰력을 제공한다. 에드워즈는 하나님의 말씀을 선포하면서 깊이 파고들 수 있는 실제적인 조언을 제공한다. 그리고 궁극적으로 설교의 능력은 성령의 역사에 달려있다는 것을 상기시킨다. 설교하는 사람 누구든지 본서에서 큰 가치를 찾을 것이다.

월터 C. 카이저, 주니어
고든콘웰신학대학원 명예총장

『깊은 설교』를 추천하게 되어 기쁘다. 에드워즈 박사의 성경 본문 속 성경 저자들의 진리의 의도로 돌아가자는 강조와 강해설교를 하자는 그의 재촉은 오늘날 설교자들과 교사들을 위한 메시지로서 내가 가장 좋아하는 두 가지 격려이다. 『깊은 설교』에 제시된 제안들을 실천하는 사람들은 우리 시대의 막대한 하나님 말씀의 기근을 끝내는 데 반드시 도움을 줄 것이다.

댄 킴볼
『예수는 좋으나 교회는 싫다』 저자

『깊은 설교』는 내가 읽은 설교학 책 중에서 가장 실질적인 책이다. 석의와 성경을 창조적으로 전달하는 예술을 드러내는 여정으로 독자들을 이끈다. 이것을 이 정도로 잘하는 설교관련 책은 없다. 다른 책들보다 두드러진다.

마이클 크라우스
사우트리지(커뮤니티)교회 교육목사

본서는 설교학 이론을 신학교 강의실과 연구실을 넘어서 설교자들의 기도골방과 청중들의 거실로 가져가는 강력한 확장을 가능하게 할 것이다. 하나님 이야기의 핵심 아이디어들을 나 자신의 이야기뿐만 아니라 주일마다 내 앞에 앉아 있는 사람들의 이야기들과 어떻게 연결해야 하는지를 설명해 준다. 본서는 나의 설교 준비를 변화시킬 것이다. 이것이 설교 책의 최종적인 시험이다. 본서는 진실로 하나님이 주신 선물이다.

브라이언 랄슨
PreachingToday.com 편집장

『깊은 설교』는 설교의 기술과 설교자의 영혼에 대해 힘 있게 소통한다. 본서를 열린 마음과 사고로 읽으면 당신은 당신의 말씀 사역에서-내가 그랬듯이-엄청나게 성장할 것이다.

앨리스 P. 매튜스 박사
고든콘웰신학대학원 교육목회와 여성목회 교수 및 교무처장

성경과 교회사에 닻을 내리면서도 오늘날의 관용으로 풍부하게 설명된 『깊은 설교』는 석의와 설교학의 작업을 넘어서 효과적인 설교의 핵심인 설교자의 영혼으로 향한다. 에드워즈 박사는 설교 준비와 전달의 기본들을 설교자의 "골방 작업"과 능수능란하게 엮는다. 그리하여 본문이 사고뿐만 아니라 영혼도 침입하고 개조하도록 한다. 회중은 준비 과정에서 설교자의 마음을 먼저 변화시킨 설교를 갈망한다. 본서는 목적을 달성하기 위한 신뢰할 수 있는 로드맵을 제공한다.

J. P. 모얼랜드
탈봇신학대학원 철학 교수 및 *The God Question* 저자

켄트 에드워즈 박사의 매력적인 책 『깊은 설교』는 독자들이 효과적인 설교의 철학과 실제 속으로 능숙하게 여행하도록 한다. 이러한 분야들도 중요하지만, 이 책의 더 큰 공헌은 성경 본문을 이해하고 설교하는 과정에 성령을 어떻게 참여시킬 것인지에 대한 구체적이고 실질적이며, 사려 깊은 조언이다. 이것만으로도 본서는 가격 이상의 가치가 있다.

마이클 J. 윌킨슨 박사
탈봇신학대학원 신약학 교수

『깊은 설교』는 청중들의 귀를 즐겁게 하기 위한 설교학적 방법론 같은 또 다른 책이 아니다. 이것은 깊은 설교를 통해 그들을 변화시키는 책이다. 그러나 이러한 설교는 설교자들이 값비싼 대가를 치루어야만 가능하다. 바로 켄트 에드워즈가 통찰력 있게 묘사한 우리의 "골방 작업"을 통해서다. 나의 강의를 듣는 학생들은 모두 본서를 읽을 것이다. 왜냐하

면 본서는 성경 본문의 깊은 이해로부터, 하나님의 성령을 통한 깊은 개인적 갱신으로, 그리고 성경 진리의 깊은 전달로 이동하는 과정에 대한 필수적인 지침이고, 그리하여 청중들의 삶에서 성령의 깊은 변화를 가져오게 하실 것이기 때문이다. 얄팍한 설교가 과다한 이 시대에 꼭 필요한 책이다.

조지 O. 우드 박사
하나님의 성회 총재

설교들이 잘 준비되어지고 세련되었지만 피상적인 이 때에, 켄트 에드워즈는 우리를 "깊은 설교"로 초대한다. 골방 작업에 대한 부분은 우리가 최선을 다해 하나님의 말씀을 보증해주기 위해 하나님의 말씀을 깊이 살피는 것과 설교자의 마음과 사고를 깊이 살피도록 하는 놀라운 모체이다.

도날드 R. 수누키안
탈봇신학대학원 설교학 교수, 『성경적 설교의 초대』(CLC) 저자

"깊은 설교"는 하나님을 향한 불같은 열정, 하나님의 말씀으로부터 삶을 변화시키는 아이디어, 그리고 묵상과 기도를 통한 성령의 감동으로 된 메시지가 있을 때 일어난다. 우리는 그러한 설교를 하기 간절히 원하며, 켄트 에드워즈는 우리에게 어떻게 하면 될지 보여준다.

서문

"A"학점 이상으로

내가 강의실에서 겪었던 최악의 경험 중 하나를 소개한다. 나는 강의실 맨 뒤쪽에 서 있었고, 방음장치가 된 공간에 안락하게 있으면서, 나의 학생 중 한 명이 학우들에게 설교하는 것을 헤드폰으로 듣고 있었다.

나는 수년 동안 설교학을 가르쳤고 그 과정에서 수백 편의 초보 설교를 들었다. 초보 설교자의 첫 설교를 듣는 일은 나에게 노동이라고 해도 과언이 아니다. 영화 제작사가 젊은 스티븐 스필버그의 첫 시도를 심사하는 것과 같다. 당신은 그의 미래 영화가 더 나아질 것이라는 것을 확신하고 있지만 지금 당장 화면에서 보는 것으로 아카데미상을 받지는 못한다.

그러나 이 특별한 설교자는 나를 집중하게 했다. 메시지에 귀 기울이며 나는 그 학생이 내가 학기 초에 대략 설명한 "설교를 준비하는 단계들"을 잘 따라 설교 했다는 것을 알 수 있었다. 그 설교는 기술적으로 완벽한 메시지였다. 그는 자신의 메시지를 적합하고 자연스러운 성경 본문의 단락에 기초했다. 그에게는 그 성경 단락에서 타당하게 끌어낸 분명한 "핵심 아이디어"가 있었고 그것은 설교의 핵심에 명확하게 반영되었다. 그리고 그 학생은 "설교학 개론" 강의에서는 보기 드문 완성도를 가지고 메시지를 전달하고 있었다.

이 학생의 분위기를 봐서는, 설교학 교수인 내가, 자랑스러움에 넘치고 있을 것이라고 예상할 수도 있다. 어쨌든, 나의 학생은 나의 원칙을 따르며 나의 지침에 충실하였다. 내가 쓴 강의계획표에 따르면, 이 설교가 가장 높은 학점을 받을만하다고 인정해야 했다. 나는 A를 줘야 했다. 이 깨달음은 나를 울고 싶게 만들었다. 왜 그런가?

왜냐하면 그 설교는, 잘 정렬되었고 완벽한 석의를 사용했음에도 불구하고 빈약했다. 피상적이었다. 감성적으로 공허했다. 나의 학생은 성경의 가장 심오한 진리 중 하나를 그저 길가에 세워두는 쓰레기통에게 보통 보내는 시선 정도만 가지고 다루고 있었다. 학생의 설교 내용은 사실이었지만 진부했다. 성경의 진리에 압도되지 않은 채 그것을 바라본 것이다. 진리를 그의 손에 들고 있었지만, 예레미야와는 달리, 그것을 먹지는 않았다. 하나님의 말씀을 외부적으로만 알았지 내부적으로 몰랐다. 그 설교는 얕았다.

그의 설교는 고인이 되신 J. 버논 맥기J. Vernon McGee가 남아프리카로 여행갔을 때의 한 사건을 상기시켰다. 그가 작은 마을을 지나 여행했을 때 길가의 먼지 속에서 그려진 동그라미를 빙 둘러 서 있는 남자 아이들을 보았다. 그 유명한 설교자는 그 아이들이 하고 있는 놀이가 그가 어렸을 때 하던 놀이와 같다는 것을 알아차렸다. 그들은 구슬치기를 하고 있었다. 맥기가 더 가까이 갔을 때 그 아이들이 그 지역에서 흔한 작은 돌멩이 대신 북미에서 흔히 사용되는 유리구슬을 사용하고 있음을 발견했다. 그러나 맥기가 그 돌멩이들을 계속해서 관찰했을 때 그는 이것들이 보통 돌멩이가 아니라는 것을 깨달았다. 그것들은 다이아몬드였다.

아이들은 그 돌멩이들의 진정한 가치를 전혀 몰랐다. 이 세상에서 가장 보배로운 돌들을 그 진가를 모른 채 다루고 있었다. 다이아몬드를 가지고 구슬치기를 하고 있었다. 나의 학생도 그러했다.

　헐리우드에서 만드는 모든 영화를 심각하게 받아들일 필요는 없다고 생각하지만, 설교에 있어서는, 미야기 선생님이 한 말을 나의 뇌리에서 지울 수가 없다. 그는 "베스트 키드"The karate Kid에서 "나쁜 학생은 없다. 오직 나쁜 선생이 있을 뿐이다"라고 말했다. 이 말에 나는 동의한다. 나의 학생을 탓할 수 없었다. 그는 내가 하라고 한 대로 한 것뿐이다. 문제는 나에게 있었다. 설교를 가르치는 나의 최선의 노력이 깊이 없는 설교를 생산하고 있었다. 무슨 조치가 취해져야만 했다. 이렇게 지속되게 할 수는 없었다.

　나는 본서를 통해 설교자들이 그들의 회중을 능력 있게 변화시킬 수 있는 방법을 배울 수 있도록 돕기 위해 나섰다. 설교가 전해질 때, 설교자의 말이 탁자에 먼지 쌓이듯 회중의 삶에 편하게 떨어지게 해선 안된다. 설교자들은 하나님이 우주를 창조하실 때 하나님이 사용하신 말씀을 다시 말하면서 회중의 세상을 재창조할 수 있기 때문이다.

　나는 당신이 나와 함께 사역을 잡아매는 줄들을 벗어버리고 당신의 설교를 안정적인 얕은 곳으로부터 이끌고 나올 수 있도록 초대한다. 우리는 함께 하품을 불러일으키는 곳을 벗어나 경외심을 불러일으키는 곳으로 나아갈 수 있다. 즉 진부한 것을 벗어나 변화로 나아갈 수 있다. "A" 학점 설교에 만족하지 말자. 도전을 받아들이고 깊은 설교의 훈련을 하자.

DEEP PREACHING

역자서문

　몇 년 전 꽃이 만발하는 봄에 미국 바이올라대학교에 소속된 탈봇신학대학원 박사과정을 통해 켄트 에드워즈 교수님을 처음 만나게 되었다. 바쁜 일정 가운데서도 나의 설교학 박사논문을 지도해 주신 그분의 책, 『깊은 설교』를 번역하게 되어 기쁨이 넘친다. 본서는 미국에서 유명한 설교 전문 사이트인 preachingtoday.com에서 2010년도에 프리칭 북 어워즈Preaching Book Awards를 수상한 책이다. 이미 김창훈 교수에 의해 번역된 에드워즈 교수의 『강단의 비타민 일인칭 강해 설교』(CLC 刊)도 설교학 분야에서 인정을 받고 있는 책이다. 혹시 이 영감 있는 책을 다른 분이 먼저 번역하면 어떡하나 하며 조바심을 내었던 적이 엊그제 같은데 드디어 한국어 번역판으로 발간하게 되니 무척이나 기대가 된다.

　"오늘날 설교의 도전"으로 시작하는 본서는 우리 시대에 설교가 필요한 신학적, 역사적 그리고 실용적인 이유를 말하고 올바른 석의 작업을 통해 "핵심 아이디어를 잡으라"고 제시한다. 그리고 현시대의 바쁜 목회자들이 잊고 사는 본서의 핵심인 "골방 작업"을 구체적으로 어떻게 해야 할지를 설명하고 있다. 마지막으로 "깊은 설교하기"가 무엇인지를 보여주며 목회자들에게 깊이 있는 설교를 할 것을 권하며 마무리한다.

　본서를 한국교회와 목사님들께 소개하고자 하는 하나님이 주신 간절함을 가지고 일 년 여 동안 기도하며 번역을 했다. 나의 목회와 설교를 다시 한 번 정리하고 점검하며 앞으로 어떻게 깊이 있게 목회하며 설교해야 할지를 가르쳐 준 책이어서 한국교회와 한국 목회자들이 본서를 손에 꼭 쥐고 기도하며 묵상하며 금식하며 읽었으면 한다. 많은 목회자들의 설교 준비에 영적으로 그리고 실질적으로 도움을 줄 것이다. 이를 통해 다시 한 번 우리 한국교회의 거룩한 강단에 영적 대각성 운동이 일어나기를 소망한다.

본서를 아낌없이 추천해 주신 손석태, 나용화, 이동원, 오정현, 주승중, 김창훈박사님께 머리 숙여 감사의 말씀을 드린다. 그리고 이 번역 작업을 잘 마무리하도록 끝까지 옆에서 인내해 준 사랑하는 아내와 나의 기쁨인 자녀들(현승, 현영, 현아), 하나님의 나라와 의를 위해 지금까지 온몸으로 수고하시는 부모님, 마지막으로 CLC 출판사 직원분들께 감사하다는 말씀을 드린다.

2012년 3월 4일
조성현 識

감사의 글

아내 놀라와 아들 나단과 요나단에게 이루 말할 수 없이 고마운 마음을 전한다. 그들은 내가 본서를 쓰는 데 집중할 수 있도록 희생을 감내하였다.

안식년을 주셔서 본서를 저술할 수 있게 해 주신 탈봇신학대학원 학장 데니스 더크스Dennis Dirks 교수님과 마이크 윌킨스Mike Wilkins 교수님께 감사드린다. 또한 본서의 일부분을 설교로 들어주시고 본서에 마음을 쏟아붓을 수 있도록 필요한 공간을 마련해 주신 우드랜드힐스교회Woodland Hills Church의 장로님들과 성도님들께 감사드린다.

여러 번 전체 원고를 최선을 다해 읽고 통찰력 있는 제안을 많이 해 주신 테리 워렝Terry Wareing씨께 깊이 감사를 드린다. 예레미야 에브링Jeremiah Ebeling, 다니엘 엥Daniel Eng 그리고 크리스 케쉬Kris Cash 씨께도 이 프로젝트에 주신 모든 도움을 인해 감사드린다.

B & H 아카데믹에 계신 분들에게도 은혜를 빚졌고 (아무도 믿지 않았을 때) 이 프로젝트의 가치를 믿어주신 짐 베어드Jim Baird 씨와 끝까지 함께해 주신 테리 윌더Terry Wilder 씨께도 빚을 많이 졌다.

마이크 크라우스Mike Krause 씨께 특별히 감사드린다. 나는 하나님 말씀을 소통하기 위한 크라우스의 정직함, 진실함 그리고 열정을 소중히 여긴다. 크라우스의 지적과 질문 그리고 제안들을 정말 고맙게 생각한다. 그리고 지금까지 하나님이 크라우스를 통해 하게 하신 모든 일이 자랑스럽다!

2009년 5월
캘리포니아 욜바 린다에서
J. Kent Edwards

목차
Contents

추천사 (손석태, 나용화, 이동원, 오정현, 주승중, 김창훈) 5
서문 17
역자서문 21
감사의 글 23

제1장 오늘날 설교의 도전 29
   1. 정보 도전 29
   2. 미디어의 도전 33
   3. 진리에 대한 도전 35
   4. 기대의 도전 37
   5. 신망/위신에 대한 도전 38
   6. 깊은 설교의 도전 41

제2장 오늘날 설교해야 할 이유들 43
   1. 설교의 신학적 이유들 45

제3장 오늘날 설교를 위한 또 다른 이유들 79
   1. 설교를 위한 역사적 이유 80
   2. 설교를 위한 실용적인 이유 89

제4장 당신의 마음으로부터 시작하라 101
   1. 하나님은 당신에게 누구신가? 102
   2. 신성한 연인 105
   3. 하나님이 쓰시는 사람들 110
   4. 당신의 목적이 무엇인가? 120
   5. 하나님께 초점을 두라 124

제5장   "핵심 아이디어"를 잡아라   127
  1. 사상의 힘   128
  2. 아이디어 하나가 나의 설교를 변화시킬 수 있을까?   132
  3. 누구의 아이디어를 설교할까?   135
  4. 좋은 아이디어가 있는가?   137
  5. 당신은 경건을 창조할 것인가?   139
  6. 성경은 존경받는가?   140
  7. 성경적 긴장은 보존될 것인가?   140
  8. 당신은 예측하기 쉬운가?   141
  9. 그들이 필요한 것을 먹일 것인가?   142
  10. 당신은 영향을 줄 것인가?   143
  11. 하나님이 성경에 포함한 아이디어를 이해하라   145
  12. 아이디어의 해부학   147
  13. 아이디어 찾기   151

제6장   하나님의 아이디어를 갖고 골방에 들어가라   157
  1. 성령은 우리를 가르치신다   158
  2. 성령은 우리가 성경을 이해하도록 도우신다   164
  3. 성령은 우리가 성경의 의미를 이해하도록 도우신다.   166
  4. 성령의 설교적인 도움   167
  5. 성령이 우리의 이해를 돕도록 허락하기   171
  6. 성령은 우리를 깊은 곳으로 이끄신다   176
  7. 도움을 요청하라   179

제7장   위대함을 붙잡아라   181
  1. 골방공포증   184
  2. 영성수련에 대한 이해   187
  3. 당신의 설교 파트너   230

제8장　골방 작업을 시작하라　233

1. 골방 작업을 시작하다　235
2. 뒤로 보라　236
3. 보고 배워라　242
4. 예수님처럼 설교하라　247
5. 보기보다 어렵다　249
6. 스승들이 통달한 것　250
7. 은유 만들기　252

제9장　골방 작업을 계속하라　269

1. 위로 보라　271
2. 안으로 보라　277
3. 적용하는 법　280
4. 성경이 설교자에게 해야 할 것　283
5. 자신을 알라　286
6. 밖으로 보라　289
7. 앞으로 보라　297
8. 왜 해야만 하는가?　300

제10장　깊은 설교하기　303

1. 깊은 설교를 발견하는 법　304

부록 1:　골방 질문　347
부록 2:　완벽한 것을 개선하다(연장된 은유)　357
부록 3:　얼어붙다(연장된 은유)　363

색인　367

DEEP PREACHING

제 1 장

오늘날 설교의 도전

설교는 결코 쉽지 않다. 성경과 교회 역사를 통해 하나님의 말씀을 하나님의 사람들에게 전하는 설교자들은 굉장한 도전에 직면해야 했다는 사실을 성경과 교회 역사를 통해 볼 수 있다. 예레미야, 아모스, 스데반, 어거스틴Augustine, 마틴 루터Martin Luther와 조나단 에드워즈Jonathan Edwards같은 설교자들은 마치 산책하듯이 쉬운 목회를 하지 않았다. 설교를 진지하게 대하는 모든 사람들은 심각한 도전에 직면했다. 당신과 내가 직면한 장애물을 과소평가하지 말자.

이번 주 감히 하나님의 말씀을 선언할 사람은 전례가 없는 도전에 직면할 것이다. 역사상 유례없이 오늘날 설교하는 것이 더 힘들어졌다. 왜일까?

1. 정보 도전

설교를 잘 하기 위해서 당신이 알아야 할 모든 것을 고려해 보아라.

- 당신은 고대 원문 전문가가 되어야 한다. 설교는 "성경적인 개념의 소통"[1]이기 때문에, 당신과 나는 오프라Oprah가 토크 쇼를 준비하는 방식대로 주일 예배를 준비할 수 없다. 오프라는 잡지에서 읽은 것 또는 인터넷을 검색하면서 떠올린 생각들을 관중과 나눈다. 우리는 성경 본문 속에 나타난 하나님의 생각을 사람들에게 전하기 위해 부르심을 받았다. 칼 바르트Karl Barth는 한 손에는 신문을 들고 설교해야 한다고 말했다. 그는 양손을 말하지 않았다! 우리는 무엇보다도 성경을 붙잡아야 하고 성경이 말하는 것을 이해해야 한다.

- 여러분은 고대 문화 전문가가 되어야 한다. 성경 본문을 이해하는 것도 좋지만, 또한 그 본문이 겨냥한 사람들에 대해서도 알아야 한다. 예를 들어, 그들은 어떻게 배우자를 선택했는가? 어떻게 결혼했나? 자녀 양육은 어떻게 했나? 노년을 위해 어떻게 준비했는가? 사랑하는 사람들을 어떻게 묻었나? 고대 히브리와 1세기 그리스 문화에 대해 자세히 아는 것으로 충분치 않다. 또한 하나님의 백성을 이웃에 있는 모든 이방인 나라들과 비교하고 대조할 수 있어야 한다

- 역사신학은 현대 설교자들에게 굉장한 도움을 준다. 예를 들어, 당신이 설교할 본문과 그 속에 포함된 개념이 시대의 흐름에 따라 어떻게 사용되고 악용되었는지 아는 것은 아주 유용하다. 옛날 격언을 기억하라. 과거로부터 깨우치지 못하는 사람은 똑같은 과거를 되풀이 할 수밖에 없는 운명이다!

- 현시대 지식 또한 중요하다. 오늘날 사람들에게 말하고 싶으면, 오늘날의 사람들을 알아야 한다. 어떤 개념들이 그들의 의사 결정을

---

[1] H. W. Robinson, *Biblical Preaching: The Developmentand Delivery of Expository Messages*(Grand Rapids: Baker Academic, 2001), 21.

좌우하는가? 이러한 개념들은 어디로부터 왔는가? 발달심리학, 사회학, 윤리학, 철학, 그리고 변증론에 관한 든든한 바탕은 도움이 된다. 또한 가장 영향력 있는 정기간행물뿐만 아니라 현지와 지역 신문(온라인과 인쇄물)도 읽을 것을 잊지 말아야 한다. 더불어 영화, 음악, 드라마도 잊지 말기 바란다. 대중의 소통은 인쇄물이 아닌 미디어로 대폭 이루어지고 있다. 당신은 읽을 가치가 있는 모든 것을 읽어야 할 뿐만 아니라 보아야 할 가치가 있는 모든 것을 보아야 한다.

◆ 미래 지식도 중요하다. 주위 사람들의 미래와 현재를 준비하는 데 도움이 되길 원한다면 요즘 추세와 앞날의 방향에 대해 정통하는 것이 중요하다. 당신이 가장 좋아하는 미래학자는 누구인가?

설교자들에게 다른 모든 사람들과 마찬가지로 다루어야 할 정보가 전과 같지 않게 훨씬 많아졌다. 리차드 워먼Richard Wurman의 책 『정보불안』 Information Anxiety에 따르면, 「뉴욕 타임스」The New York Times 주중 판에 실려 있는 정보는 17세기 영국의 일반인이 평생 접할 수 있는 정보 이상이다."[2] 그것은 존 오웬John Owen이나 존 번연John Bunyan의 독서량보다 읽을 것이 훨씬 더 많다.

> 24시간마다 20,000,000단어의 전문적인 정보가 기록되고 있다. 1분에 1,000단어를 읽을 수 있는 독자는 한 달 보름 동안 매일 8시간 읽어야 하루에 기록되는 정보를 읽어 낼 수 있다. 그리고 그 기간 끝에 5.5년의 읽을거리가 쌓여 있을 것이다![3]

---

2 R. S. Wurman, *Information Anxiety* (New York: Doubleday, 1989), 20.
3 H. Murray Jr., *Methods for Satisfying the Needs of the Scientist and the Engineer for Scientific and*

당신은 지식 없이 좋은 설교를 할 수 없다. 그러나 지식만으로는 좋은 설교자가 될 수 없다. 사실 지식은 당신의 설교에 악영향을 끼칠 수 있다.

지식은 소통의 저주가 될 수 있다. 왜냐하면 한 주제에 대해 더 많이 알면 알수록 그것을 간단명료하게 표현하기가 어렵기 때문이다. 지식이 자랄수록, 회중에게 아는 모든 것을 보여주고 싶은 유혹이 커진다. 이 유혹을 뿌리치지 못한다면, 설교는 너무 길거나 너무 복잡해진다. 아니면 둘 다.

학교에서 들은 강의들은 설교의 활력을 앗아갈 수 있다. 500파운드나 되는 정보를 소화한다는 것은 나스카NASCAR 자동차경주대회에 참여한 차가 여행용 이동주택을 매고 달리는 것과 같다. 지식은 본질적으로 흥미로운 것을 따분하게 만들 수 있다. 당신을 지루하게 만들 수 있다.

흥미를 일으키게 하는 전문가가 되기 위해서 거대한 숙련이 필요하다. 주일 아침마다 우리를 쳐다보는 사람들이 그것을 원한다. 그들은 당신이 학자만큼 박식하고 잘나가는 토크쇼 사회자처럼 핵심을 찌르고 개그맨처럼 재미있기를 원한다.

좋은 설교자들은 위대한 요리사와 같다. 데이터의 느끼한 소스를 하나님의 아이디어 위에 온통 퍼붓지 않는다. 그는 주요리가 최고의 맛을 낼 수 있게 해줄 재료들만을 엄선한다. 본문의 핵심 아이디어를 설교의 핵심 아이디어로 유지한다.

설교자가 요즘 직면하는 중대한 도전은 거대한 양의 지식을 사용 또는 악용하는 것만이 아니다. 멀티미디어 환경도 그렇다.

Technical Communication(1966. 3. 8. Washington, D.C). M.R. Nelson은 "우리는 원하는 만큼 정보를 갖는다. 그러나 정보과다에 사로잡히는 댓가를 치르게 될 것이다"라고 지적한다. *Crossroads: The ACM Student Magazine,* http://www.acm.org/crossroads/xrds1-1/mnelson.html (accessed11/5/2007).

2. 미디어의 도전

수많은 것들이 우리의 감각을 자극시킨다. 기술과 미디어의 결합을 통해 이루어지는 감성적인 메시지들을 볼 때 놀라울 뿐이다.

"쥬라기 공원 3"Jurassic Park 3를 본 적이 있는가? 많이들 보지 않았다. 거기엔 그럴 만한 이유가 있다. 내 아내가 몇 년 전 비즈니스 여행을 갔을 때, 나는 그 영화 DVD를 빌려보았는데, 영화 줄거리가 놀랄 만큼 재미없었다. 이 영화는 "쥬라기 공원" 시리즈 가운데 스티븐 스필버그Steven Spielberg가 감독하지 않은 유일한 영화였고, 앞서 그랬듯이 이번 작품에서도 섬에서 공룡들에게 쫓겨 다니는 인간들에 대한 이야기를 담았다. 줄거리가 어찌나 뻔한지 나는 너무 졸려서 눈을 뜨고 있을 수가 없었다. 이 지루함에도 불구하고 나는 영화를 끝까지 다 봤다. 보너스 DVD까지! 보너스 DVD에서 발견한 사실은 제작진이 어떤 영화보다도 가장 정확하고 생물 같은 애니마트로닉스를 만들기 위해 수십 억을 투자 했다는 것이다. 그 결과 실제와 아주 흡사한 44피트 높이의 수압 공룡이 이 영화만을 위해 만들어졌다는 것이다!

설교자는 어떻게 겨룰 것인가? 2류 영화도 수십 억이 되는 특수 효과를 사용하는데 설교자는 회중의 관심을 어떻게 끌 것인가? 영화 업계만 우리 일을 더 어렵게 만드는 것이 아니다.

최근에 TV를 보았는가? 히트 드라마 "24시"가 개발한 분할 스크린 법은 이제 드라마 업계 전체를 휩쓸고 있다. 황금 시간대에 방영되는 드라마에는 관능적인 세트, 근사한 의상, 현실적이지 않을 만큼 날씬한 여배우들이 있을 뿐만 아니라 이제는 네 장면들이 동시에 진행된다. 드라마 배경에서 흘러나오는 음악을 들어보았는가? 구식의 영업용 배경음악은 온데간데 없고 이제는 에피소드의 주제와 딱 맞는 히트곡이 드라마의 절정을 장식한다. 그리고 이 모든 것을 고화질 와이드 스크린 플라스마 화면 TV와 극장식 음향시설을 통해 접할 수 있다. 주일 아침에 당신은 TV와 어떻게 겨룰 생각인가? 어떤 설교자는 방 뒷편에 있는 음향담당이 켜주기 전엔 라디오색Radio Shack의 옷깃 마이크를 만지는 것도 어려워한다.

파워포인트를 사용하기 때문에 자신이 "최첨단"이라고 말하는 설교자를 만날 때 나는 움츠러든다. 만약에 미화된 오버헤드 프로젝터가 최첨단이라고 생각한다면 당신은 생각보다 많이 뒤떨어졌다. 파워포인트는 1987년에 처음 나왔다! 컴퓨터 클립아트로 사람들을 매료시킬 수 있다고 생각한다면 당신은 이 시대에 뒤처져 있을 뿐만 아니라 현재 상황도 파악이 안될 것이다.

설교를 들으러 오는 개개인마다 사회가 제공하는 최고의 멀티미디어를 일주일 내내 경험했을 것이다. 그리고 그것이 평균 기준이 되었다. 그래서 경쟁이 더 치열하다. 설교자들은 조지 루카스George Lucas의 조명과 마술 산업처럼 지원이 풍족하지 않다. 그렇다고 런던교향악단에게 다음 주 설교를 위한 사운드 트랙을 부탁할 수 있는 것도 아니다. 그러면 지역교회 목회자들은 어떻게 성도들의 지나치게 높은 기대에 대응할 수 있나?

여기서 문제는 더 심각해진다. 미디어는 회중의 오감을 사로잡을 뿐만 아니라 우리의 경쟁 상대도 내세운다. 지난날 사람들은 자신의 마을 인근에 사는 목회자들의 설교만 들어 볼 수 있었다. 이제는 그렇지 않다. 녹음 테이프의 도입으로 타지역의 사역자들에게까지 우리 설교가 공개된 데다 현대 기술이 더해져 아예 설교 노출의 쓰나미가 일어났.

당신의 성도들은 다른 설교자들의 설교를 라디오로 듣고 있고, TV로 보고 있고, iPod 팟캐스트를 다운로드 한다. 좋거나 말거나 그들이 귀기울인 설교자들 가운데 당신이 최고가 아니다. 그들은 당신을 오늘날 가장 잘 알려진 설교자들과 비교하고 대조한다. 당신과 비교하는 그(전자) 설교자들은 편집의 힘 덕분에 절대로 말 실수하는 일이 없고, 웃기지 않는 농담은 하지 않고, 머리카락 하나도 흐트러지지 않는다. 그들은 결함이 없는 전달자로 보인다. 그러나 당신은 안 그렇다. 회중석에 앉은 사람들은 종교적 슈퍼 스타들에게 전자기술의 완벽함을 요구한다. 그러나 우리는 그 요구를 들어 줄 수 없다. 전자 미디어는 그 어느 때보다도 쉽게 설교자들을 비교할 수 있게 만들었다.

로드니 대인저필드Rodney Dangerfield는 존경을 못 받는다고 불평하곤 했다. 미디어 덕분에 많은 지역교회 설교자들도 이와 같은 말을 하게 되었다.

3. 진리에 대한 도전

요즈음 설교자들은 폭발적인 정보 증가와 미디어의 막대한 힘 그리고 영향력의 도전뿐만 아니라, 종교적 진리라는 개념에 대한 강력한 문화적 혐오감에 대응해야 한다. 오늘날 많은 이들은 종교적인 진실은 불가능하다고 생각한다. 당신과 나는 역사상 지적 분열증이 가장 심한 문화를 대상으로 목회를 하고 있다. 문화는 자연과학을 통한 "절대진리"를 환영한다. 예를 들어, 비만과 당뇨가 실제적인 상호관계가 있는지를 알고 싶어한다. 또는 붉은 포도주를 마시는 것과 강낭콩을 먹는 것이 98살까지 살 수 있게 해 주는 비결인지 알고 싶어한다. 또는 DNA 시험이 우리가 증명하고 싶은 모든 것을 확실하게 확립해주는지를 알고 싶어한다. 사람들은 과학적인 연구가 정확한 삶의 선택을 하기 위한 진리를 주기 원한다. 하지만 종교적인 삶만큼은 절대적으로 알 수 없다고 생각한다.

사람들은 종교에 관해서는 맞다 틀렸다가 아니라 "맹목적인 믿음"과 개인적인 취향을 이야기한다. 그들은 다른 사람의 종교적인 신념이 틀렸다고 말하는 것은 정치적으로 옳지 않다고 여긴다. 운명의 선택을 마치 "밴 앤 제리 아이스크림"을 고르듯 개인적인 취향을 따라 하기 원한다. "윌리 낼슨의 복숭아파이" 맛 아이스크림이 "체리 가르시아"나 "청키 몽키" 맛보다 더 좋거나 나쁜 선택일 수 없다. 이와 같이, 예수님을 따르는 선택은 하마스(Hamas: 이슬람교 원리주의를 신봉하는 팔레스타인의 반 이스라엘 과격 단체-역주)를 따르거나 주일 아침 등산갈 때 느끼는 그 기분보다 더 나을 수도 나쁠 수도 없다는 것이다. 그래서 무엇이든 당신에게 진리라면 인정한다. 마찬가지로 무엇이든 나에게 진리라면 인정해야 한다고 말한다.

반대의 목소리를 들을 각오 없이는 죄의 현실성, 예수 그리스도의 유일성, 말씀의 무오성과 같은 주제에 관해 절대적인 발언을 한다는 것은 더더욱 어려워지고 있다. 사람들은 당신이 괜찮은 토크쇼 진행자와 같이 개인적인 의견을 이야기하는 것에 신경 쓰지 않는다. 절대적인 진리를 주장하지만 않는다면 말이다.

설교자는 얼마나 참혹한 처지인가! 길이요, 진리요, 생명되신 그분을 대표하는 한 진리를 말할 수밖에 없다. 진리는 우리의 일이고, 우리의 생산물이다. 성경적 설교는-정의상-하나님 말씀을 절대적인 진리로서 다루는 것이다. 하지만 그러할 때, 사람들은 우리가 교만하고 무감각하다고 말한다. 우주의 하나님의 대변인으로 타당한 역할을 수행할 때 설교자들은 편협한 근본주의자라는 딱지가 붙고 알 카에다(Al-Qaeda)와 같은 패로 몰린다. 아무도 가까이 하고 싶지 않은 사람들이다!

4. 기대의 도전

최고의 설교를 위해 필요한 시간을 얻을 수 없을 때 설교는 더 어려워진다. 당신이 목사라면, 특별히 담임목사 또는 혼자 사역하는 목사라면, 사역이 당신과 당신 가족에게 주는 부담을 피부로 느끼고 있을 것이다.

교회가 원하는 것이 무엇인가?

- 먼 미래를 보고 거기에 도달할 수 있는 능력 있고 비전 있는 지도자.
- 모든 교인의 문제에 세심한 관심을 보이는 개인적인 겸손함.
- 당신과 같은 지도자를 다음 세대에 배출하기 위해 눈에 띄게 헌신하는 사람.
- 사회에서 두각을 드러내고 일대일 전도에 모범이 되는 사람.
- 훌륭한 팀 동료로서 교회직원들과 친하면서 동기부여와 관리감독하는 사람.
- 환대의 모범으로 필요할 때마다 청소년 행사를 위해 집을 열어주는 사람.
- 효과적인 자금 조성자.
- 지역교회에 상당한 영향력을 가지고 있는 교단의 지도자.
- 본 교회(사례비를 주는)의 필요를 항상 돌아보는 배려 있는 목사.
- 제임스 돕슨(James Dobson)이 희망하는 상담가.
- 주례 전 결혼예비 상담을 6주 동안 해줄 만큼 결혼을 소중히 여기는 사람.
- 아내(가족)와 상당한 양적 질적 시간을 가질 만큼 결혼생활에 헌신된 사람.

- 하나님의 얼굴을 구하는 양질의 기도 시간을 가지는 사람.
- 이메일에 바로 답장하는 사람.
- 휴가 동안 때때로 베스트셀러 책을 쓰는 사람.

이 목록이 당신을 두렵게 한다면 그래도 내가 아는 대부분의 아시안 학생들보다는 형편이 나을 것이다. 예를 들면, 한국 목회자들은 매일 새벽 설교해야 한다. 매일 새벽! 또한 수요예배와 금요기도회, 주일 예배시 2번의 설교를 해야 한다. 한인교회 담임목사보다 설교 준비 스케줄을 잡기 힘든 사람은 젊은 부목사이다. 이 부목사들은 스케줄의 조정을 할 수 있는 아무 권리가 없어 보인다. 그리고 이들에게는 사실상 자기 생활이 없다. 그들에 대한 담임목사들의 기대 때문에 설교를 잘 준비해서 하기가 거의 불가능하다.

교회들은 인종을 막론하고 목회자에 대한 기대가 있다. 교회 참석자 개개인도 그렇다. 그 기대들이 모여서 당신의 스케줄에서 너무나도 많은 시간을 앗아가므로 좋은 설교를 하기 위해 필요한 시간을 못 찾게 된다. 모두에게 어디서나 무엇이든 해주어야 하는 압력은 이보다 클 수 없다. 소비자 의식은 유급 고용인으로부터 최고의 서비스를 요구한다. 그리고 이것은 좋은 설교의 적이다. 설교가 결코 쉬웠던 적은 없으나, 오늘날 특별히 어렵다.

5. 신망/위신에 대한 도전

지난 세월 목회자는 지역사회의 지도자로 여겨졌다. 설교자들은 대부분 사회 최고의 교육을 받았고 가장 존경 받는 사람들이었다. 오늘날은 그렇지 않다. 기독교 공동체 안에서는 어느 정도 존경해 주겠지만, 사회적으로는 그렇지 않다. 설교자는 문화적으로 명망 있는 직업이 아니다.

공평하든 아니든, 당신과 나 또한 뉴스에 나오는 모든 불미스러운 설교자들과 관련된다. 지미 스웨것Jimmy Swaggart과 짐 배커Jim Bakker를 기억하는가? 우리는 기억하고 있다. 태드 해가드 목사Rev. Ted Haggard—세간의 이목을 끄는 대형교회의 담임목사이자 전국복음주의협회 회장—가 마약사용과 남창과의 불륜에 대한 비난을 받고 있을 때 그는 이렇게 발표했다. "나는 사기꾼이고 거짓말쟁이다. 내 삶의 한 부분은 너무나도 혐오스럽고 어둡기에 평생 싸워왔다."[4] 그의 발언은 본인뿐만 아니라 우리의 명예도 더럽혔다.

내가 첫 장을 쓰고 있는 이 시간에도, 「뉴욕 타임스」The New York Times의 특집 기사는 명성 있는 복음전도자 여섯 명이 사치스러운 생활을 위해 기부금을 사용한 혐의를 상원의원 찰스 E. 그라슬리Charles E. Grassley(재정위원회, 공화당 최고위원)가 조사하고 있다는 이야기이다.[5] 유명 설교자들이 공개적으로 수치를 당할 때, 우리의 목회 직책은 빛을 잃는다.

가장 최근에 설교자를 좋게 묘사하는 헐리우드 영화를 본 적이 언제인가? 영화 주인공이—너무나도 큰 문제에 사로잡힌 나머지—교회에 가서 하나님의 대변인인 목사의 영원한 말씀 속에서 그의 상황을 해결해 줄 말씀을 찾는 영화를 본 적이 있는가? 헐리우드의 히트 작품들을 만들어낸 작가들은 죽었다 깨어나도 그러한 시나리오를 상상하지 못할 것이다. 주인공은 위기의 순간에 상담가, 전문가, 회계사 또는 개인 트레이너

---

4 T. Olsen, Christianity Today, http://www.christianitytoday.cim/ct/2006/novemberweb-only/144-58.0.html,(accessed11/7/07).

5 NY Times.com, http://www.nytimes.com/2007/11/07us/07ministers.html,(accessed11/7/07).

를 찾아 간다. 다른 직업들은 영웅이 될 수 있지만, 설교자들은 안된다. 설교자들은 멍청이나, 돌팔이, 또는 약한 남자나 어린 남자아이들을 약탈하는 사람들로 묘사된다. 당신 아이들에게 물어보라.

2003년에, 갤럽 기관이 1,200명의 미국 청소년을 대상으로(13-17세 사이) 조사를 했다.[6] 그들이 커서 무엇이 되고 싶은지를 물었다. 젊은이들은 설교자만 빼고 의사, 간호사, 선생, 컴퓨터 전문가 등 무엇이든 하고 싶어했다. 목사는 10위 안에 들지도 못했다. 변호사보다도 더 하위였다.

청소년들의 직업 선호도(13-17세)	
질문 : 나중에 어떤 일을 할 것 같나요?	
의사/간호사/기타 의료직	10%
교사	8%
컴퓨터 분야	6%
운동선수	5%
변호사 / 수의사	4%
기술자	3%
요리사	3%
음악가	3%
군인	3%
기계공	2%

일반 사람들이 설교자를 얼마나 높이 평가하는지 알고 싶다면, 비행기 탈 때 당신 옆자리에 앉은 사람에게 당신이 설교자라고 말해 보아라. 십중팔구 방해 받지 않고 책을 읽을 수 있는 비행 시간이 주어질 것이다. 아니면 다음 주일 설교 준비를 할 수도 있을 것이다. 설교하는 일에는 위신이 거의 없다.

---

6 J. Mazzuca, "Teen Career Picks," May 13, 2003, http://www.gallup.com/poll/8371/Teen-Career-Picks-More-Things-Change.aspx,(accessed11/7/07).

6. 깊은 설교의 도전

모든 설교자는 앞서 논한 도전들을 직면한다. 하지만 나는 당신의 임무를 더 어렵게 하려고 한다. 나는 당신이 대부분의 사람들이 설교하듯 설교하라고 권유하지 않는다. 그 이상을 요구하고 있다. 더 깊은 설교를 부탁하는 것이다.

설교를 위해 스케줄의 주요 자리를 확보하기를 부탁한다. 최고의 시간과 정력을 쏟아 당신이 하나님 말씀을 온전히 이해하고 회중에게 창조적으로 전달해 주기를 바란다. 그리고 회중과 당신의 생각을 나누는 것으로는 부족하다. 생각뿐만 아니라 당신의 마음까지 나눠야 한다.

깊은 설교는 머리뿐만 아니라 당신의 영혼으로부터 나온다. 성경적인 내용은 충분하지 않다. 그런 설교는 갑자기 만들어지거나 웹 사이트에서 찾을 수 없다. 마스터 카드가 맞다. 깊은 설교는 값을 매길 수 없다. 그리고 엄청난 도전이다.

그럼 왜 설교하는가? 이번 주에 당신을 기다리고 있을 어마어마한 도전들을 인식하고도, 무엇 때문에 설교할 생각을 하는가? 왜 당신은 온 힘을 다해 말씀을 선포하는 데 바쳐야 하는가? 왜 당신의 삶을 바치는가? 상담하는 게 어때서? 생명보험을 설계하는 일은? 왜 설교하는가?

DEEP PREACHING

제 2 장

오늘날 설교해야 할 이유들

설교에서는 "왜?"라는 질문이 "어떻게?"보다 훨씬 더 중요하다. 왜냐하면 당신이 설교해야 하는 이유를 모른다면 어떻게 설교해야 하는지를 배워야 할 이유가 없기 때문이다. 설교가 여러분의 삶에 하나님의 부르심의 중요한 부분이라고 생각한다면, 당신은 그것을 마스터하기 위한 방법을 터득하려 할 것이다. 당신이 설교에 확실한 우선순위를 두지 않으면, 강대상에서 최대의 효과를 거둘 수 없을 것이다. 이것이 내가 골프를 이토록 못 치는 이유 중 하나이다.

내가 좋은 골퍼가 아닌 주된 이유는 골프가 별로 중요하다고 생각하지 않기 때문이다. 내 소견에, 6시간 동안 18홀을 돌기 위해 사용 하는 것은—일주일에 3번씩이나 다른 활동(나의 가족을 포함해서)으로부터 분리되어—엄청난 시간 낭비이다. 나의 우선순위를 보면, 왜 내가 변변치 않은 골퍼인지를 설명해 준다. 나는 골프를 잘 못친다. 왜냐하면 골프를 잘 치는 법을 배우는 데 시간을 사용할 가치가 있다고 생각하지 않기 때문이다. 골프에 관한 내 의견에 동의하지 않는다면 당신은 아마도 나보다 더 나은 골퍼일 것이다. 우리가 우선순위를 정하면 우선순위는 우리를 만든다.

그렇다면, 당신에게 설교는 얼마나 중요한가? 설교는 선택사항인가? 단순히 목회 메뉴의 한 옵션인가? 바쁜 목회의 접시 그릇 위에서 옆으로 밀어놓을 수 있는 고명인가? 아니면 그 이상인가? 당신이 하는 일의 "주요 음식"인가?

설교에 부여하는 우선순위에 따라 당신이 얼마나 깊은 설교를 할 것인지가 결정된다. 20분짜리 설교를 위해 23분을 투자해서 소프트웨어 프로그램을 찾기 위해 웹을 검색하고 소프트웨어 상품을 살핀다면 당신의 우선순위는 정확히 매겨진다. 이런 식으로 하면 깊은 설교자가 될 수 없다.

설교가 당신의 우선적인 소명이라고 뼛속 깊이 확신하지 않는 한, 깊은 설교자가 되기 위해 필요한 훈련을 하고 스케줄을 조정하지 않을 것이다. 설교는 최선의 시간과 에너지를 요구한다.

내가 골프에 부여하는 등급처럼 당신도 자신의 설교를 등수 매기면 당신은 내가 골프를 치는 수준 만큼만 설교를 할 것이다. 깊은 설교의 초석은 당신이 타이거 우즈가 되기를 원하는 것 이상으로 깊은 설교자가 되기를 원하는 것이다. 깊은 설교자가 되는 첫 번째 단계는 설교를 당신 목회의 최고 우선순위로 두는 것이다.

왜 설교를 당신의 목회 우선순위 리스트에서 맨 위에 두어야 하는가? 당신이 왜 기본적으로 사역에서 설교에 우선을 두어야 하는지 3가지 이유를 제안하겠다. 나는 신학적인 이유, 역사적인 이유 그리고 실제적인 이유 때문에 설교한다.

이 3가지가 내가 왜 매주 설교를 계속하고 왜 지구상 곳곳의 모든 문화, 모든 교회에 활력이 넘치는 설교 목회가 필요하다고 확신하는 이유다.

1. 설교의 신학적 이유들

오늘날 최고의 설교자 중 한 분인 존 스토트John Stott는 굉장한 목회적 통찰을 가지고 말했다.

> 어떻게 우리는 설교를 계속하도록 자신을 설득하고 효과적으로 그렇게 하는 것을 배울 수 있는가? 본질적인 비밀은 어떠한 기술을 마스터하는 것이 아니라 어떠한 확신에 의해 마스터 되는 것이다. 다른 말로 하자면 신학은 방법론보다 더 중요하다.[1]

신학은 방법론보다 더 중요하다. 당신이 목회를 하면서 설교를 포기하고 싶은 유혹이 있을 때가 있을 것이다. 축복의 계절은 왔다 가버리고 날씨처럼 자주 예기치 않다. 한 가지는 예상할 수 있다. 조만간 당신은 설교할 때, 가뭄의 때를 경험할 것이다. 당신이 말씀을 열고 열정과 신뢰를 가지고 설교함에도 불구하고 회중의 삶에서 약간 또는 아무것도 나타나지 않은 것처럼 보일 것이다. 축복의 비가 내리지 않을 것이다. 당신의 회중의 삶에 영적인 열매가 갑자기 나타나지 않는다. 주목할만한 결과가 없다. 그러면 당신은 내가 그랬던 것처럼 다른 곳에 당신의 에너지를 투자할 생각을 하기 시작할 것이다. "이 일이 잘 안 되면" 우리는 자신에게 말한다. "나는 다른 일을 하는 게 낫겠다." 그러나 무엇을 할까?

설교를 위한 인내의 비밀과 설교의 궁극적인 위대함은 여러분이 왜 설교하는가를 아는 데 있다. 당신이 성경적 명령을 신학적으로 이해한다면 당신은 때를 얻든 못 얻든 계속해서 설교를 할 것이다. 당신의 수사학적 기술이 아무리 풍성하더라도 메마른 목회 기간 동안 당신을 지탱해

---

1 J. R. W. Stott, *Between Two Worlds* (Grand Rapids: Eerdmans, 1982), 92.

주지 못할 것이다. 눈속임도 통하지 않는다. 오직 신학이 되게 한다.

내가 목회사역에서 설교가 필수불가결한 중요한 요소라고 확신하는 신학적인 이유는 적어도 7가지가 있다.

1) 하나님이 존재하시기 때문이다

"태초에 하나님이 천지를 창조하시니라."[2] 성경은 하나님이 존재하신다고 기본적으로 가정한다. 성경은 하나님의 존재를 증명하려고 시도하지 않는다. 단순히 하나님을-먼지나 공기처럼-현존하고 계속 활동하시는 분으로 기술한다. 하나님은 논쟁의 대상으로 소개되지 않았다. 그분은 그대로 존재하신다. 에베레스트 산이 히말라야 산맥 위로 높이 솟아 있듯이 하나님은 높은 곳에 계시며 모든 인류의 삶을 굽어보고 계신다. 우리는 하나님의 존재를 인정하지 않고는 성경 또는 삶을 성공적으로 항해해 나갈 수 없다. 우리 삶은 하나님의 존재를 인식하는 것에 달려있다. 사람들이 단지 육체적인 것만이 현실인 것처럼 산다면 그들의 삶은 전적으로 실패할 것이다.

하나님의 존재에 대해 무지하다는 것은 벤쿠버 섬의 거주민들이 물에 둘러싸여 있다는 것을 모르는 것과 같다. 섬에서 성공적으로 살기 위해서는 자신들의 섬이 물로 에워싸인 것을 인식하지 않으면 안 된다. 모르는 게 행복이 아니다. 그것은 파국의 선봉이다. 그들을 둘러싸고 있는 물에 대한 지식이 없다면, 무지한 거주민이 생각 없이 태평양 바다 속으로 차를 몰고 가서 빠져 죽는 것은 시간문제이다. 바다의 부인할 수 없는 존재는 섬 거주민의 삶을 수정할 것을 요구한다.

---

2 창 1:1. 달리 언급이 없으면, 모든 성경 구절은 개역한글임(원문은 Holman Christian Standard Bible〈HCSB〉로부터 인용됨).

이와 비슷하게 하나님의 존재는 우리 삶을 수정할 것을 요구한다. 그러나 우리는 우리가 알지 못하는 것을 따를 수 없다. 성공적인 삶은 우리 삶의 모든 요소를 둘러싸고 거기에 스며들어 있는 하나님의 지식에서 시작한다.

하나님은 존재하신다. 그분은 모든 사람의 방에 있는 코끼리와 같다. 그래서 그분을 애써 모른 체하는 사람들은 그분의 거대한 존재에 짓눌릴 것이다. 하나님에 대한 지식이 없다면, 우리는 엄청나게 어리석고 치명적인 결정을 하게 될 것이다. 그것은 우리 삶을 바다로 몰고 들어가는 것과 같다. 또는 우리 영혼을 거대한 도덕적인 감염에 열어두는 것과 같다. 하나님이 존재하신다는 것을 알지 않고 성공적으로 사는 것은 불가능하다. 노력으로 사는 모든 사람은 실패한다. 나는 하나님에 대한 지식이 사람이 가질 수 있는 가장 중요한 지식이기 때문에 설교한다. 그것 없이 사람들은 살 수 없다. 사람은 하나님에 대해서 배워야 한다.

2) 하나님은 침묵하지 않으시기 때문이다

하나님은 우리에게 그 자신을 나타내실 필요가 없었다. 하나님은 무지의 커튼 뒤에 그 자신을 쉽게 숨길 수 있었고, 그렇게 했더라면 우리는 가망이 없었을 것이다. 우리의 운명을 구제할 방법이 없었을 것이다. 신학자 칼 F. H. 헨리Carl F. H. Henry는 다음과 같이 말한다.

> 하나님이 침묵하시기로 결정하셨더라면 우리는 그분에 대해 아는 것이 아무것도 없었을 것이다. 그 어떠한 상황에서도 하나님의 비밀을 인간의 호기심으로 침입하여 그분으로부터 캐낼 수 없다…사람은 하나님의 주도 없이 하나님의 존재는 고사하고 그분의 완전함과 목적을 알 수 없다.

고상한 기술적인 기구류로 무장한 현대 신학자들마저도 과묵한 신을 탐지하여 그분에 대한 정보를 프로그램화 할 수 없다. 하나님 말씀의 확실한 근거는 하나님 자신이 나타내신 것뿐이다.[3]

하나님은 그분을 아는 것이 실질적으로 우리의 삶과 죽음의 문제와 관련되어 있음을 아신다. 그렇기 때문에 하나님은 우리에게 자신에 대해 말씀해 주기 위해 그렇게 애쓰신 것이다. 그리고 하나님은 압도적인 은혜로 우리의 이 절박한 필요에 반응하셨다. 하나님은 신학자들이 언급하는 일반계시와 특별계시를 통해 우리와 소통하셨다.

(1) 일반계시

일반계시는 무엇인가? 그것은 하나님이 모든 사람, 모든 장소, 그리고 모든 때에 그 자신에 관해서 알 수 있게 하신 정보이다. 일반적으로 알 수 있는 하나님에 대한 지식이다. 하나님은 이 정보를 우리에게 주기 위해 다양한 매개체를 사용하셨다. 예를 들어, 하나님은 자신을 우리에게 나타내기 위해서 창조 만물을 사용하셨다.

> 이는 하나님을 알만한 것이 저희 속에 보임이라 하나님이 이를 저희에게 보이셨느니라 창세로부터 그의 보이지 아니하는 것들 곧 그의 영원하신 능력과 신성이 그 만드신 만물에 분명히 보여 알게 되나니 그러므로 저희가 핑계치 못할지니라(롬 1:19-20).

> 하늘이 하나님의 영광을 선포하고 궁창이 그 손으로 하신 일을 나타내는도다 날은 날에게 말하고 밤은 밤에게 지식을 전하니 언어가 없고 들리는 소리도 없으나(시 19:1-3).

---

3 C. F. H. Henry, *God, Revelation and Authority*, vol. 2 (Waco: Word Books, 1983), 18

피어나는 장미의 눈부신 아름다움이나 로키 산맥의 광대함을 감상해 본 사람은 그와 동시에 그것의 신성한 디자이너도 어렴풋이 본 것이다. 그러나 더 확실한 소통을 위해 하나님은 또한 사람의 양심을 통해서도 말씀하신다. 옳고 그름에 대한 우리의 감각에 아무리 결함이 있을지라도, 그것은 절대 주권자이신 하나님으로부터 비롯되는 일반적인 도덕 기준을 반향하고 있다.

> 율법 없는 이방인이 본성으로 율법의 일을 행할 때는 이 사람은 율법이 없어도 자기가 자기에게 율법이 되나니 이런 이들은 그 양심이 증거가 되어 그 생각들이 서로 혹은 송사하며 혹은 변명하여 그 마음에 새긴 율법의 행위를 나타내느니라(롬 2:14-15).

어떤 신학자들은 역사(특히 이스라엘의 역사)를 또한 일반계시의 한 형태로 본다. 이 작고 별로 중요하지 않을 것 같은 민족 속에서, 그리고 그 민족을 통해서 하나님이 그분의 영원한 목적을 실행하는 것을 보면서 우리는 하나님의 손이 역사를 운행하고 계심을 어렴풋이 볼 수 있다. 역사는 진실로 하나님의 이야기이다. 저녁 6시 뉴스를 볼 때 우리는 하나님을 또다시 어렴풋이 보게 된다. 이런식으로 그분은 자신을 우리에게 나타내신다.

왜 내가 당신에게 이러한 기초적인 신학을 상기시키는가? 왜냐하면 하나님이 자기 소통을 얼마나 진지하게 생각하시는지 상기시킬 필요가 있기 때문이다. 하나님의 관심이 어찌나 크신지 하나님은 사람들이 그분을 알 수 있도록 모든 가능한 방법을 통해 자신을 알리신다.

하나님은 신학적인 소통에 사로잡히셨다. 하루 24시간, 한주 7일, 가능한 모든 소통의 방식을 사용하여 하나님은 지금까지 살았던 모든 사람에게 자신에 대해 말씀하신다. 본선에서 승리하기 위해 노력하는 대통령 후보 이상으로 하나님은 그 자신을 사람들에게 알리기 위해 애쓰신다.

그러나 일반적인 계시가 충분하기 때문에 우리가 설교를 안해도 된다고 생각하지 말라. 그렇지 않다.

(2) 특별계시

특별계시는 무엇인가? 하나님은 역사 속에서 특정 장소와 시간에, 특정한 사람들에게 그 자신을 나타내신-일반적으로 알려지지 않은-추가 정보이다. 특별계시의 예는 다음과 같다.

- **기적.** 우리 중에 그 누구도 홍해의 갈라진 것을 목격한 사람은 없지만 목격했던 사람들은 잊을 수 없는 하나님의 능력과 은혜 그리고 심판을 보았다. 기적을 경험한 사람들은 그들의 경험을 통해 하나님에 대해서 알게 됐다.
- **천사의 방문.** 가브리엘이 다니엘, 스가랴, 그리고 마리아에게 나타나서 말했을 때 그들은 하나님과 하나님이 이 세상에서 하시는 일에 대해 알게 됐다.
- **예수님.** 예수님의 공생애 동안 예수님을 만났던 사람들은 하나님에 대해서 알게 됐다. 예수님은 "나를 본 자는 아버지를 보았거늘"(요 14:9)이라고 직접적으로 말씀하셨다. 그리고 히브리서 저자는 예수님을 하나님에 대한 살아 있고 숨 쉬는 정보의 근원이라고 분명히 밝힌다.

옛적에 선지자들로 여러 부분과 여러 모양으로 우리 조상들에게 말씀하신 하나님이 이 모든 날 마지막에 아들로 우리에게 말씀하셨으니 이 아들을 만유의 후사로 세우시고 또 저로 말미암아 모든 세계를 지으셨느니라(히 1:1-2).

◆ **성경.** 성경은 하나님이 우리에게 제공하시는 가장 정확하고 이해 가능한 정보의 출처이다. 생존한 모든 사람이 성경의 복사본을 소유하거나 읽어본 것도 아니다. 그러나 성경을 소유했던 사람들은 하나님에 관해서 알 수 있는 놀랍도록 풍부한 기회를 가졌다.

어떤 사람을 알기 위한 최선의 방법은 그 사람에게 귀를 기울이는 것이다. 성경 속에서 하나님은 말씀하시고 그의 심장 소리를 들려주기 위해 가까이 앉도록 청하신다. 신학자 밀러드 에릭슨Millard. J. Erickson이 지적하였듯이, "하나님은 단지 행동으로만 자신을 나타내시지 않는다. 그는 또한 자신에 대해, 그의 계획과 뜻에 대하여 이야기해 주신다. 하나님의 생각을 우리에게-인격적으로-성경을 통해 말씀해 주신다."4

하나님은 왜 단지 일반계시만으로 만족하지 않으셨나? 하나님은 왜 우리에게 그분의 창조를 둘러만 보도록 하셨을까? 일반계시에 문제가 있었을까? 명성 있는 신학자 B. B. 워필드B.B. Warfield는 이 주제에 대해서 다음과 같이 지적하며 언급했다.

> 특별계시의 목적은 정정이 아니며 일반계시를 제쳐 놓으려고 한 것은 더욱 아니다. 일반계시는 정정이 필요하지 않다. 하나님은 그 가운데 자신을 허위적으로나 오해하기 쉽도록 나타내지 않으셨다…하나님은 모든 것에서 능숙하시다. 특별계시는 계시 자체의 조직체와는 관련이 없고, 변경된 상황에 대처하기 위한 필요성 때문에 주셨다.5

---

4 M. J. Erickson, *Christian Theology*, vol 1 (Grand Rapids: Baker, 1983), 187.
5 J. E. Meeter, ed., *Selected Shorter Writings of Benjamin B. Warfield*, vol. 1 (Nutley: Presbyterian and Reformed, 1970), 27.

본질적으로 일반계시는 아무런 문제가 없다. 그러나 일반계시는 워필드가 언급했던 "변경된 상황", 죄로 인해 변경된 상황을 다룰 수 없다. 인간의 타락은 하나님이 우리에게 말씀해 주셔야 할 정보를 포함해서 모든 것을 바꾸어 놓았다. 그래서 이제는 하나님이 우리가 어떻게 우리의 죄로부터 구속 받을 수 있는지를 말씀해 주셔야 한다. 그런데 이것은 일반계시가 전할 수 없는 메시지이다.

오아후의 북 해변가 일몰의 순전한 아름다움 때문에 숨이 멈춘다 해도 당신은 구원받을 수 없다. 그랜드캐니언의 장엄함도 마찬가지다. 일반계시만으로는 그 어떤 사람도 구원받지 못한다. 꽃을 아무리 뚫어져라 쳐다봐도 그것으로 하나님이시며 인간이신 예수 그리스도께서 우리 죄를 위하여 속죄제물로 십자가에서 죽으셨다는 것을 결코 이해할 수 없다. 일반계시는 우리를 죄로부터 구원하는 데 필요한 많은 정보를 소통하기 위한 주파수를 가지고 있지 못하다. 이것이 하나님이 우리에게 특별계시를 주신 이유다. 또한 하나님이 기적을 행하시고, 그의 아들을 보내시고, 우리에게 성경을 주신 이유다.

하나님은 왜 일반계시에서 끝나지 않고 특별계시를 통해서 소통하셨는가? 사랑 때문이다. 우리가 하나님에 관해서 더 알지 못한다면 죽을 수밖에 없다는 것을 아신다. 하나님에 대한 지식이 없다면 우리는 죄에 흠뻑 젖은 무지 안에서 죽을 것이다. 그야말로 우리의 영원성은 위기에 처해 있다.

우리 설교자들은 하나님의 소통의 우선순위를 따른다. 우리가 설교할 때, 우리는 하나님의 지속적인 열정을 함께 가지고 하나님의 주요 관심사인 그분 자신을 사람들에게 알리려는 일을 공유한다. 오는 주일, 당신이 하나님의 말씀을 전하기 위해 섰을 때, 인간을 사랑하시는 하나님에 대한 영감 있는 가사로 이루어진 성가를 끊임없이 부르는 어마어마하고도 영원한 찬양대와 함께하게 될 것이다.

하나님이 자신에 대해 전달하시는 것에 우선순위를 두셨다는 것은 사람들이 얼마나 간절히 하나님의 말씀을 들어야 하는지를 보여준다. 그래서 나는 나의 삶을 설교에 바쳤다. 사람들이 하나님의 특별계시를 듣지 않는 한 그들은 그들의 죄 가운데 죽을 것이다. 나는 하나님의 열정에 참여하기 원하기 때문에 설교한다.

3) 하나님이 쓰신 말씀의 본질 때문이다

성경은 일반서적처럼 보이기 때문에 성경에 대해 쉽게 착각할 수 있다. 그러나 성경은 다른 모든 책들과는 분명히 다르다. 아마존 순위 때문이 아니라-성경은 시대를 초월한 넘버원 베스트셀러이다-성경은 보통 책이 아니기 때문이다. 성경은 초자연적인 책이다.

성경은 그 책의 저자 때문에 유일하다. 하나님이 친히 성경을 쓰셨다. 인간 저자들 또한 앉아서 성경 각각의 책을 쓰긴 했지만, 그때 그들은 홀로 앉아 있지 않았다. 하나님은 그들 안에서 그리고 그들을 통해서 성경을 쓰셨다. 이것은 우리가 영감이라 부르는 통합된 과정이다. "영감"은 성경을 쓰는 과정 가운데 있는 성령의 역사를 의미한다. 인간 저자들이 양피지를 긁어서 쓴 단어 하나하나마다 성령께서 초월하시고 관리 감독하셨다. 그러기에 그 말씀이 인간 저자를 통한 하나님의 말씀이 된 것이다.

마이애미 CSI가 아니더라도 성경에서 인간과 신성의 모든 지문을 찾을 수 있다. 인간 저자들의 배경과 성격도 그들의 글에 가득히 반영되었다. 그럼에도 불구하고 이 책들에 대한 하나님의 역사하심은 동일하게 분명하다. 66권 전체가 하나의 일관된 메시지를 포함하고 있고, 본문에 한 점 한 획도 실수가 없으며, 각각의 아이디어는 주님이 돌아오실 때까지 하나님의 백성들이 알고 있어야 하는 바로 그것이었음을 하나님이 보장하셨다. 프린스턴의 위대한 신학자, 찰스 하지Charles Hodge가 썼듯이, 영감은 "선택된 개인들에게 성령이 초자연적으로 영향력을 행사하셔서 그들을 하나님의 생각과 뜻을 위한 확실한 소통의 도구로 사용하신 것이다."[6] 성경은 단순히 영감을 주는 책 이상이다. 그것은 영감으로 된 문학이다. 그것은 기록된 하나님의 말씀이다.

이것이 베드로가 그의 두 번째 편지의 수신자들에게 다음과 같이 말한 이유다.

> 먼저 알 것은 경의 모든 예언은 사사로이 풀 것이 아니니 예언은 언제든지 사람의 뜻으로 낸 것이 아니요 오직 성령의 감동하심을 입은 사람들이 하나님께 받아 말한 것임이니라(벧후 1:20-21).

설교자를 위한 영감의 교리의 중요성은 아무리 강조해도 지나치지 않다. 성경의 언어적 완전 영감은 원저자가 원래의 회중에게 쓴 성경 본문이 진정하다는 것을 의미한다. 성경은 완전히 전적으로 그리고 완벽하게 믿을 수 있다. 설교자로서, 이것은 내가 나의 개인적인 명성을 성경이 말하는 것에 걸 수 있다는 것이다. 또한 내가 회중들의 삶과 사회 전반을 향해 확신과 권위를 가지고 말할 수 있다는 것이다. 영감은 우리의 설교에 극히 중요한 대담함을 준다.

잡지 「이터너티」Eternity의 창립자이자 편집장이고 필라델피아의 역사적인 10번째 장로교회의 목사로 33년을 보낸 도널드 G. 반하우스Donald

---

6 C. Hodge, *Systematic Theology*, vol. 1 (Grand Rapids: Eerdmans, 1981), 154.

Grey Barnhouse는 다음과 같이 말했다.

> 강해 설교에 있어서 기본적인 요소는 성경이 하나님의 말씀이라는 것을 믿는 것이다. 이 사실을 아는 만큼만 성경에 대해 말할 수 있다. 성경을 내 손에 잡았을 때, 나는 성경이 하나님으로부터 왔고 하나님은 우리가 가지길 원하셨던 순서, 용어, 구절과 단어 그대로 주셨다고 생각한다.[7]

영감의 교리는 내가 나의 설교를 성경이 말하는 것에 제한시키는 한 나는 절대로 난처해질 수 없다는 것을 보장한다. 학계의 전당이나 상식의 거리는 내가 무슨 말을 잘못했는지 절대로 발견하지 못할 것이다. 나의 말이 부주의하게 나의 회중들에게 상처를 줄 것인지 걱정할 필요가 없다. 나의 설교가 성경 본문에 충실할 때 그것은 자동적으로 삶에서도 진실하다. 하나님에 의해 영감된 성경은 그분이 100퍼센트 보장하는 유일한 책이다. 성경은 하나님 자신처럼 진실하다.

코르넬리우스 플란팅가 주니어Cornelius Plantinga Jr.가 이렇게 표현했다.

> 성경이 말하는 것은 하나님이 말씀하시는 것이다. 그렇기 때문에 성경은 우리가 어떻게 생각하고 행동해야 하는지에 대한 전문가이다. 또한 성경은 우리에게 영향과 도움을 줄 능력이 있다. 뿐만 아니라 성경은 우리에게 우리가 순종해야 할 명령을 내릴 권리가 있다. 하나님은 성경을 통해서 말씀하신다. 그리고 당연히 하나님은 우주 안에서 최고의 권위를 갖는다. 무엇보다도 성경은 하나님이 처음부터 생각해 내신 것이니까.[8]

---

7 D. G. Barnhouse, "On Expository Preaching," in *We Prepare and Preach: The Practice of Sermon Construction and Delivery*, ed. by Clarence Stonelynn Roddy (Chicago: Moody Press, 1959), 29.

8 C. Plantinga Jr., *A Sure Thing: What We Believe and Why* (Grand Rapids: Bible Way CRC Publications, 1986), 67.

사람들이 얼마나 필사적으로 하나님에 대해 알아야 하는지 아시는 하나님이 자신을 알리기 위해 모든 방법을 사용하시기 때문에 나는 설교한다. 하나님은 자신에 대한 일반 정보를 설교를 위해 완전히 신뢰할 수 있는 메시지를 공급해 주는, 성경이라고 불리는 하나의 유일한 책을 통해서 모든 사람에게 모든 곳에서 다양하게 영원토록 쏟아 내신다.

성경은 완벽하게 쓰였을 뿐 아니라 굉장한 가치가 있다.

4) 하나님 말씀의 가치 때문이다

시편 기자가 "주의 입의 법이 내게는 천천 금은보다 승하니이다"(시 119:72)라고 말할 때 이것은 과연 과장인가? 당신이 집을 융자해서 살만큼 가치있는 책이 있는가? 그 누가 이 책을 필요로 하는가? 모든 사람이다.

(1) 구원받지 못한 사람들

성경의 가치는 당신 교회의 현관을 너머서까지 확대된다. 성경은 온 세상과 아주 큰 관련성을 가진 책이다. 구원받지 못한 사람들과 관련한 성경의 최고의 가치는 왜 그들에게 구원자가 필요하고 그들이 어떻게 그들의 죄로부터 구원받을 수 있는지를 그들에게 말해 주는 데 있다. 사람들을 구원으로 인도하는 데 성경의 가치는 부인할 수 없다. 바울은 구원받지 못한 사람들에게 하는 설교의 중요성을 로마교회 성도들에게 이렇게 말하며 강조한다.

> 누구든지 주의 이름을 부르는 자는 구원을 얻으리라 그런즉 저희가 믿지 아니하는 이를 어찌 부르리요 듣지도 못한 이를 어찌 믿으리요 전파하는 자가 없이 어찌 들으리요 보내심을 받지 아니하였으면 어찌 전파하리요 기록된

바 아름답도다 좋은 소식을 전하는 자들의 발이여 함과 같으니라!(롬 10:13-15)

예수님은 제자들에게 "또 가라사대 너희는 온 천하에 다니며 만민에게 복음을 전파하라 믿고 세례를 받는 사람은 구원을 얻을 것이요 믿지 않는 사람은 정죄를 받으리라"(막 16:15-16)라고 말씀하심으로 설교의 가치를 개인적으로 강조하신다.

그렇다. 그러니까 성경은 빌리 그래함과 선교사들에게 중요하다. 하지만 매주 그리스도인들에게 설교하는 사람들에게는 어떤가? 그리스도를 구세주로 이미 영접한 사람들을 위해선 성경이 무슨 가치가 있나?

(2) 하나님의 사람들

성경은 모든 사람들뿐만 아니라 하나님의 사람들에게도 대단히 중요하다. 하나님의 말씀은 하나님의 사람들에게 영양을 공급해 준다. 우리의 영에 양식을 준다. 우리 영에 말씀은 우리 몸에 산소와 같다. 말씀 없이 우리는 살 수 없다. 말씀 없이 살려고 애쓰는 사람은 결국 죽을 수밖에 없다.

하나님은 이스라엘에게 극적인 실물교육을 통해서 말씀의 극히 중요한 본질을 보여주셨다. 우리는 그것을 신명기 8장에서 모세가 이스라엘에게 말하는 내용에서 읽을 수 있다.

> 내가 오늘날 명하는 모든 명령을 너희는 지켜 행하라 그리하면 너희가 살고 번성하고 여호와께서 너희의 열조에게 맹세하신 땅에 들어가서 그것을 얻으리라 네 하나님 여호와께서 이 사십 년 동안에 너로 광야의 길을 걷게 하신 것을 기억하라 이는 너를 낮추시며 너를 시험하사 네 마음이 어떠한지 그 명령을 지키는지 아니 지키는지 알려 하심이라 너를 낮추시며 너로

주리게 하시며 또 너도 알지 못하며 네 열조도 알지 못하던 만나를 네게 먹이신 것은 사람이 떡으로만 사는 것이 아니요 여호와의 입에서 나오는 모든 말씀으로 사는 줄을 너로 알게 하려 하심이니라(신 8:1-3).

하나님은 만나를 이스라엘의 영적 교만의 치료제로 보내셨다. 하루하루 하나님의 만나를 주워야 하는 굴욕적인 행동을 하게 하신 것은 그들에게 영적 교훈을 가르치기 위해서였다. 하나님은 그들이 매일의 하늘 양식이 필요한 만큼 하나님의 말씀이 필요하다는 것을 배우기 원하셨다. 예수님이 광야에서 시험을 당하실 때 이것을 상기시켜 주심으로 이 교훈을 강조하신다. "사람이 떡으로만 살 것이 아니요 하나님의 입으로 나오는 모든 말씀으로 살 것이라 하였느니라 하시니"(마 4:4). 이 교훈을 놓쳐서는 안 될 것이다. 하나님의 백성은 양식이 필요한 만큼 성경이 필요하다. 성도들은 이번 주에 음식을 포기할 수 없듯이 말씀 없이 살 수 없다. 왜 그런가?

하나님의 백성이 하나님이 의도하시는 성숙한 그리스도인으로 장성하기 위해서는 말씀의 영적 영양이 필요하다. 성도의 마음에 말씀을 쏟아붓는 것은 십대 청소년들의 저녁 식사 그릇에 음식을 떠주는 것과 같다. 이것은 그들이 건강하고 성숙한 사람들로 자라는 데 필요한 것을 공급한다. 때문에 베드로는 그의 첫 서신의 독자들에게 말한다.

갓난아이들같이 순전하고 신령한 젖을 사모하라 이는 이로 말미암아 너희로 구원에 이르도록 자라게 하려 함이라 너희가 주의 인자하심을 맛보았으면 그리하라(벧전 2:2-3).

성경을 대신할 영적 대체물은 없다. 저녁 시간에 스프렌다Splenda 대신 설탕이나 밥 대신 파스타로 대신하고픈 유혹이 있을 수 있겠지만, 하나님의 말씀을 대신할 수 있는 것은 아무것도 없다. 말씀만이 사람들을 그리스도 안에서 성숙에 이르게 할 수 있다. 때문에 사도 바울은 어린 설교자 디모데에게 상기시킨다.

> 모든 성경은 하나님의 감동으로 된 것으로 교훈과 책망과 바르게 함과 의로 교육하기에 유익하니 이는 하나님의 사람으로 온전케 하며 모든 선한 일을 행하기에 온전케 하려 함이니라(딤후 3:16-17).

성경은 하나님의 사람들이 하나님이 원하시는 사람들이 되는 데 필요한 것을 담고 있다. 그 어떤 신자도 하나님의 말씀으로 양육되지 않으면 하나님이 그에게 의도하시는 것을 할 수 없다. 홀로 할 수 없다.
그래서 바울은 에베소에 있는 교회에게 이렇게 썼다.

> 그가 혹은 사도로, 혹은 선지자로, 혹은 복음 전하는 자로, 혹은 목사와 교사로 주셨으니 이는 성도를 온전케 하며 봉사의 일을 하게 하며 그리스도의 몸을 세우려 하심이라 우리가 다 하나님의 아들을 믿는 것과 아는 일에 하나가 되어 온전한 사람을 이루어 그리스도의 장성한 분량이 충만한 데까지 이르리니(엡 4:11-13).

영적 성숙은 바울이 선별한 목회 임무들 중 하나인 선포 사역으로부터 나온다. 그러나 목사의 교육에 대한 특별한 강조를 주의하라. 우리 말 번역상으로는 "목사와 교사"라고 되어서 독자들로 하여금 이 두 가지가 각기 다른 은사라고 생각하게 한다. 그러나 헬라어 원어로는 이 둘 다 한 가지 역할을 의미한다. 바울이 사실상 말하고자 하는 것은 목사-교사이다. 교사가 아니고서는 목사가 될 수 없다. 목사는 말씀을 가르친다. 그래야만 한다. 왜냐하면 하나님이 그들에게 의도하신 바, 곧 가르침을 행할 때만이 회중은 세워지고, 하나가 되고, 성숙하기 때문이다.

사도 바울은 그가 전하는 대로 실행했다. 그가 골로새교회에 보낸 편지에서 그의 사역에 있어서 설교가 얼마나 중요한 역할을 하는지 언뜻 볼 수 있다.

> 우리가 그를 전파하여 각 사람을 권하고 모든 지혜로 각 사람을 가르침은 각 사람을 그리스도 안에서 완전한 자로 세우려 함이니 이를 위하여 나도 내 속에서 능력으로 역사하시는 이의 역사를 따라 힘을 다하여 수고하노라(골 1:28-29).

바울은 그의 회중이 그리스도 안에서 성숙하도록 돕기 위해 힘을 다하여 설교를 위한 수고를 한다. 위대한 사도는 그 작업의 내재된 도전을 완전히 인식하고도 그의 주된 정력을 설교에 쏟아붓는다. 바울은 설교가 얼마나 어려운지 체험적으로 잘 알고 있다.

바울이 사용한 "수고"labor라는 헬라어 단어는 원래 "두들겨 맞은 것 같이 지치고 힘듦", 그리고 이러한 상태를 가져오는 "노력" 또는 "곤란"이다. 산문에서는 "작업이나 열로 인한 육체적인 피곤함을 가리키는 것으로 가혹한 노동을 나타내는 데 사용하는 단어였다."[9] 그러나 이 단어가 설교를 잘하기 위해 요구되는 노력을 표현할 만큼 강하지 않았기 때문에 바울은 "힘을 다하여"struggling라는 말도 사용한다. 이 말의 직역은 "고뇌하다"인데, 육체적으로 "대중 경기에서 승리를 위해 투쟁하는" 모습

---

9 G. Kittel, G. W. Bromiley, G. Friedrich, *Theological Dictionary of the New Testament*, electronic ed. (Grand Rapids: Eerdmans, 1964-c1976), S. 3:827-28.

을 묘사하는 데 사용되었다. 또한 "애를 쓰다, 상이 걸린 대회에서 목표를 향해 전력을 최대로 기울인다"는 뜻도 의미하게 되었다.[10]

바울은 왜 그의 최고의 노력과 정력을 설교 작업에 쓰는가? 왜냐하면 그것은 영적 성숙의 필수 재료이기 때문이다. 충실한 말씀 사역 없이 그가 섬기는 사람들이 영적으로 성숙할 수 없다.

나를 오해하지 말기를 바란다. 설교를 듣는 것만으로는 영적으로 성숙할 수 없다. 성경 지식과 영적 성숙이 절대적으로 연결되는 것은 아니다. 우리는 다 영적으로는 미숙한 성경 지식인들을 알고 있다. 예를 들어, 바리새인들은 성경에 대해서는 어마어마한 양의 지식을 가지고 있었지만 영적 성숙의 근처에도 가지 못했다. 밀가루가 있다고 케이크가 되는 것이 아닌 것처럼 성경 지식만으로는 성숙을 보장할 수 없다. 하지만 밀가루 없이는 케이크를 만들 수 없다. 그처럼 성경에 대한 지식 없이는 영적으로 성숙할 수도 없다. 성경적인 설교가 소중한 것은 그리스도인들에게 성숙을 위해 필요한 지식을 주기 때문이다.

교회 생활에서 설교자들이 그토록 현저한 역할을 차지하는 이유는 하나님의 말씀이 선포될 때 듣는 이들이 그리스도 안에서 성숙하기 위해 필요한 영적 음식을 제공받기 때문이다. 설교는 교회 사역에 있어서 자동차 엔진의 점화플러그와 같다. 점화플러그가 엔진의 전부는 아닌 것처럼 설교가 사역의 모든 것이 아니다. 하지만 점화플러그 없이 자동차는 돌아가지 않는다. 자동차는 목적지로 전진하지 못하는 것이다. 설교 없이는 그리스도인들을 그리스도 안에서 성숙함으로 나아가게 하지 못한다. 사실, 설교하지 않은 결과는 영적 침체보다 훨씬 심각하다. 성경적

---

10 S. Zonhiates, *The Complete Word Study Dictionary: New Testament*, electronic ed. (Chattanooga: AMG Publishers, 2000, c1992, c1993), S. G75.

인 설교의 결핍은 교회에 치명적이다. 호세아에게 한번 물어보라.

주전 722년에 북이스라엘이 멸망하기 전 호세아는 이 나라에서 사역했다. 이때는 이스라엘에서 가장 어두운 날들이었다. 정부 승인을 받은 희생제물과 향을 이방신들에게 바치는 것이 보편화 되어 있었다. 아하스 왕은 자신의 아들을 이방신에게 바치는 희생재물로 불태워 죽였고 앗수르 왕에게 바칠 뇌물을 위해 하나님의 성전을 약탈하였다. 무엇이 이러한 비참한 영적 상태를 불러왔는가? 호세아는 다음과 같은 진단을 내린다.

> 내 백성이 지식이 없으므로 망하는도다 네가 지식을 버렸으니 나도 너를 버려 내 제사장이 되지 못하게 할 것이요 네가 네 하나님의 율법을 잊었으니 나도 네 자녀들을 잊어버리리라(호 4:6).

하나님의 백성들에게 설교하는 것에서 실패하면 우리는 하나님의 백성들을 가장 깊은 수준에서 저버리게 된다. 하나님의 백성은 성경적인 설교의 결핍으로 소멸된다. 그들은 굶어 죽는다.

호세아 시대의 침묵한 제사장들은 알았어야 했다. 그들은 민족의 역사에서 훨씬 전에 일어났던 비슷한 비극으로부터 배웠어야 했다. 사사기 2장을 읽으면 알 수 있다.

> 백성이 여호수아의 사는 날 동안과 여호수아 뒤에 생존한 장로들 곧 여호와께서 이스라엘을 위하여 행하신 모든 큰일을 본 자의 사는 날 동안에 여호와를 섬겼더라(삿 2:7).

위대한 지도자를 잃는 것은 항상 힘들지만 여호수아의 죽음 뒤에 있었던 일들은 더욱 큰 비극이었다.

> 그 세대 사람도 다 그 열조에게로 돌아갔고 그 후에 일어난 다른 세대는 여호와를 알지 못하며 여호와께서 이스라엘을 위하여 행하신 일도 알지 못하였더라 이스라엘 자손이 여호와의 목전에 악을 행하여 바알들을 섬기며 애굽 땅에서 그들을 인도하여 내신 그 열조의 하나님 여호와를 버리고 다른 신 곧 그 사방에 있는 백성의 신들을 좇아 그들에게 절하여 여호와를 진노하시게 하였으되(삿 2:10-12).

이 본문에서 가장 큰 비극은 여호수아의 죽음이 아니다. 가장 큰 비극은 바로 하나님의 백성이 하나님에 대한 그들의 지식을 잃었다는 것이다. 여호수아 이후로 자란 아이들은 아브라함, 이삭, 야곱, 요셉, 모세, 또는 여호수아의 하나님을 몰랐다. 그들은 나쁜 아이들이 아니었지만 신학적으로 배운 것이 없었다. 지식의 결핍이 그들을 영적 재난으로 인도했다. 무식이 불가피하게 죄로 인도했고, 죄는 가차 없이 심판을 가져왔다. 또다시 하나님의 백성은 "지식이 없으므로 망하는도다."

이스라엘의 설교자들은 침묵했다. 그들이 한 세대에게 설교하는 것에 실패했을 때 그들은 그 세대를 저버렸다. 모르는 게 행복이 아니다. 그것은 멸망 이전의 마지막 정류장이다.

설교를 너무 길게 하는 설교자들에 대한 농담을 흔히 듣는다. 아마도 우리 중 많은 이들이 언제 그만해야 할지 모르기 때문일 것이다. 하지만 설교자들이 설교를 완전히 그만두기를 선택하고 그들의 주된 사명으로부터 떠나간다면, 사람들이 하나님의 말씀을 분명히 들을 수 있는 교회를 찾지 못해 이 교회에서 저 교회로 옮겨 다니고 있다면, 하나님의 백성은 큰 곤경에 처한 것이다. 아모스는 이러한 상태를 무서운 경고로 묘사했다.

> 주 여호와께서 가라사대 보라 날이 이를찌라 내가 기근을 땅에 보내리니
> 양식이 없어 주림이 아니며 물이 없어 갈함이 아니요 여호와의 말씀을 듣지
> 못한 기갈이라 사람이 이 바다에서 저 바다까지, 북에서 동까지 비틀거리며
> 여호와의 말씀을 구하려고 달려 왕래하되 얻지 못하리니(암 8:11-12).

나는 설교 고유의 가치 때문에 설교라는 힘든 사역을 받아들이기를 선택한다. 온 세상이 구원받았든 받지 않았든 하나님의 말씀을 결사적으로 들을 필요가 있다. 우리가 설교할 때, 운명이 바뀐다. 영원이 달려 있다. 하나님의 백성의 지도자들이 설교를 중단했을 때마다 그 결과는 매번 파멸적이었다.

존 알버트 벵엘(John Albert Bengel)이 수년 전에 이것을 지적했다.

> 성경은 교회의 기초이다. 교회는 성경의 수호자이다. 교회가 건강할 때,
> 성경의 빛은 밝게 비친다. 교회가 병들었을 때, 성경은 방치되어 부식된다.
> 그러므로 성경과 교회의 외형적인 형태는, 대개 동시에 건강이나 질병을
> 나타낸다. 그리고 원칙적으로 성경을 다루는 방식은 교회 상태와 정확하게
> 일치하다.[11]

성경 고유의 능력 때문에 또한 나는 설교를 선택한다.

5) 하나님 말씀의 능력 때문이다

당신이 당신의 사람들의 삶 속에서, 더 나아가 세상에서 상당한 변화를 주기 원한다면 나는 하나님의 말씀을 설교하는 것 이상으로 더 좋은

---

11 J. A. Bengel, *Gnomon of the New Testament*, ed. A. R. Fausset, 5 vols. (Edinburgh: Clark, 1857-1858), 1:7.

길은 없다고 생각한다. 예레미야에게 물어보라.

예레미야 1장에서 하나님은 예레미야를 부르시고 "열방의 선지자"(5절)로 세우신다. 새로운 직업에 대한 예레미야의 첫 반응은 흥분이 아니었다. 그의 세계는 우리와 마찬가지로 심각한 영적 그리고 도덕적인 혼란에 빠져있었다. 한 사람이 이토록 무너진 세상에서 무슨 일을 할 수 있겠는가? 설교자인 그가, 말뿐으로 무슨 일을 할 수 있겠는가? 작은 공기를 내뿜으며 말을 한들 예레미야가 무슨 영향을 끼칠 수 있겠는가? 문제는 너무나도 크고 말은 너무 미약하다.

예레미야가 얼마나 부담스러웠는지 그가 하나님으로부터 임명을 받았을 때의 대답을 통해 엿볼 수 있다.

> 내가 가로되 슬프도소이다 주 여호와여 보소서 나는 아이라 말할 줄을 알지 못하나이다(렘 1:6). 하나님 저는 경험이 없습니다. 저는 훈련이 안 되었습니다. 저는 기술이 없습니다. 저는 당신이 나를 보내시는 세상을 고칠 만큼 논리정연하게 말할 기술이 없습니다.

10절을 읽으면 예레미야의 마음이 별로 위로받지 못했을 것이라고 생각된다.

> 보라 내가 오늘날 너를 열방 만국 위에 세우고 너를 뽑으며 파괴하며 파멸하며 넘어뜨리며 건설하며 심게 하였느니라(렘 1:10).

하나님이 그에게 주신 사역의 범위를 보라! 여기에 6개의 다른 동사들이 있고, 그 중 4가지는 파괴적이다. 하나님은 예레미야를 부르셔서 뽑고 파괴하며, 파멸하고 넘어뜨리라고 하신다. 하나님이 말씀하신다.

내가 너를 부른 것은 죄의 요새/견고한 성을 무너뜨리기 위함이다. 내가 너를 부른 것은 악한 자와 싸우기 위함이다. 내가 너를 부른 것은 사람들의 마음과 민족들 가운데 들어오는 사탄과 그의 악한 자들의 침입을 물리치기 위함이다. 그 후에 할 일이 또 있다. 너에게 2가지를 명령한다. 너는 건설하고 심으라. 네가 백성을 돌보고, 키우고, 성장시켜라. 네가 성장과 치유를 이루라.

나는 예레미야가 손을 들며 절망적인 표현을 하는 것을 본다. 그의 연약한 말을 통해 어떻게 그렇게 어마어마한 일을 도대체 할 수 있겠는가? 우리의 말이 무엇을 성취할 수 있나?

나는 이것에 대해 예레미야와 동의한다. 나는 예레미야―그리고 우리―에 대한 하나님의 기대가 비현실적이라고 생각한다. 하나님이 그 불가능한 일을 성취해 낼 도구를 주시지 않는 한 말로 세상을 바꾸는 것은 불가능하다. 그 도구가 무엇인지 주목하자. "너는 가라"고 하나님이 예레미야에게 말씀하신다.

> 내가 너를 누구에게 보내든지 그리고 네게 무엇을 명하든지(렘 1:7). 여호와께서 그 손을 내밀어 내 입에 대시며 내게 이르시되 보라 내가 내 말을 네 입에 두었노라(렘 1:9).

설교에 대한 가장 절실한 묘사 중 하나인 이 본문에서 하나님이 말씀하신다.

> 예레미야, 너는 내가 너에게 주는 일을 이해할 필요가 없다. 나는 너가 너의 말을 이 죄로 일그러진 세상에 전하라는 것이 아니다. 나는 나의 말을 하고 있다. 나의 말을 너의 입에 두었다.

하나님의 말씀에 영향력이 있다. 하나님의 말씀이 설교자에게 능력을 준다. 왜 그런가?

윌리엄 바클레이William Barclay는 이렇게 설명한다.

> 유대인 사상에는 한 단어가 그 뜻을 표현하는 소리 이상이었다. 또는 말은 실제로 행해지는 것이었다. 하나님의 말씀은 단순한 소리가 아니라, 실질적인 원인이다.[12]

그러한 말이 예레미야에게 주어졌다. 하나님의 말씀은 당신의 말이나 나의 말, 부모의 말과도 근본적으로 다르다. 하나님의 말씀은 효과적이다.

만약에 당신이 부모라면 당신의 말의 나약함을 이해할 것이다. 부모로서 아침에 아이들에게 말을 할 때가 있다. 어떠한 말이냐면, "일어나라", "아침 먹어라", 아니면 "숙제해라" 등이다. 때때로 그 말이 입에서 떠난 뒤, 잠시 머물렀다가는 전혀 아무 결과도 가져오지 않고 사라진다. 너무나도 자주, 부모의 말이 허공을 채우지만, 아이들의 행동을 변화시키지 못한다. 전혀 못한다. 하지만 하나님의 말씀은 우리 인간의 말과 같지 않다. 하나님의 말씀은 그의 능력으로 채워져 있다. 그리고 하나님이 말씀하실 때 역사가 일어난다. 효과적인 원인이 된다. 하나님이 말씀하시면 결과는 일어나야만 한다. 때문에 우리는 볼 수 있다.

> 비와 눈이 하늘에서 내려서는 다시 그리로 가지 않고 토지를 적시어서 싹이 나게 하며 열매가 맺게 하여 파종하는 자에게 종자를 주며 먹는 자에게 양식을 줌과 같이 내 입에서 나가는 말도 헛되이 내게로 돌아오지 아니하고

---

12 W. Barclay, *New Testament Words* (Philadelphia: Westminster, 1974), 185.

나의 뜻을 이루며 나의 명하여 보낸 일에 형통하리라(사 55:10-11).

하나님의 능력이 하나님의 말씀에 거하기 때문에 하나님의 목적은 항상 이루어진다. 엄청나고 저항할 수 없는 하나님 말씀의 능력을 생각하라.

하나님 말씀의 능력을 가장 정확하게 볼 수 있는 곳 중에 하나가 창세기 1장이다. 3절을 보면, "하나님이 가라사대 빛이 있으라 하시매 빛이 있었고"라고 기록되어 있다. 이 구절에 대해 잠시 생각해 보라. 하나님의 말씀의 능력만으로, 하나님은 우주가 경험한 최대의 폭발을 만들어 내셨다. 갑자기, 하나님의 선포하신 말씀의 능력만으로 세상과 별들이 무로부터 나타났다. 토마스 에디슨Thomas Edison은 작동하는 전구를 발명하기 위해 만 번이 넘는 시도를 해야 했다. 에디슨은 총명한 사람이었음에도 불구하고! 하지만 하나님은 첫 시도에 빛을 만드셨다. 그리고 완벽하게 갖추어진 작업장도 필요하지 않으셨다. 다만 그분의 말씀 선포만이 있었다. 또한 하나님의 거대한 능력을 말씀을 통해 볼 수 있다.

하나님이 가라사대 천하의 물이 한 곳으로 모이고 뭍이 드러나라 하시매 그대로 되니라(창 1:9).

하나님이 말씀하셨고, 그대로 이루어졌다. 본문은 마른 땅의 창조를 고의적으로 쉽게 표현한다. 수월하게. 하지만 그 마른 땅이 나타나기 위해 물리적으로 무엇이 발생해야 했을지 잠시 생각해 보라. 지리적 단층이 이동하고 움직이며 상상할 수 없는 구조적인 힘이 방출되었을 것을 생각해 보라. 행성을 휩쓸고 지나갔을 높이 치솟은 쓰나미를 상상하라. 성난 액체를 사나운 바다로 뿜어내는 화산들, 대륙 대지들이 서로 부딪치며 하늘을 찌를 듯 솟아오르는 산들을 상상하라. 이 말씀으로 인해 방출되는 지리적인 힘은 인간적으로 상상할 수 없다. 하지만 그것이 벌어진 것은 하나님이 "될지어다"라고 말씀하셨기 때문이다. 이것이 하나님의 말씀의 능력이다. 그 능력은 위대하며 저항할 수 없다.

> 여호와의 말씀으로 하늘이 지음이 되었으며 그 만상이 그 입 기운으로 이루었다…저가 말씀하시매 이루었으며 명하시매 견고히 섰도다(시 33:6, 9).

> 주의 견책을 인하여 도망하며(시 104:7a).

> 이는 하늘이 옛적부터 있는 것과 땅이 물에서 나와 물로 성립한 것도 하나님의 말씀으로 된 것을 저희가 부러 잊으려 함이로다(벧후 3:5).

신약 또한 하나님의 말씀의 능력을 말한다. 그리스도가 말씀하셨던 때를 생각해 보라. 예수님은 마비된 병자를 보시고 그저 말씀하셨다. "일어나 네 자리를 들고 걸어가라"(요 5:8). 그리고 그는 그대로 한다. 오늘날에도 가장 재능 있고 최고의 장비를 갖춘 외과의사도 죽은 척수는 재생할 수 없다. 하지만 예수님은 하신다. 그분의 말씀의 능력만으로 하신다.

야이로가 예수님께로 온다. 그가 말하길 "나의 어린 딸이 죽음의 문턱에 섰습니다"(막 5:23). 후에 예수님은 생명이 없는 그녀의 몸에 다가가서서 말씀하신다. "소녀야, 내가 너에게 말한다. 일어나라!"(막 5:41) 말씀의 능력만으로 죽었던 여자 아이의 몸에 생명이 흘러들어 간다. 그녀의 눈이 열린다. 그리고 그녀가 첫 번째로 찾는 것이 밀크쉐이크다. 먹고 싶어 안달이다. 그것이 생명이다. 하나님의 능력이 말씀을 통해 불어넣어짐으로 오는 초자연적인 생명이다.

히브리서 저자는 예수님이 "그의 능력의 말씀으로 만물을 붙드시며"(히 1:3)라고 말해 준다. 그것이야말로 강력한 말씀이다!

하나님이 우리에게 말하라고 하실 때 우리의 말을 하라고 하지 않으신다. 그분의 말씀을 하라고 하신다. 우리가 그분의 말씀을 할 때 우리의 말과 다르게 전혀 가능하지 않을 것 같은 초자연적인 능력과 권위가 있다. 우리의 권위와 우리의 능력으로 밀하지 않는다. 하나님의 권위와 하나님의 능력으로 말한다. 그래서 우리의 말로는 절대로 할 수 없는 일을 그분의 말씀으로 성취할 수 있다. 모든 하나님의 설교자들은 이것을 알고 있었다.

모세는 하나님의 말씀의 위력을 알았다. 그는 황폐한 곳에서 실패한 지도자였지만 하나님이 오셔서 그에게 말씀하셨다.

> 이제 내가 너를 바로에게 보내어 너로 내 백성 이스라엘 자손을 애굽에서 인도하여 내게 하리라(출 3:10).

불가능한 일이 있었다면 바로 이 일이었을 것이다. 하지만 모세는 해낸다! 어떻게? 하나님의 말씀으로. 모세는 세상에서 가장 힘 있는 사람의 법정에 성큼성큼 걸어 들어가서 하나님이 말하라고 하신 말을 한다. "내 백성을 보내라"(출 5:1). 그리고 바로는 그렇게 했다. 그는 그래야만 했다. 바로가 어떻게 그러한 능력을 저항할 수 있었겠는가?

나단 선지자가 다윗에게 와서 하나님의 말씀을 전한다. 그가 "당신이 그 사람이라"(삼하 12:7)라고 발언하자 다윗은 회개한다. 한 생명이 변화된다. 죄가 허물어진다. 하나님의 말씀하심을 통해 치유와 성장이 쓰러진 하나님의 사람의 삶에 일어나기 시작한다.

요나는 니느웨로 간다. 하나님께 순종하며 하나님의 말씀을 전한다. "사십 일이 지나면 니느웨가 무너지리라 하였더니"(욘 3:4). 내가 들어본 설교 중에서 가장 매력적인 설교는 아니지만 하나님의 말씀이었다. 그래서 어떻게 되었는가? 그 민족이 회개했다. 한 민족의 운명이 하나님의 말씀이 전해졌기에 달라졌다.

설교자들이 하나님의 말씀을 전하기 위해 섰을 때 그들은 우주에서 가장 위대한 동력 자원에 접근하고 있는 것이다. 우리가 내뿜는 공기는 힘이 없다. 하지만 하나님의 말씀은 우리의 말이 아니다. 하나님의 말씀은 제지할 수 없다. 죄로 일그러진 우리 삶까지도 변화시킨다.

> 너희가 거듭난 것이 썩어질 씨로 된 것이 아니요 썩지 아니할 씨로 된 것이니 하나님의 살아있고 항상 있는 말씀으로 되었느니라 그러므로 모든 육체는 풀과 같고 그 모든 영광이 풀의 꽃과 같으니 풀은 마르고 꽃은 떨어지되 오직 주의 말씀은 세세토록 있도다 하였으니 너희에게 전한 복음이 곧 이 말씀이니라(벧전 1:23-25).

하나님의 말씀보다 더 능력 있는 것이 없다는 확신은 효과적으로 장기간 설교하는 데 있어 극히 중요하다. 세상에 영향을 미칠 수 있는 최고의 방법은 우주에서 가장 능력 있는 말을 하는 것이다. 이것을 알기 때문에 나는 계속 설교하게 된다. 제임스 데안(James Daane)이 훌륭하게 말했다.

> 사람들이 말씀의 신비한 창조적인 능력을 감지하고 선포된 말씀이 운동력 있고 말씀을 실천하는 사람들을 새롭게 한다는 것을 인정하지 않는 한 그들이 강단에서 말씀을 전하려는 갈망은…그리 오래가지 않을 것이다.[13]

---

13 J. Daane, *Preaching with Confidence* (Grand Rapids: Eerdmans, 1980), 3.

(작고 약한 숨에 불과한) 나의 말은 성취하는 것이 별로 없다. 하지만 하나님의 숨은 저항할 수 없다. 5급 허리케인보다 더 큰 영향력이 있다. 내 사역목표가 그리스도를 위해 세상을 변화시키는 것이라면, 하나님의 전능한 말씀을 전하는 것보다 나은 것이 없다.

나는 설교한다. 왜냐하면 우리가 알아야만 하는 하나님은 계시에 최고의 우선순위를 두셨고, 그분이 누구시며 우리는 어떻게 그분께 반응하며 살아야 할지에 대하여 기록한, 신뢰할 수 있는 책도 주셨기 때문이다. 이 책은 우주의 그 어떤 것도 그 목적 달성을 막을 수 없는 능력의 말씀으로 가득 채워져 있다. 하지만 그게 다가 아니다. 나는 설교한다. 왜냐하면 그럴 때 나는 고귀한 상속에 참여하게 되기 때문이다.

6) 성경의 예들 때문이다

성경의 설교자들을 상기시킬 수 있는가? 화려한 명단을 작성하는 데 그다지 오래 걸리지 않는다. 노아, 모세, 엘리야, 요나, 아모스, 에스겔, 예레미야, 이사야와 말라기 같은 이름들이 재빨리 머리에 떠오른다. 그리고도 많이 있다. 신약에는 설교자가 있는가? 상당히 많다! 사도들 모두가 설교자였다. 예수님마저도 설교자셨다. 사실상, 우리 주님은 설교를 얼마나 신중하게 생각하셨는지를 다음에서 볼 수 있다.

> 날이 밝으매 예수께서 나오사 한적한 곳에 가시니 무리가 찾다가 만나서 자기들에게서 떠나시지 못하게 만류하려 하매 예수께서 이르시되 내가 다른 동네에서도 하나님의 나라 복음을 전하여야 하리니 나는 이 일로 보내심을 입었노라 하시고 갈릴리 여러 회당에서 전도하시더라(눅 4:42-44).

예수님은 그의 본 사역으로부터 떠나기를 거부하셨다. 군중이 그에게 남아서 치유사역을 확장하기를 간절히 부탁했지만, 그리고 예수님의 인기가 치솟고 있었지만, 그분은 설교를 포기하지 않으셨다. 그분은 설교를 하셔야만 했다. 그가 보내진 이유였다. 설교는 그분의 목적이었다. 성경에 중요한 지도자의 역할을 누린 거의 모든 사람들은 설교자였다. 이러한 지도자들의 특징적인 표지 중의 하나는 그들이 "여호와가 말씀하시기를"이라고 말하며 인도했다는 것이다. 그들의 권위는 하나님의 말씀으로부터 왔다. 그들은 성경을 가지고 인도했다.

우리가 설교하기로 결정했을 때는 우리는 잘 닦인 길을 가는 것이다. 앞서 간 믿음의 거인들이 닦아 놓은 길이다. 그들과 함께 가는 길이다.

7) 하나님의 명령 때문이다

나는 설교한다. 왜냐하면 하나님은 성경의 선포를 부가적인 선택사항으로 말씀하지 않으시기 때문이다. 일시적인 활동이 아니다. 성경은 우리에게 명백하게 그리고 암시적으로 하나님의 말씀을 공개적으로 선포할 것을 명한다. 설교를 선택하지 않을 수 없다. 부활하신 후 베드로를 위해 생선을 요리하시고 회개하는 베드로에게 예수님은 바로 이점을 말씀하신다.

> 저희가 조반 먹은 후에 예수께서 아들 시몬아 베드로에게 이르시되 요한의 아들 시몬아 네가 이 사람들보다 나를 더 사랑하느냐 하시니 가로되 주여 그러하외다 내가 주를 사랑하는 줄 주께서 아시나이다 가라사대 내 어린 양을 먹이라 하시고 또 두 번째 가라사대 요한의 아들 시몬아 네가 나를 사랑하느냐 하시니 가로되 주여 그러하외다 내가 주를 사랑하는

줄 주께서 아시나이다 가라사대 내 양을 치라 하시고 세 번째 가라사대 요한의 아들 시몬아 네가 나를 사랑하느냐 하시니 주께서 세 번째 네가 나를 사랑하느냐 하시므로 베드로가 근심하여 가로되 주여 모든 것을 아시오매 내가 주를 사랑하는 줄을 주께서 아시나이다 예수께서 가라사대 내 양을 먹이라 (요 21:15-17).

삼성이 고소된 이 본문에서는 예수님이 베드로에게 축산업에 내한 조언을 주시는 게 아니다! 건초뭉치를 끌고 가축에게 주라고 지도하시는 것이 아니다. 여기서 선한 목자이신 예수님은 베드로에게 그의 무리의 목자가 되기를 부탁하신다. 예수님은 자신이 십자가에 죽음으로 말미암아 구속한 그들을 먹여서 돌보아주기를 부탁하신다. 목자의 주 임무는 양을 먹이는 것으로 보인다.

우리 목사들은 하나님이 우리에게 맡기신 양들의 영적인 공급에 책임이 있다. 예수님은 베드로에게-그리고 우리에게-그분의 백성에게 설교할 것을 부탁하신다. 우리가 먹이고 설교하는 임무를 충실히 실행할 때 우리는 목자장을 향한 사랑을 나타낸다. 하나님의 백성에게 설교하기 위해서 예수님은 베드로를 부르셨듯이 우리를 부르신다.

초대 교회는 설교의 중요성을 확실히 이해했다.

열두 사도가 모든 제자를 불러 이르되 우리가 하나님의 말씀을 제쳐놓고 공궤를 일삼는 것이 마땅치 아니하니 형제들아 너희 가운데서 성령과 지혜가 충만하여 칭찬 듣는 사람 일곱을 택하라 우리가 이 일을 저희에게 맡기고 우리는 기도하는 것과 말씀 전하는 것을 전무하리라 하니 (행 6:2-4).

사도들은 공궤를 일삼는 것 때문에 말씀사역을 소홀히 하는 것은 잘못된 것이라고 공동 결정을 내렸다. 과부들에게 음식을 제공하는 것은, 아무리 선하고 중요하다 해도, 말씀사역보다 중요하지 않았다. 사도들은 말씀 선포를 방치하는 것은 그 어떤 아무리 선한 이유라 해도 틀렸다고 생각했다. 우리 목사들도 달리 할 수 없다.

사도 바울은 에베소교회에서 그의 사역 방식을 통해 설교의 중요성을 말해 주고 있다. 이 교회는 바울의 마음에 특별하게 자리잡고 있었다. 이 교회를 그의 첫 3개월 기간의 방문 동안에 개척했을 뿐만 아니라(행 18:19-21) 그 다음 해에 돌아와 장기간의 3년 사역을 시작했다. 바울이 이 교회에 특별히 많은 시간을 투자했기 때문에 우리는 사도의 사역의 우선순위를 볼 수 있다. 사도행전에 보면 바울이 교회에 작별인사를 할 때 놀랄 만큼 설교에 주안점을 두고 있음을 알 수 있다.

> 보라 내가 너희 중에 왕래하며 하나님 나라를 전파하였으나 지금은 너희가 다 내 얼굴을 다시 보지 못할 줄 아노라 그러므로 오늘 너희에게 증거하노니 모든 사람의 피에 대하여 내가 깨끗하니 이는 내가 꺼리지 않고 하나님의 뜻을 다 너희에게 전하였음이라(행 20:25-27).

여기서 사도는 그를 폄하하는 사람들에 대해 대대적인 설교사역을 근거로 그의 사역을 변호한다. 그는 "나는 모든 사람의 피에 대하여 깨끗하니"라고 말한다. 왜냐하면 "하나님의 뜻을 다" 전했기 때문이다. 따라서 바울이 하나님의 뜻을 다 전하지 않았다면 결백한 사람의 피가 그 손에 있다고 말할 수 있다. 바울은 침묵하는 것이 죄를 짓는 것이라는 사실을 알았다. 성경의 전체를 전하는 것만이 바울이 그의 목회사명을 충실히 수행하는 것이었다.

바울이 에베소에서 설교에 우선을 둔 것은 부분적인 문제만 염두에 둔 고립된 반응이라고 해석할 수 없다. 오히려 바울은 사역을 막 시작한 젊은 목사인 디모데에게 설교에 최우선순위를 둘 것을 강조한다.

> 누구든지 네 연소함을 업신여기지 못하게 하고 오직 말과 행실과 사랑과 믿음과 정절에 대하여 믿는 자에게 본이 되어 내가 이를 때까지 읽는 것과 권하는 것과 가르치는 것에 착념하라…이 모든 일에 전심 전력하여 너의 진보를 모든 사람에게 나타나게 하라 네가 네 자신과 가르침을 삼가 이 일을 계속하라 이것을 행함으로 네 자신과 네게 듣는 자를 구원하리라(딤전 4:12-13, 15-16).

바울이 목사의 삶에 있어서 설교가 얼마나 중요한지 이보다 더 잘 설명한 것은 찾아보기 어렵다. 하지만 디모데에게 보내는 그 다음 편지에서 그것을 한 단계를 더 높인다.

> 너는 말씀을 전파하라 때를 얻든지 못 얻든지 항상 힘쓰라 범사에 오래 참음과 가르침으로 경책하며 경계하며 권하라 때가 이르리니 사람이 바른 교훈을 받지 아니하며 귀가 가려워서 자기의 사욕을 좇을 스승을 많이 두고 또 그 귀를 진리에서 돌이켜 허탄한 이야기를 좇으리라(딤후 4:2-4).

목사들이 설교에 우선순위를 두어야 하는 것은 성경에 분명히 나타난다. 사례를 받으며 수행해야 하는 많은 일들 가운데 하나님 말씀의 선포보다 더 중요한 것은 없다. 많은 설교자들이 그들의 주된 소명을 잊어버린 것은 너무나도 비극적이다! 목양실의 상징이 성경으로부터 벗어나 어느새 핸드폰과 블랙배리가 되었다. 목사들은 그 어느 때보다도 바쁘다. 하지만 그들의 우선순위는 그들을 강단으로부터 더더욱 멀리 떠나게 한다. 나의 전 동료 데이비드 웰스David Wells가 잘 말했다.

> 이 새로운 성직자 제도에서는 교회의 기술적 그리고 경영의 능숙함이 목회 사역의 정의를 확실히 지배하게 되었다. 진리의 대리자로서의 목사의 옛 역할은 더 새로운 경영적인 기능으로 가려졌다.[14]

우리의 우선순위가 "진리의 대리자"로부터 멀어질수록 우리는 더욱 비영리 종교단체의 전무 역할로 빠진다. 하나님의 양의 목사로 불리는 권리를 잃을 위험부담이 있다. 하나님은 목사들이 설교하기 원하신다. 기본적인 순종의 문제다. 말씀 전하는 것을 무시하거나 가볍게 다루는 목사는 그들의 소명에 충실하지 못한 것이다.

나는 신학적인 이유 때문에 나의 최고의 목회적인 노력을 설교에 둔다. 하지만 나는 역사적인 이유 때문에도 설교한다.

---

14 D. F. Wells, *No Place for Truth* (Grand Rapids: Eerdmans, 1993), 233.

DEEP PREACHING

제 3 장

오늘날 설교를 위한 또 다른 이유들

유행이 오고 가는 것을 목격했을 만큼 우리는 살만큼 살았다. 타이다이 셔츠, 나팔 청바지, 북실북실한 카펫, 양배추 인형, 루빅 큐브와 포케몬을 기억하는가? 그리고 최근에는 SUV 허머차에 휘발유를 넣고 싶어 하는 사람을 아는가?

우리가 목격한 그 모든 기술적인 변화를 생각해 보라. 당신이 쓰레기 매립지에 기부한 "꼭 있어야 할" 장치가 얼마나 되는가? 8트랙 녹음테이프, 카세트, 레코드판과 소니 워크맨을 기억하는가? CD는 어떤가? 평면 스크린이 아닌 텔레비전은? 유선전화기? 타자기? 급속히 변하는 우리 세상 가운데 어떻게 하면 설교가 증기기관차처럼 잊혀지지 않으리라 보장할 수 있나? 설교를 잘하기 위해 필요한 훈련과 에너지가 과연 그만한 가치가 있는지 어떻게 확신할 수 있나? 설교가 우리 책장에 있는 『전도폭발』복사본 옆으로 밀려나지 않으리라 어떻게 확신할 수 있나?

만약 우리가 고려해 보았던 신학적인 이유들이 당신을 아직 설득하지 못했다면 아마도 역사의 무게가 당신을 납득시킬 것이다.

1. 설교를 위한 역사적 이유

많은 운동단체들은 그들의 시합에서 크게 기여를 한 사람들을 높이기 위해 명예의 전당을 세웠다. 야구의 명예의 전당은 뉴욕의 쿠퍼스타운에 있다. 그곳에선 행크 아론Hank Aaron, 타이 콥Ty Cobb, 테드 윌리엄스Ted Williams를 포함한 역대 최고 야구선수들의 업적을 감상할 수 있다. 하키의 명예의 전당은 캐나다 토론토에 있는데, 헨리 리차드Henri Richard, 골디 하우위Gordie Howe와 웨인 그레츠키Wayne Gretzky 같은 인기 선수들이 불후의 명성으로 남아 있다.

당신이 테니스를 좋아한다면, 로드 아일랜드의 뉴포트에 있는 테니스 명예의 전당으로 가보라. 그 박물관은 세계에서 가장 많은 테니스 기념품 수집을 자랑한다. 그리고 "명예의 전당에 모집된 사람들의 전당"에는 로드 레이버Rod Laver, "크리시" 에버트"Chrissie" Evert, 그리고 존 매켄로John McEnroe와 같은 수상자들을 높이는 명판을 찾을 수 있다.

설교 또한 명예의 전당이 있을 수 있다. 세계 역사를 통해서 하나님은 설교자들이 목회했던 세상에 중요한 영향을 끼치기 위해 그들을 사용하셨다. 세상을 바꾸기 위해 "설교의 어리석음"을 사용하길 선택하셨다. 극적인 영적 회복과 효과적인 성경적 설교 사이에는 인과관계가 있다. 사실, "기독교의 회복이 있을 때마다 설교의 회복이 동반했다. 설교의 회복이 있을 때마다 결국 성경적인 설교를 재발견했다."[1]

하나님은 이 세상에서 중요한 일을 하고자 하실 때, 하나님은 설교자들을 선택하여 사용하신다.

---

1 L. Keck, *The Bible in the Pulpit: The Renewal of Biblical Preaching* (Nashville: Abingdon, 1978), 11.

1) 크리소스톰(Chrysostom)

하나님이 초대 교회에 회복을 일으키기 원하셨을 때, 하나님은 역사의 최고 설교자 중 한 명인 존 크리소스톰에게 그의 손을 얹어 안수하셨다. 크리소스톰이 일반적으로 그리고 타당하게 그리스 교회 최고의 강단 연설가/웅변가로 알려져 있다고 샤프Schaff는 말한다.[2] 그는 성경 본문을 진지하게 받아들였고, 흥미를 끌며 대화 스타일로 말했으며 그의 설교는 생생한 비유들로 가득했다. 판트Fant와 핀슨Pinson은 사람들이 그의 설교에 얼마나 흥미를 가지고 들었냐 하면, 소매치기들이 큰 수확을 얻을 수 있었다고 할 정도였다고 한다.[3]

주후 398년에 콘스탄티노플의 감독으로 선발되었고, "황금입의 웅변가"인 그는 설교단을 통해 교회뿐만 아니라 로마 제국의 죄를 성경으로 입증하였다. 크리소스톰의 설교는 성직자들의 성범죄와 평신도들의 사치 방탕한 삶에 큰 영향을 미쳤다. 죄를 짓는 황후를 "이세벨"이라고 부를 만큼 그는 담대했다. 그의 감독으로서의 임기는 몇 년에 불과했지만, 그리고 그의 죽음도 시기 상조였지만, 그의 설교의 영향력은 막대했다. "소수의 설교자들만이 고대에나 현대에나, 그의 수사학적 웅변이나 도덕적 개혁과 사회정의에 대한 열정에 비길 수 있다."[4] 존 크리소스톰의 설교는 그의 교회와 사회를 거룩으로 이끌어 주었다.

---

2 P. Schaff, *History of the Christian Church* (Peabody, MA: Hendrickson Publishers, 2006), 3:933.
3 C. E. Fant and W. M. Pinson Jr., eds., *Biblical Sermons to Savonarola,* vol. 1, Twenty Centuries of Great Preaching; 13 vols. (Waco: Word, 1971).
4 D. G. Hunter, *Preaching in the Patristic Age: Studies in Honor of Walter J. Burghardt,* S. J. (New York: Paulist Press, 1989), 119.

2) 어거스틴(Augustine)

성 어거스틴은 교회의 가장 중요한 인물 중 한 명이다. 『스탠포드 철학 백과사전』Stanford Encyclopedia of Philosophy에 그는 "철학의 대가 중의 한 명"[5]으로 묘사되어 있고 가장 영향력 있는 저자 중의 한 명이다. 하지만, 프린스턴대학의 역사학 교수인 피터 브라운Peter Brown은 다음과 같이 말했다.

> 그의 생애에서 편지와 설교는 가톨릭 주교로서의 활동만큼이나 중요했다. 회중에게 신학자가 아니라 설교자, 즉 "하나님의 말씀을 심는자"seminator verbi가 되는 것이 로마 후기 주교의 직책이었다. 어거스틴도 예외가 아니었다. 그의 편지와 설교는 북아프리카 기독교 지도자의 삶의 중심을 보여준다.[6]

어거스틴의 설교에 대한 헌신은 대단히 영향력 있는 책 『기독교 교리에 대하여』On Christian Doctrine 제4권에서 드러난다. 이 책은 많은 사람들이 설교학 교과서 중에서도 역사상 가장 영향력 있다는 평가를 받고 있다. 어거스틴의 작업의 중심, 그가 가장 중대하게 세상을 좌우하는 방법 중 하나는 설교였다.

어거스틴 작품의 3분의 1이상은 설교다. 그는 약 8,000번의 설교를 했다고 인정된다. 어거스틴의 첫 전기 작가이자 40년간의 친구 포시디우스Possidius가 어거스틴의 업적을 이렇게 표현했다. "어거스틴이 교회에서 설교하는 것을 들은 사람들은 가장 덕을 보았다고 믿는다."[7] 어거스틴은 설교로 세상을 바꿨다. 마틴 루터에 대해서도 마찬가지로 말할 수 있다.

---

5 http://plato.stanford.edu/entries/augustine/ (accessed 2/22/08).
6 http://www.ctinquiry.org/publications/brown.htm (accessed 2/22/08).
7 W. H. Willimon and R. Lischer, *Concise Encyclopedia of Preaching*, 1st ed. (Louisville: Westminster John Knox Press, 1995), 21.

3) 마틴 루터(Martin Luther)

기독교 종교개혁에 있어서 마틴 루터의 역할은 지나치게 강조하지 않을 수 없다. 루터는 기독교 교회가 경험한 가장 극적인 회복에 있어 중심적인 역할을 맡았다. 종교개혁은 그의 개념인 오직 성경만이 믿음과 행함의 새로운 법칙이어야 한다는 것에서 비롯됐다. 이어서 하나님의 말씀에 대한 새로운 우선순위는 설교에 대한 더 높아진 우선순위로 연결되었다.

> 그가 발전시킨 설교는 세익스피어의 희곡이 전임자들의 것과 달랐듯이 중세 후기 설교자들의 것과 달랐다. 그의 마음은 대단한 새로운 아이디어로 가득 차 터질 것만 같았다. 그것은 그 자신의 삶을 새로 만들었고 그의 동포들과 동기들의 삶을 새로 만들고 있었다…설교는 더 이상 똑같을 수 없었다…루터가…공식적으로…하나님의 말씀을 전하는…직무를 받아들인…그 역사적인 시간에 새로운 시대는 시작했다.[8]

마틴 루터는 설교를 아주 진지하게 생각했다. 왜냐하면 루터 의견으로는 설교가 사람들에게 다가갈 수 있는 가장 효과적인 방법이었기 때문이다.

1532년 7월 21일에 전한 설교에서, 루터는 개인적인 성경읽기나 설교자의 입술로 전파되는 말씀을 듣는 것 둘 다 사람들에게 똑같은 유익을 준다는 데 반대했다. "그들이 말씀을 읽을지라도, 이것을 말하고 설교하라는 하나님의 안수 받은 대중 설교자들을 통한 말씀보다는 열매가 풍

---

8 E. C. Kiessling, *The Early Sermons of Luther and Their Relation to the Pre-Reformation Sermon* (Grand Rapids: Zondervan, 1935), 146-47.

성하지도 능력이 있지도 못하다."⁹ 말라기 2:7에 대해 언급하며 루터는 설교를 더욱 변호했다.

> 말씀은 성령이 주어지는 통로이다. 이 본문은 선포되는 말씀을 업신여기는 자들과 맞선다. 입술은 교회의 대중 저수지다. 그 안에서만 하나님의 말씀이 보전된다. 말씀이 공개적으로 전해지지 않는 한, 말씀은 사라진다. 설교할수록 더욱 굳건히 보유된다. 말씀을 읽는 것은 듣는 것보다 유익하지 않다. 왜냐하면 살아있는 소리가 가르치고, 권고하고, 변호하고 오류의 영을 저항한다. 사탄은…말씀이 선포될 때 달아난다.¹⁰

루터는 그의 세상에 강한 표적을 남기고 싶었기 때문에 설교를 중요시했다. 그리고 이루었다. 루터 학자 다니엘 올리비어 Daniel Olivier는 "루터의 영향은 그의 복음주의 설교의 폭넓은 특성 때문이다"라고 주장한다."¹¹ 마틴 루터의 설교는 셀수 없이 많은 개개인의 삶을 새롭게 했다. 그리고 우리는 그의 강단 사역의 기쁜 수혜자이다.

4) 존 칼빈(John Calvin)

또 다른 기독교 개혁의 위대한 인물인 존 칼빈은 비할 데 없는 신학적인 작품 『기독교 강요』Institutes of Christian Religion로 가장 잘 알려져 있다. 많은 이들이 잘 알지 못하는데, 칼빈은 그의 최고의 열정을 제네바교회의 강대상에 정기적으로 드렸다. 칼빈은 매주일 2번의 다른 설교를 하였을 뿐

---

9 M. Luther, et al., *Works*, American ed. (Saint Louis: Concordia Pub. House, 1955), 64, n. 66.
10 M. Luther, et al., *Works*, 401, n. 18.
11 D. Olivier, *Luther"s Faith: The Cause of the Gospel in the Church* (St. Louis: Concordia, 1982), 110.

만 아니라 격주마다 매일 설교했다(오전 6시/겨울엔 7시). 매해 평균 170편의 설교를 했다.[12] 올리비에르 파티오 Olivier Fatio는 설교가 칼빈 사역의 중심이었다고 단언한다. "도시의 세 교회에서 (칼빈의 설교가) 주중에 날마다 들려 왔다. 설교는 한 시간 이상 계속되었다."[13]

칼빈은 왜 설교를 그렇게 강조했나? 왜냐하면 그는 설교가 "하나님이 그의 손을 내미셔서 우리를 자신에게로 이끄시는 하나님의 '방문'과 같다"고 생각했기 때문이다. 칼빈은 "설교자의 본 임무는 성경 말씀 즉 하나님의 음성을 강해하는 것"이라고 확신했다.[14] 칼빈은 하나님의 영광을 위해 세상을 바꾸었다. 그리고 설교는 이 변화에 크게 사용되었다.

5) 존 웨슬리(John Wesley)

감리교의 창시자, 존 웨슬리를 숙고하라. 18세기 초, 영국은 도덕적 혼란에 처했다. "대중오락은 음탕했고, 문맹은 광범위했고, 법은 무자비하게 단속되었고, 감옥은 질병과 죄악의 악취가 풍겨났다. 술 취함은 영국 역사상 그 어느 때보다 더 널리 퍼져 있었다."[15] 영국은 도움이 필요했고 그 도움은 존 웨슬리라는 사람을 통해 왔다.

19명의 형제 중 15번째인 존 웨슬리는 옥스퍼드에서 교육받았다. 그곳에서 "홀리클럽"Holy Clubs을 구성했고 그 멤버들은 정기적인 종교적 활동 때문에 대학 내 "감리교"라는 별명이 주어졌다. 1739년에 잉글랜드 국교회Church of England가 예배실에서 설교를 못하게 하자, 웨슬리는 죠지

---

12 R. Reymond, *John Calvin: His life and Influence* (Evangelical Press), 84.
13 O. Fatio, *Christian History* (vol. 5, no.4): 10.
14 T. H. L. Parker, *Calvin's Preaching* (Louisville: Westminster John Knox Press), 17.
15 W. Walker, *A History of the Christian Church*, 4th ed. (Nerw York: Scribner, 1985), 596-97.

횟필드의 격려로 야외에서 설교하기 시작했다. 몇몇 사람들에게만이 아니었다. "1739년 4월 2일 그의 첫 야외 설교 때 그는 3,000명에게 설교했다. 그것도 월요일에! 그해 6월 경에 그는 14,000명 가까이 되는 블랙히스 주민들에게 설교했다."[16]

그가 이룬 놀라운 업적 중에서도, 가장 위대한 측면은 아마도 그의 혹독한 설교 스케줄이었을 것이다. 그는 200,000마일 이상 말을 타고 잉글랜드, 스코틀랜드, 아일랜드를 여행했고 약 42,000번 설교를 했다고 추정된다. 그의 설교의 영향은 대단했다. 그가 런던에서 1791년에 죽었을 당시, "잉글랜드 하층과 중층의 종교는 놀랍게 개혁되어 있었다."[17]

하지만 웨슬리 설교의 영향은 영적 개혁 이상이었다. 정의가 실종된 법제도와 법정 부패, 형편없는 감옥 상태, 부정선거, 가난한 자들을 착취하는 정부정책에 대한 맹렬한 비난, 교육개혁, 그리고 노예제도와 노예매매에 대한 규탄은 영국 사회를 변화시켰다. 역사학자인 얼 E. 케린스 Earle E. Cairns는 존 웨슬리의 설교의 거대한 영향을 이렇게 인정한다.

> 역사학자들은 감리교의 탄생은 프랑스혁명과 산업혁명과 같은 서열로서 세기의 위대한 역사적 현상 중 하나라고 본다. 그리고 어떤 이들은 웨슬리의 설교가 잉글랜드를 프랑스혁명과 같은 위기로부터 구해주었다는 생각에 동의한다.[18]

그는 설교자로서 훌륭했다. 하나님이 잉글랜드를 변화시키고자 존 웨슬리라고 불리는 설교자를 보내셨다. 하나님이 미국에서 동일한 일을

---

16 P. S. Wilson, *A Concise History of Preaching* (Nashville: Abingdon, 1992), 130.
17 Walker, *A History of the Christian Church*, 605.
18 E. E. Cairns, *Christianity through the Centuries: A History of the Christian Church*, rev. and enl. ed. (Grand Rapids: Zondervan, 1981), 382.

하고자 하셨을 때 조나단 에드워즈라고 불리는 설교자를 보내셨다.

6) 조나단 에드워즈(Jonathan Edwards)

미국 땅은 온 세상을 향해 도덕적, 영적 빛을 비추는 "언덕 위의 도시"를 세우기 원하는 깊은 영성의 청교도들이 정착했지만, 그러한 초기의 영적 열정은 오래가지 못했다.

1700년대의 미국은 정의에 대한 갈망에 사로잡혀 있지 않았다. 역사학자인 J. 에드윈 올(J. Edwin Orr)는 이 때의 미국의 역사를 퇴폐적인 시기라고 묘사한다. 이때 교회 참석률은 더더욱 낮았다. 결혼한 부부의 자녀들보다 혼외 자녀들이 훨씬 더 많았다. 알코올중독은 걷잡을 수 없었고, 교회는 약화되어서 많은 목사들이 주일 아침 강단을 찾아가기조차 힘들었다. 이러한 환경 속에서 조나단 에드워즈라고 불리는 키가 크고, 마르고, 근시였던 총명한 목사가 메사추세츠의 노스햄턴에 있는 강단으로 걸어갔다. 1741년 7월 8일 그가 한 설교의 제목은, "진노하신 하나님의 손 안에 있는 죄인들"이었다. 미국 역사상 가장 유명한 설교 중 하나로, 이 설교를 통해 성령께서 수백 명의 사람들을 변화시키셨고 대부흥을 불러일으키는 데 사용하셨다. 이 부흥은 동료 설교자 조지 휫필드가 불태웠고 그 영향은 부인할 수 없다.

> 300,000명 인구의 뉴잉글랜드 중 30,000명의 새로운 신자가 교회에 더해졌다…20년 동안 회중교회 목회자들로 인해 세워진 새로운 회중은 150명뿐이었다. 뉴 잉글랜드 마을들은 도덕적으로 향상되었다. 한 역사가는 이것을 여태껏 보지 못한 "가장 영화롭고 대대적인 종교 부흥과 예의의 개혁"이라고 불렀다. 대부흥은 교육에 즉각적인 영향을 주었다(목회자 교육을

위해⋯1740년 이후 아홉 개의 대학이 30년 사이에 식민지에 설립 되었고, 그 중 브라운, 컬럼비아, 다트마우스, 펜실베니아, 프린스턴, 루트거스 이 6개 대학은 대부흥으로부터 직접적이나 간접적으로 비롯되었다. 프린스턴의 첫 다섯 총장들은 뛰어난 복음전도자들이었다. 대부흥은 선교의 관심을 촉진시켰고 그 운동은 인디안 원주민들과 흑인 노예들을 복음화하는 희생적인 노력을 불러 일으켰다⋯복음주의의 근본된 노예폐지론의 정서가 자유 민주직인 인도주의의 힘을 입어 종교직, 세속직 반빌을 끝내 극복했다.[19]

대부흥이 미국에 끼친 혁명적인 영향에 대해 과대평가할 수는 없다. 그러나 아직 그러한 위대한 하나님의 역사하심을 경험하지 못한 세상의 많은 민족들에 비하면, 미국이 비록 결점 투성이지만, 아직도 기독교 민족으로 여겨지고 있다. 대부흥의 유산은 오늘도 계속되고 있다. 그 모든 것은 강대상의 한 목사로부터 시작되었다.

하나님이 세상을 바꾸길 원하실 때, 그분의 전능한 말씀을 전할 설교자를 보내신다. 하나님의 말씀은 이전부터 인간의 마음과 역사를 주장하셨고 앞으로도 계속될 것이다.

설교의 위력은 신학적으로 그리고 역사적으로 나타난다. 당신과 내가 우리 세상에 가장 의미 있는 영향을 미치는 길은 성경을 열고 전하는 것이다.

하지만 신학과 역사도, 당신의 최선의 노력과 에너지를 설교에 쏟기에 부족하다면 어쩌면 실용적인 이유가 필요하겠다. 나는 신학적, 역사적 이유 때문에 설교를 한다. 그리고 실용적인 이유 때문에 설교한다. 설교는 역사한다.

---

19 J. E. Orr, *The Re-study of Revival and Revivalism* (Pasadena, CA: 1981), 6-7.

2. 설교를 위한 실용적인 이유

나의 좋은 친구이자 탈봇신학대학원의 동료인 도날드 수누키안Donald R. Sunukjian은 그의 박사 논문에 이렇게 썼다.

> 강연은 종교적 대화에 있어서 가장 효과적인 매체이다. 그리고…그 무엇도 아무리 훌륭하거나 효과적이라 해도 인쇄, 라디오, 목회사역, 예배와 같은 방법도, 설교자의 자리를 대신할 수 없다.[20]

수누키안이 맞는가? 아니면 설교자들의 사례를 과장하는가? 그의 주장을 잠시 생각해 보라. 그가 하고자 하는 말은 그러한 다른 종교적인 대화 방식이 정당하지 않거나 유익하지 않다는 게 아니다. 그저 하나님의 말씀을 개인적으로 전하는 설교자만큼 효과적인 소통 방식이 없다고 말하는 것이다. 이것은 대담한 진술이다. 이것이 진실인가?

어쨌든 책이 전하는 메시지는 육체를 가진 설교자들보다는 길다. DVD는 여러 차례의 예배와 다양한 장소에서 설교해도 전혀 힘들어하지 않는다. 그리고 라디오 방송은 당신과 내가 비자 받고 들어갈 수 없는 세계의 지역에도 침투할 수 있다. 예전적 예배는 놀랄 만큼 의미 있을 수 있다. 현지 설교자가 최신 소프트웨어를 갖춘 아이폰의 고화질 비디오 팟캐스트가 할 수 없는 무엇을 할 수 있는가?

---

20 D. R. Sunukjian, "The Homiletical Theory of Expository Preaching" (unpublished Ph.D. diss; University of California, 1974), 36.

1) 설교는 성육신이다

　설교는 성육신적 소통이기 때문에 킬러 "앱"이다. 메시지를 소통하기 위한 최선의 길은 개인적으로 하는 것이다. 생중계의 개인적인 소통은 하나님이 그 자신을 표현하기 위해 선택한 방식이기 때문이다. 무엇이든 할 수 있는 하나님은 성육신으로 소통하는 것을 선택하셨다.

　성육신적인 소통의 가치를 의심하는 사람들을 위한 나의 대답은 이러한 질문이다. 왜 예수님은 이 땅에서 긴 주말 연휴만 보내고 가지 않으셨을까?" 예수님이 인간의 모습으로 오신 유일한 이유가 십자가에 죽으시기 위해서였더라면 왜 이 먼지 쌓인 행성에 4일 주말 연휴로 오시지 않았을까? 그 정도면 예수님이 십자가에 죽으시고 셋째 날에 부활하시기에 충분한 시간이었을 텐데. 십자가 위의 속죄제물은 기간이 짧아도 만족되었을 것이다.

　그런데 예수님이 33년 동안이나 우리와 함께 지상의 삶을 공유하신 이유가 무엇인가? 그렇게 오랫동안 머무신 목적이 무엇이었나? 천국이 지루했을까? 1세기 농민의 척박한 삶의 압박과 부담을 즐기셨을까? 전혀 그렇지 않다.

　하나님이 자신을 가장 분명히 표현하기 위해서 성육신하셨다. 몸소 오셨다. 보이지 않는 하나님의 형상이신 예수님이 보이지 않는 하나님을 보이시려고 육신으로 오셨다. 그러므로 예수님은 "나를 본 자는 아버지를 보았거늘"(요 14:9)이라고 말씀하셨다.

　하나님은 역사 속에서 가장 중요한 메시지를 소통하기 위해서 가장 효과적인 소통 전략을 사용하셨다. 성육신적 소통이 바로 그것이다. 왜 성육신적 소통이 그렇게 효과적일까?

① 직접 하는 설교는 개인의 진실성을 가지고 있다. 직접 메시지를 전할 때 당신은 당신의 메시지의 살아 있는 전형으로 서 있는 것이다. 당신이 누구인가가 중요하다. 그것은 사람들이 메시지를 받아들이는 데 영향을 준다. 이것은 대부분의 사람들이 리처드 닉슨보다 콜린 파월 장군이 전하는 메시지를 믿는 이유다. 당신이 버스 정류장의 낯선 사람보다 절친을 믿는 이유다.

당신에 대한 회중의 존중은 침실 벽을 도배한 페인트처럼 당신의 설교를 감싸준다. 당신이 누구인가는 당신의 모든 말을 색칠한다. 당신은 홈쇼핑 채널의 장사치처럼 동떨어진 곳의 낯선 사람의 육체로부터 분리된 전자이미지가 아니다. 당신이 알고 또한 당신을 알고 있는 사람들 앞에 육신으로 섰을 때 당신은 당신의 메시지의 진실성에 대한 개인 보증을 서는 것이다. 당신의 진실성이 설교의 진실성을 보장한다.

잡지 표지에서 우리에게 웃음을 보내는 에어브러시로 수정된 낯선 사람보다 우리가 잘 아는 사람을 믿을 가능성이 훨씬 크다. 사람들은 아는 사람이 말하는 메시지를 믿는다.

② 성육신적 소통은 회중 맞춤이다. 직접 설교할 때-CD나 DVD가 아니라-나는 사람들이 내 메시지를 어느 정도 이해하고 동의하고 있는지 보고 들을 수 있다. 내가 하는 말을 주어진 회중의 즉각적인 반응에 따라 "세부 조정"을 할 수 있다. 그들이 내 설교의 일부분을 이해하지 못한 것 같아 보이면 계획하지 않은 은유를 하나 더 사용하든지 시간을 더 들여서 성경 본문의 원래 맥락을 설명할 수도 있

다. 내 메시지를 듣는 사람들과 현존할 때, 나의 메시지는 최대의 효과를 위해 조정할 수 있다.

회중 맞춤은 라디오에서 있을 수 없다. 왜냐하면 라디오 설교자는 회중으로부터 동시 피드백을 받을 수 없기 때문이다. DVD나 CD로도 회중 맞춤은 불가능하다. 이 매체들에서는 헌새의 회중이 나른 장소와 시간에 다른 회중에게(아니면 회중이 아예 없이!) 전달된 정체된 설교를 들을 수밖에 없다. 일반 사이즈 옷이 잘 맞는 사람은 드물다. 일반적인 설교는 똑같은 결점을 겪는다. 맞춘 옷을 선호하듯이 설교자가 우리에게 구체적으로 말을 하고 있음을 알 수 있는 맞춤형 설교를 원한다. 우리는 우리 몸에 맞는 옷을 사고 우리의 삶의 상황에 맞는 메시지에 투자한다.

③ 당신의 존재가 당신이 회중을 얼마나 중요하게 여기는지를 증명한다. 전화통화하는 건 꽤 쉬운 일이다. 집단 이메일을 보내는 것은 더욱 쉬운 일이다. 하지만 당신이 대화하는 사람에게 그들이 얼마나 중요한지 알게 하려면 또한 당신의 메시지를 그들이 이해하고 반응하는 것이 중대하다고 생각한다면 직접 나타나야 한다.

원한다면 꽃을 보낼 수 있겠지만, 음정이 안 맞아도 어머니에게 직접 생일축하 노래를 불러 주는 것보다 더 큰 사랑의 표현은 없다! 우리가 가장 잘 반응할 수 있는 전달자는 우리가 보고, 듣고, 만질 수 있는 자들이다. 관심을 가지고 와주었기 때문에 우리는 반응한다.

성육신적 소통의 가치는 결코 부인할 수 없다. 분명히 세속적인 세상도 사람 대 사람이 소통하는 가치를 인정한다. 아니면 왜, 하늘 높이 치솟는 연료비와 갈수록 값비싼 비행의 시대에 성공적인 회사들은 엄청난 양의 돈을 써가며 영업사원을 지구를 가로질러 보내는가? 거래를 매듭짓기 위해서다. 그들은 가장 효과적인 의사소통이 개인적인 소통이라는 것을 알고 있다. 고객이 중요하다면, 이메일이 아니라 사람을 보내서 거래를 매듭짓는다.

록 콘서트의 현상을 달리 설명 할 수 있는가? 몇 년 전 내 아내 놀라가 폴 매카트니Paul McCartney의 지역 콘서트 티켓 몇 장을 샀다. 나는 폴 매카트니의 팬이고(내 아들들은 유감스러워하지만!) 그의 CD는 거의 다 소유하고 있다. 콘서트로 가는 도중에 놀라와 나는 그의 최신 앨범을 우리의 작은 SUV 안에서 들었다. 우리 승용차 안의 음질은 뛰어났다. 편안함도 마찬가지였다. 콘서트를 위해 혼다센타로 걸어들어 갔을 때 음질이 안 좋을 것이라는 예상은 당연했다. 이곳은 아이스하키 장이었다! 애초에 양질의 음향을 위해 설계되지 않았던 것이다. 게다가 좌석은 단단했고 다리 뻗을 공간도 아주 좁았다. 또한 환호하는 17,000명의 팬들이 둘러싸도 음향은 개선되지 않는다!

그러면 내가 왜-내 차 안에서 경험한 것보다도 못한-이미 알고 있는 노래를 듣기 위해 가는가? 왜냐하면 나는 폴 매카트니를 직접 보고 싶었기 때문이다. 그가 실제로 기타를 가지고 "Yesterday"를 연주하는 것을 보고 싶었다. 라이브 밴드를 직접 보는 것 같이 좋은 것은 없다는 것을 콘서트에 가본 사람이라면 누구든지 공감할 것이다.

대통령 선거를 보면서 성육신적 소통의 가치를 더욱 확신한다. 대통령 후보들은 왜 이메일과 TV광고만을 통해 선거를 이기려고 하지 않았을까? 왜 그들은 수억 달러를 미국의 모든 주로 날아다니기 위해 사용했을까? 왜 이 나라의 모든 유권자와 악수하기 위해 자신들을 탈진의 끝으로 밀고 갔을까? 왜냐하면 그들이 했던 것처럼 그들의 말을 듣고 눈을 마주칠 때 그들의 메시지를 믿을 가능성이 훨씬 큰 것을 그들은 알고 있었기 때문이다. 당신이 그들을 보고 그들과 직접 악수하면 투표해줄 가능성이 더 크다는 것을 알고 있었다. 그것이 존재의 능력이고, 성육신의 능력이고, 모든 부부가 체험한 능력이다.

당신이 결혼했다면, 당신이나 당신의 배우자가 프로포즈를 하기로 결심했을 순간이 있었을 것이다. 말해보라. 어떻게 일이 벌어졌나? 프로포즈를 어떻게 했나? 이메일로 했는가? 엽서로 했는가? 전화통화를 했는가? 아마 그렇지 않았을 것이다. 배우자가 되어달라는 말을 먼 거리에서 하는 사람은 극히 드물다. 왜? 왜 그런 질문을 하기 위해서는 가능한 한 직접 해야 하는가? 왜냐하면 대답이 "네"이길 원하기 때문이다. 당신의 중요한 질문에 긍정적인 반응을 가져오는 가장 좋은 방법은 직접 묻는 것임을 직감적으로 알고 있기 때문이다.

모습을 나타내는 것은 당신의 말의 진실성을 개인적으로 보장하는 것이다. 당신의 존재가 당신이 하는 말이 진심임을 말한다. 당신이 나타났기 때문에 반응에 따라 메시지도 맞출 수 있었다. 더 이상 할 말이 있는가? 충분히 이야기 했는가? 사전 녹화된 전자 메시지를 마련해서 전했다면 알 수 없었을 것이다. 직접 나타나서 묻는 질문도 당신의 장래 인생 파트너를 얼마나 중요하게 생각하는지를 말해 준다. 말을 하지 않고도 그 사람보다 그 무엇도, 그 누구도 더 중요하지 않았다는 것을 말해 준 것이다. 중요한 메시지를 성공적으로 소통하기 위한 최고의 방법은 성육신적으로 하는 것이다. 로맨스뿐만 아니라 믿음의 문제에서도 이것은 사실이다.

사도 바울은 설교가 다른 어떤 소통 방법보다도 영적성취를 위한 유일한 능력이 있다고 확신했다. 때문에 로마교회에 이렇게 편지했다. "나는 할 수 있는 대로 로마에 있는 너희에게도 복음 전하기를 원하노라"(롬 1:15). 여기서 명백한 것을 놓치지 말라. 바울은 이 구절을 영감으로 쓰인 성경의 한 부분으로 적었다—영적인 소통이 있다면 진정으로 효과적인 방법이다. 하지만 사도 바울에 의하면, 설교는 성경으로도 대신 할 수 없는 진정한 소통 능력이 있다! 실제 사람이 실제 사람들에게 하나님의 말씀을 전하는 성육신적 능력을 대신 할 것은 없다. 도날드 수누키안은 맞았다. "강연은 종교적 대화에 있어서 가장 효과적인 매체이다."[21]

먼 장소에서 위성으로 "설교"를 전송하는 교회들이 갈수록 더 많아지는 요즘이다. 들리는 바에 의하면 이러한 추세의 이유는 사전 녹음된 설교자가 하도 잘해서 현지 설교자는 그들의 기술을 도무지 따라갈 수 없다는 데 있다. 하지만 우수한 설교자들이 부족하다고 전자기술로 장기간 해결책을 삼는 것을 조심하자. 나는 우수한 설교자들을 더 개발하는 것이 우리의 자원을 보다 더 효과적으로 사용하는 것이라고 생각한다. 효과적인 설교자들이 직접 전하는 것이 대형화면 모니터보다 삶을 변화시킬 가능성이 더 크다. 한번 생각해 보라. 빌리 그래함Billy Graham이 "라이브" 크루세이드crusade 집회를 하는 것과 사전 녹화된 크루세이드 집회를 TV에서 방송하는 것 중 어떤 것이 더 큰 반응을 가져오겠는가? 가장 효과적인 설교자는 그들의 회중을 위해 직접 등장하는 자들이다.

이번 주일의 최고 설교는 에어브러시로 수정한 슈퍼스타 설교자들이 기다리고 있는 세상에 위성으로 전하는 것이 아니다. 이번 주말에 사람들의 삶에 가장 크게 영향을 줄 설교는 현지 교회 목사들이 교회 현장에

---

21 각주 20을 보라.

서 전하는 것이다. 그들은 회중을 알고 또한 회중이 그들을 안다. 그들은 서서 그들이 전하는 메시지를 개인적으로 보장하고 그 유일한 회중에게 메시지를 맞추고 그들과 함께함으로 그들에게 사랑을 전한다.

2) 설교는 역사한다

해돈 W. 로빈슨Haddon W. Robinson은 자주 말한다. "성경에 있다고 그것이 진리가 되는 것은 아니다. 그것이 진리이기 때문에 성경에 있는 것이다." 그가 의미하는 것은 하나님이 여러 태도나 행동을 명하시거나 금하실 때 임의적이지도 변덕스럽지도 않다는 것이다. 하나님이 성경에서 우리를 어떠한 것으로 인도하시거나 멀리하게 하시는 것은 우리의 최선의 이익을 위해서이다. 하나님의 명령은 오직 그리고 항상 우리의 최선을 원하시는 그분의 마음에서 비롯된다. 이것은 모든 삶에 있어서 진리이고, 설교에 있어서도 진리이다.

나는 그리스도의 교회의 목사로서 성경에 순종하기 위해 설교한다. 하지만 나의 최고 에너지를 설교에 쏟아놓는 이유는 설교가 역사하기 때문이다. 설교가 내 시간을 가장 유용하게 사용하는 것임을 확신할 때 설교의 부담은 훨씬 가벼워진다. 설교는 성경에 충실할 뿐만 아니라 사역에서도 정말 효과적이라는 확신이 있으면 좀 더 쉬워진다. 설교는 우리 시간과 에너지 사용에 있어 최선이기 때문에 하나님은 목사들에게 말씀을 설교하라 하신다. 새신자들에게 왜 교회에 등록을 했는지를 묻는 설문 조사를 관찰하면 이것은 아주 명백해진다.

2005-6년에 탈봇신학대학원 동료인 마이클 안토니Michael Anthony와 게리 매킨토시Gary McIntosh가 지난 2년 사이에 복음주의 교회에 등록한

1,081명을 대상으로 연구를 실시했다. 그들이 연구한 사람들은 714개 교회에서 왔다. 조사된 그룹의 55%는 침례교단, 16%는 감리교단, 29%는 그 외의 복음주의 교단에 소속했다. 또한 그들의 40%는 남성, 60%는 여성이었다. 또한 광범위한 연령이 대표되었다.

- ◆ 건축자 세대(1945년 전)   17%
- ◆ 베이비붐 세대(1946-1964)   47%
- ◆ X 세대(1965-1983)   40%
- ◆ 밀레니엄 세대(1984년 후)   6%

연구 대상인 1,081명은 광범위한 장소로부터 왔다.

- ◆ 광역도시   7%
- ◆ 대도시   8%
- ◆ 중도시   28%
- ◆ 소도시   40%
- ◆ 작은 읍   15%
- ◆ 지방   2%

이 1,081명은 왜 지금의 그 교회에 다닐 결정을 했을까? 놀랍게도 설문 참여자의 51%는 교회 위치는 중요하지 않다고 했다. 무엇이 중요했을까? 여기에 최우선적인 5가지 이유가 있다.

① 목사의 설교
② 교회의 신학적 입장
③ 찬양, 예배 스타일

④ 기타
⑤ 연령별 활동/ 프로그램

1,081명의 사람들에게 구체적으로 목사의 설교가 교회 출석의 중요한 요인인지를 물었을 때 91%가 동의했다. 오늘날 교회 성장의 압도적인 요인은 목사의 설교다.

안토니-맥킨토쉬의 연구가 설교의 중요성을 처음으로 단언한 것이 아니다. 2001년에 미국 장로교는 300,000명 이상의 미국 사람들을 대상으로 자료를 수집했다. 그들은 50개가 넘는 단체의 2,200개의 교회에 소속되어 있었고, 주일에 예배를 참석하는 사람들이었다. 이 연구자들은 미국에서 개발한 교인 조사 중 가장 큰 작업이었다고 주장했다. "미국 교인의 삶 조사"의 목적은 교회 성장에 관련된 주요소들을 찾기 위해서였다. 일부는 "새로운 사람들"에 대한 인터뷰였다. 그들에게 무엇이 인상적이었으며 무엇이 그들로 하여금 다시 돌아오고 싶은 마음을 가지게 했는지 물었다. 1순위는 설교의 질이었다.[22]

목사님들이여, 이 연구들을 주목하시라. 그러나 마음은 편하게 가지시라. 이것이 말해주는 것은 당신 교회의 건강과 성장을 위해서 당신이 설교를 하는 것보다-설교를 잘 하는 것보다-더 큰 긍정적인 영향을 미치는 것은 없다는 것이다. 또한 이것은 하나님이 설교하라고 명하신 것은 성경에 있기 때문만이 아니고, 진실이기 때문에 성경에 있는 것이라는 점을 말해준다. 하나님은 그분의 교회의 성장을 위해 설교라는 미련한 것을 선택하셨다.

설교는 1970년대의 타이다이드(tie-dyed) 티셔츠나 나팔 청바지처럼 버릴

---

[22] *U.S. Congregations, U.S. Congregational Life Survey*, ed. Research Services Presbyterian Church USA (2001), http://www.uscongregations.org (accessed July 19, 2008).

수 있는 것이 아니다. 설교는 유행이 아니다. 기도와 전도처럼 교회의 중심 되는 임무이다. 설교는 목회필수품이다.

하나님은 설교자들을 죄더미들을 치우는 불도저로 사용하신다. 하나님은 설교자들을 불량한 마음을 고치는 흉부외과 의사로 쓰신다. 하나님은 설교자들을 지쳐가는 당신의 종들을 격려하는 응원단장으로 사용하신다. 하나님은 그분의 목적을 이루기 위해 설교자들을 쓰신다.

나는 왜 설교하나? 신학적 이유, 역사적 이유, 실용적인 이유 때문에 설교한다. "오늘날 세상에서 설교한다는 것은 힘들고 어려운 일이라 할지라도 하나님 나라의 목적, 교회의 건강, 목회자의 성취에 있어서 여전히 중요하기 때문에 나는 설교한다."[23]

"설교는 기독교에 있어서 필수적이다. 설교 없이는 기독교의 진실성의 한 필연적인 부분을 잃어버린다. 기독교는 본질적으로 하나님의 말씀에 근거한 종교이기 때문이다."[24] 때문에 나는 설교한다.

---

23 J. C. Barry, *Preaching in Today"s World* (Nashville: Broadman Press, 1984), 7.
24 J. R. W. Stott, *Between Two Worlds* (Grand Rapids: Eerdmans, 1982), 15.

DEEP PREACHING

제 4 장

당신의 마음으로부터 시작하라

*선한 사람은 마음의 쌓은 선에서 선을 내고
악한 자는 그 쌓은 악에서 악을 내나니
이는 마음에 가득한 것을 입으로 말함이니라(눅 6:45).*

예수님의 말씀이 설교자에게 주는 영향은 어마어마하다. 우리가 누구인가 하는 것이 우리가 설교하는 방법에 영향을 미친다는 뜻이다. 설교자의 인격은 그가 설교한 내용에 깊은 영향을 끼친다.

얕은 사람들은 깊은 설교를 할 수 없다. 하나님과 심오한 관계를 누리는 사람만이 심오한 설교를 할 수 있다. 좋든 싫든 하나님과의 개인적인 관계가 하나님을 위한 우리의 대인사역을 통제한다.

남캘리포니아의 산타아나 바람은 경험해야만 믿을 수 있는 열기와 폭풍으로 오렌지와 로스엔젤레스 지역으로 불어 들어온다. 마치 거대한 헤어드라이어 바람구멍 앞에 서 있는 것 같은 느낌이 나게 하는 뜨거운 허리케인이다. 그렇게 뜨거운 이유 그리고 수많은 들불의 원인인 이유는 명백하다. 사막에서부터 깔때기 모양의 협곡을 지나 도시로 불어 들어오기 때문이다. 산타아나 바람은 모하비 사막에서 불어오기 때문에 매우 위험하다.

마찬가지로, 추운 기후는 찬바람을 만든다. 캐나다 북극으로부터 남쪽으로 불어오는 바람은 수마일의 얼어붙은 눈과 얼음을 지나오기 때문에 얼어붙을 정도로 차갑다.

설교도 그 기원이 비슷하다. 모든 설교는 설교자의 마음으로부터 온다. 설교자의 마음의 온도는 메시지의 온도를 정할 것이다. 얼어붙은 마음은 항상 냉랭한 영적 분위기를 형성할 것이다. 하지만 "이상하게도 따뜻해진" 마음의 설교자들은 그의 영향을 받는 모든 사람들의 영적 성장을 자극하는 쾌적한 분위기를 조성한다.

훌륭한 설교는 하나님과의 훌륭한 관계에서 시작된다. 설교자가 식어진 관계를 보상하는 것은 불가능하다. "마음에 가득한 것을 입으로 말하기" 때문이다.

그래서 아주 개인적인 질문을 하려고 한다. 당신의 영적 온도는 몇 도인가? 하나님과의 관계가 어떤가? 하늘 아버지와의 관계를 어떻게 묘사하겠는가? 무슨 비유가 가장 적당한가? 두 번째 계명이 당신의 영적 상태를 이해하는 데 도움을 줄 수 있다.

1. 하나님은 당신에게 누구신가?

겉으로 보기에 두 번째 계명은 우리와 거리가 먼 것 같을 수 있다.

> 너를 위하여 새긴 우상을 만들지 말고 또 위로 하늘에 있는 것이나 아래로 땅에 있는 것이나 땅 아래 물속에 있는 것의 아무 형상이든지 만들지

말며 그것들에게 절하지 말며 그것들을 섬기지 말라 나 여호와 너의 하나님은 질투하는 하나님인즉 나를 미워하는 자의 죄를 갚되 아비로부터 아들에게로 삼사 대까지 이르게 하거니와 나를 사랑하고 내 계명을 지키는 자에게는 천 대까지 은혜를 베푸느니라(출 20:4-6).

나는 향을 피우거나 황소, 독수리, 원숭이 같은 조각품에게 절하는 문제로 시험당하는 사람들을 거의 만나지 못한다. 그러니 이 계명은 우리와 무슨 관련이 있나? 이것은 우리가 자주 접하는 21세기의 부유하고 유식한 사람들보다는 옛 시대, 옛 문화와 그 땅의 사람들에게 적합한 것 같다. 하지만 우상숭배는 무엇인가?

그 핵심은 우상이 하나님의 자리를 대신한다는 것이다. 그것은 하나님의 본질을 포착하려는 노력이다. 그러나 그 어떤 물리적이거나 정신적인 이미지가 하나님의 온전한 인격을 포착할 수 없기에 우상숭배는 항상 사람들로 하여금 하나님을 보다 하찮게 생각하도록 만든다. 우상숭배는 하나님에 대한 축소된 관점이다. 이렇게 생각하면, 우상숭배는 우리와 그다지 동떨어진 일이 아니다. 우리 중 많은 사람들은 하나님에 대한 축소된 관점에 시달린다. 당신은 하나님을 어떻게 생각하는가?

어떤 사람들은 하나님을 GPS로 생각한다. 그들에겐, 하나님이 완수할 임무를 주셨고 도달해야 하는 목적지를 주셨다. 하나님은 그들의 삶의 계기판 위에 앉아서 어떻게 해야 하는지 말씀해 주신다. "여기서 우회전을 하세요. 500피트 직진 후 좌회전하세요. 다음은 21마일 직진 후 오른쪽 출구입니다." 하나님이 우리에게 시키시는 일이 있고 우리는 우리의 몫을 하라는 대로 하기만 하면 되는 것이다.

하나님께 순종해야하는 것이 사실이긴 하지만 하나님은 맹목적인 복종보다 훨씬 더 많은 것을 원하신다. 하나님은 우리를 그분의 영광을 위해 쓰시고 우리의 길을 인도하겠다고 약속하신다. 하지만 우리는 하나님의 벌집에 있는 일벌만은 아니다. 그리고 하나님도 우리가 그분의 수벌이 되는 걸 원하지 않으신다.

다른 사람들은 하나님을 가죽 제본의 먼지 쌓인 "성경 하나님"으로 생각한다. 어떻게 보면 이 사람들의 생각은 부분적으로 맞다. 하나님은 우리에게 성경을 주셨다. 하지만 하나님은 성경이 아니시다. 성경을 통해 하나님을 알 수 있는 것이다. 그러나 하나님은 성경 속에 갇혀 있지 않으시다. 성경의 내용을 통달함으로 하나님을 통달했다고 생각하는 것은 잘못이다. 신앙심은 성경 암송이나 신학서적을 통달하는 것으로 측정할 수 없다.

하나님에 대해 안다고 하나님을 아는 것은 아니다. 사탄도 좋은 신학을 가지고 있지만 하나님과의 사이는 아주 멀다. 하나님은 성경이 아니다. 하나님은 우리가 그분을 학교 과목으로서가 아니라 인격적으로 알기 원하신다.

그런데도 하나님에 대한 또 다른 사람들의 이미지는 좋지 않은 영국 자동차와 같다. 나는 영국 차를 사랑하지만 그 나라에서 오는 모든 차들이 감탄할 만하지는 않다. 청소년 시절 Triumph TR6를 가진 친구 한 명이 있었다. 그는 그 차를 사랑했다! 보기에도 아름답고 운전해도 훌륭했다. 문제는 Triumph TR7으로 "업그레이드"하기로 결심했을 때였다. 그 차는 실패작이었다. 그 친구의 마음과 은행 계좌까지 박살났다.

TR7을 운전하는 건 신났지만 좀처럼 잘 되지 않았다. 그 차의 전기 시스템은 불이 붙었고 적어도 두 번이나 교체해야 했다! 내 친구가 그 차를 얼마나 사랑했는지 자동차 정비공에게 가서 말했다. "내가 어떻게 해야 이 차가 말을 들을까요? 당신이 원하는 대로 (비용 지불도) 하겠습니다." 사람들은 하나님이 그 차와 같다고 생각한다. 그들은 하나님께 와서, "하나님, 당신께 무엇을 드려야 내 삶이 잘 풀릴까요? 무엇을 당신께 드려야 삶의 진전이 있을까요? 돈을 더 원하십니까? 기도를 더 할까요? 유아부에서 자원봉사를 할까요? 당신이 하라는 대로 하겠습니다"라고 말한다. 하지만 하나님은 변덕스러운 차가 아니시다. 하나님을 기쁘게 해 드리기 위해 우리의 것들을 내려놓기 원하지 않으신다. 하나님은 더-훨씬 더 많이-요구하신다.

하나님은 누구신가? 하나님의 실제보다 훨씬 못한 우상에 만족하는 것은 우리에게 너무도 쉽다. 하나님을 받아들일 만한 사이즈와 모양으로 깎아내린 형상을 택하는 것은 쉽다. 기록된 모든 역사 속에 하나님의 백성을 오염시킨 우상숭배의 위험을 어떻게 피할 수 있나? 우리가 어떻게 하나님의 인격을 정확하고 충분하게 이해할 수 있나?

하나님에 대한 다른 형상을 택할 것을 제안한다. 그분은 GPS도 아니고 성경책도 아니고 영국 자동차도 아니다. 성경에서 쓰인 하나님에 대한 강한 이미지 중 하나를 제안하고 싶다. 그것은 하나님을 당신의 연인으로 생각하는 것이다.

2. 신성한 연인

신성한 연인이라는 하나님의 이미지는 성경을 흠뻑 적신다. 호세아를 생각해 보라. 우상숭배에 깊이 빠져있는 하나님의 백성에게 소통하기 원하신 하나님은 선지자 호세아를 북이스라엘로 보내서 말과 행동으로 하나님과 소통하도록 명하셨다. 이 불량한 민족이 참 하나님을 재발견하는 것을 돕기 위해 하나님은 호세아에게 창녀와 결혼하라고 하셨다.

호세아의 결혼은 하나님이 북이스라엘의 백성과 함께 누리고 싶었던 관계의 예가 되었다. 하나님이 이 선지자에게 말씀하고 계셨다. "이 여인을 사랑하라. 이 여인에 대해 열정을 보이라. 그리하여 이 백성이 내가 그들을 얼마나 깊이 사랑하고 그 보답으로 나를 얼마나 열정적으로 사랑해 주길 원하는지 볼 수 있도록 하라."

> 여호와께서 내게 이르시되 이스라엘 자손이 다른 신을 섬기고 건포도 떡을 즐길지라도 여호와가 저희를 사랑하나니 너는 또 가서 타인에게 연애를 받아 음부된 그 여인을 사랑하라 하시기로 내가 은 열다섯 개와 보리 한 호멜 반으로 나를 위하여 저를 사고 저에게 이르기를 너는 많은 날 동안 나와 함께 지내고 행음하지 말며 다른 남자를 좇지 말라 나도 네게 그리하리라 하였노라(호 3:1-3).

하나님의 백성을 향한 그분의 열정적인 사랑은 신랑이 그의 아내를 향한 열정적인 사랑과 같다. 실제로 마지막 구절에 "남자"로 번역된 단어는 "남편"으로 흔히 이해된다.

> 가장 흔한 용법 중에 하나는…"남편"이란 의미이다. 창세기 2:23-24에서 여인의 근원이 묘사될 때부터 이 단어는 이러한 의미를 갖게 된다. 이 본문에서 이쉬is가 이샤issa로부터 유래되었다는 제의는 문헌학적으로 말하기는 어렵지만(그저 말장난에 불과할 수 있다), "이는 내 뼈 중의 뼈요 살 중의 살이라 이것을 남자에게서 취하였은즉 여자라 칭하리라 하니라"(23)라는 말은 틀림없다. 아담이 자신의 생명과도 같은 그의 위치와 본성을 공유하는 그 사람 외에는 가깝고 친밀한 관계를 가질 수 없었다는 것을 말해 준다.

남자에게 지적, 육체적인 상대인 동반자를 마련해 주고 싶은 하나님의 바람을 나타낸다.[1]

아담과 하와가 에덴 동산을 누비며 서로를 만끽했을, 그 불태워버릴 만큼 강렬한 열정적 관계를 나누고 싶다고 하나님은 말씀하신다.

하나님은 슈퍼컴퓨터같이 멀리 동떨어져 작용하는 분이 아니다. 우리의 할아버지도, 삼촌도, 상사도 아니다. 그분은 우리의 연인이시다. 하나님은 그분의 백성을 강력하고 당혹스러울 만큼 열정적으로 사랑하신다. 그리고 그분의 백성이 똑같이 반응하기를 원하신다. 호세아를 통해 그분의 백성을 부르는 하나님의 음성 속의 노골적인 사랑의 열병을 들어보라.

> 그러므로 내가 저를 개유하여 거친 들로 데리고 가서 말로 위로하고 거기서 비로소 저의 포도원을 저에게 주고 아골 골짜기로 소망의 문을 삼아 주리니 저가 거기서 응대하기를 어렸을 때와 애굽 땅에서 올라오던 날과 같이 하리라 여호와께서 이르시되 그 날에 네가 나를 내 남편이라 일컫고 다시는 내 바알이라 일컫지 아니하리라(호 2:14-16).

> 내가 네게 장가들어 영원히 살되 의와 공변됨과 은총과 긍휼히 여김으로 네게 장가들며 진실함으로 네게 장가들리니 네가 여호와를 알리라(호 2:19-20).

> 내가 나를 위하여 이 땅에 심고 긍휼히 여김을 받지 못하였던 자를 긍휼히 여기며 내 백성 아니었던 자에게 향하여 이르기를 너는 내 백성이라 하리니 저희는 이르기를 주는 내 하나님이시라 하리라(호 2:23).

---

[1] R. L. Harris, G. L. Archer, and B. K. Walltke, *Theological Wordbook of the Old Testament*, 2 vols. (Chicago: Moody Press, 1980), 38.

이것이 구혼자가 신부에게 구애하는 걸로 들린다면 맞다. 여기서 하나님은 그분의 백성이 그분의 작업에 항복하도록 이끄신다. 그분의 백성을 에덴동산에서 하나님과 인류 사이에 한때 존재했던 친밀감과 같이 더욱 강렬한 관계로 매혹하신다.

창조물은 하나님이 우리와 나누기 원하시는 열정을 증명한다. 가슴이 이리도록 아름다운 세상을 창조하신 하나님을 어떻게 달리 설명할 수 있는가? 하나님은 그렇게 하실 필요가 없었다. 거의 무한한 종류의 나무, 풀, 꽃들을 창조하라고 강요당하지 않으셨다. 이 세상의 그 어떤 동물원도 보유할 수 없는 수많은 종류의 새, 동물, 파충류를 만드실 필요가 없었다. 산맥, 사막, 우림, 대초원과 같은 경탄스러운 풍경으로 이 세상을 덮으실 필요가 없었다. 하지만 그렇게 하셨다. 온 우주의 선망인 행성을 만들기 위해 그의 무제한적 자원과 창의력을 쏟아 부으셨다. 그리고 그 모든 것의 중심에는 에덴이라 불리는 동산이 있었다. 이곳에서 하나님은 나머지 거친 세상의 장엄함만큼이나 아름답고 정교한 동산을 일구셨다.

하나님은 왜 이렇게도 숨이 막힐 만큼 아름다운 세상과 동산을 만드시기 위해 그 엄청난 노력을 하셨을까?

보석 세공인이 반지 틀을 만드는 이유와 같이 하나님은 세상을 만드셨다. 그것은 더욱 값진 보석을 달아 돋보이게 하기 위해서다. 우리는 하나님의 창조물의 정점인 다이아몬드이다. 우리는 하나님의 형상으로 창조된 가장 보배로운 하나님의 창조물이다. 하나님의 사랑의 열정을 나타내 보이기 위해 우리를 위해 주문 제작된 배경의 아름다움 가운데 우리를 보석으로 두셨다.

하나님은 그분의 신부의 집을 위해 장관을 이루는 세상과 공원을 만드셨다. 고대 이스라엘 문화에서는 장차 남편이 될 사람이 일 년의 약혼 기간 동안 신부를 데려갈 집을 지었다. 이처럼 하나님은 그분의 사랑하는 백성을 위해 아름다운 세상을 준비하셨다.

하나님은 최소한의 효율성으로 세상을 창조하지 않으셨다. 우리에게 가장 기본적인 것만 남긴, 뼈대 밖에 없는 가장 값싼 집을 주지 않으셨다. 신부에게 푹 빠진 어느 남자처럼 하나님은 가장 사랑하는 자들을 위해 최선을 제공하신다. 창조물의 아름다움은 하나님의 백성에 대한 하나님의 열정의 깊이를 나타낸다. 동산에서의 하나님의 행동도 그렇다.

창세기 3:8에서 하나님이 그 신혼시절 기간에 "…날이 서늘할 때에 동산에 거니시는" 습관이 있으셨던 것을 발견할 수 있다. 반면에 아담과 그 아내가 죄를 지은 후에는 "여호와 하나님의 낯을 피하여 동산 나무 사이에 숨은" 것을 본다. 이전 같았으면 그들은 하나님으로부터 도망 다니지 않았다. 하나님과 함께 거닐었다. 남부의 구식 스타일처럼, 하나님은 그분의 연인을 "부르러" 오셨었고, 아담과 하와와 데이트를 하셨다. 서로 걷고, 이야기하면서 즐겁게 데이트하며 사귀었다. 하나님은 우리와 열정적인 사랑에 빠지셨고 그분의 애정을 우리에게 쏟아붓기를 원하신다. 그분은 우리의 연인이시다. 십자가가 이것을 가장 잘 보여준다.

멜 깁슨Mel Gibson이 예수님의 죽음을 다룬 영화의 제목을 "패션 오브 크라이스트"The Passion of the Christ로 정한 것은 잘 한 일이다. 만약 십자가가 소통을 한다면, 열정을 말해준다. 결국 하나님은 왜 육신으로 오셔서 이 죄악된 인류가-하나님이 구원하러 오신 그들이-그분께 침을 뱉고, 채찍질하고, 그분의 살을 찌르고 뚫게 하셨을까? 우리처럼 유감스러운 사람들을 위해 오시고 구원하신다는 하나님의 결정은 합리적이지 않다. 좋은 회계사가 있다면 하나님께 손해 그만 보시고 우리에게 파산선고를 내리고 새로운 행성에서 새로운 창조물과 새롭게 시작하시라고 했을 것이다. 하나님은 왜 파산법 13장을 선포하고 뜨지 않으셨나? 이것은 비논리적이고 설명할 수 없는 열정이다.

한 아내가 바람피우는 남편을 사랑하듯이 하나님은 우리를 사랑하신다. 그렇다. 그녀는 떠날 수 있다. 그렇다. 그녀는 결혼을 끝낼 수 있다. 그렇다. 그 바람난 남편은 그녀의 지속된 사랑을 받을 자격이 없다. 하시만 열성 때문에 불량한 배우자가 돌아오도록 길을 열어주는 배우자도 있다. 그는 하나님처럼 관계를 회복시킨다. 사랑은 대단한 만큼 설명하기 어렵다. 그러나 이것이 당신을 향한 하나님의 사랑이다.

이 사실이 이해되지 않으면 하나님을 이해할 수 없다. 하나님을 전혀 이해 못하면 하나님이 우리를 사용하지 못하신다. 바리새인과 같다.

바리새인들은 하나님께 열정만 빼고 모든 것을 드렸다. 하나님과의 관계를 기계적인 복종으로 감소시켰다. 하나님을 인격적이기보다는 추상적이고 신학적으로 아는 것에 만족했다. 예수님은 이러한 종교적으로는 대단하지만 열정이 없는 사람들에게 몹시 신랄한 말로 대응하셨다. 그들을 회칠한 무덤과 독사의 자식이라고 부르셨다. 예수님은 마음을 주지 않는 자들을 거절하셨다. 그들도 예수님을 거절했다.

3. 하나님이 쓰시는 사람들

하나님이 그의 영광을 위해 사용하려고 선택한 자들은 하나님에 대해서 알 뿐만 아니라 그분에게 열정적인 사람들이다. 하나님은 비이성적일만큼 집요한 갈망으로 하나님을 사랑하는 사람들을 사용하신다. 모세, 다윗, 바울을 생각해 보라.

하나님은 모세를 크게 사용하셨다. 그는 이스라엘의 출애굽을 주도했고 그들에게 종교적, 사회적 구조를 주었고 약속의 땅으로 들어갈 준비를 위해 가능한 모든 일을 했다. 왜? 하나님은 왜 모세를 그렇게 크게 사용하셨나? 하나님은 당연히 모세가 필요하지 않으셨다. 그 무엇도 그 누구도 하나님은 필요하지 않으시다. 그런데 왜 모세를 선택하셨던 것일까? 출애굽기 33장에 그 답이 나온다. 출애굽기 33장에 보면, 모세는 시온 산에서 하나님의 임재 가운데 있다가 방금 돌아왔다. 그가 돌아오는 길에 그가 잠깐 자리를 비운 사이 이스라엘이 그들을 방금 구속해 주신 하나님을 저버리고 완전히 우상숭배에 빠져있음을 알게 되었다. 그들에게 정당한 심판이 주어진 뒤에, 하나님은 모세에게 특이한 제안을 하신다.

> 여호와께서 모세에게 이르시되 너는 네가 애굽 땅에서 인도하여 낸 백성과 함께 여기서 떠나서 내가 아브라함과 이삭과 야곱에게 맹세하기를 네 자손에게 주마 한 그 땅으로 올라가라 내가 사자를 네 앞서 보내어 가나안 사람과 아모리 사람과 헷 사람과 브리스 사람과 히위 사람과 여부스 사람을 쫓아내고 너희로 젖과 꿀이 흐르는 땅에 이르게 하려니와 나는 너희와 함께 올라가지 아니하리니 너희는 목이 곧은 백성인즉 내가 중로에서 너희를 진멸할까 염려함이니라 하시니(출 33:1-3).

이스라엘의 죄에 대한 하나님의 해결책은 매우 개인적이었다. 천사를 그들과 함께 보내어 약속한 땅을 주시겠지만 하나님은 함께 가지 않겠다고 하신다. 그들은 하나님의 선물들은 즐겨도 하나님은 즐길 수 없다고 하신다. 하나님의 천사들 중 하나가 함께하지만 하나님은 함께하지 않겠다고 하신다. 모세의 반응은 명백하게 "안돼요"였다.

모세는 하나님께 애원하며 말씀드렸다. "주께서 친히 가지 아니하시려

거든 우리를 이곳에서 올려 보내지 마옵소서"(출 33:15). 모세는 하나님 자신을 갈망했다. 그는 하나님의 임재 가운데 거하고 싶었다. 하나님이 주시는 선물보다 하나님을 갈망했다. 축복도 좋지만, 그것은 무엇과도 바꿀 수 없는 하나님과 함께 누리는 우정에 비하면 아주 시시한 것이었다(출 33:11). 모세는 하나님을 더욱 깊이 그리고 더욱 심오한 방법으로 알고 싶었다. 모세는 하나님에 대해 열정적이었다. 그렇기에 모세는 하나님께 그의 영광을 보여 달라는 충격적인 부탁을 한다.

> 내가 참으로 주의 목전에 은총을 입었사오면 원컨대 주의 길을 내게 보이사 내게 주를 알리시고 나로 주의 목전에 은총을 입게 하시며 이 족속을 주의 백성으로 여기소서(출 33:13a).

여기서 13절에 "알다"라고 번역된 동사가 창세기 4:25에서 육체적 성적 의미로서 아담이 하와와 잠자리를 같이했다–알았다–라는 표현으로 사용된 것과 똑같다는 것은 흥미로운 일이다. 이 단어는 인간이 나눌 수 있는 가장 깊은 친밀감을 묘사한다. 이 정도로 모세는 하나님께 가까워지길 원했다. 하나님의 영과 함께 어우러지고 싶었다. 신부가 남편을 바라듯 모세는 하나님을 원했다. 이것은 가장 순수한 열정적인 사랑이다. 그리고 하나님은 반응하셨다. 하나님은 모세를 바위 틈에 두시고 그분의 손으로 보호하시며 지나가실 때 하나님의 등을 볼 수 있게 해 주셨다. 하나님은 모세의 마음의 소원을 들어주셨다. 인간적으로 가능한 한 가장 깊이 하나님을 알도록 해 주셨다. 지구상의 모든 산소를 빨아들이거나 5대호의 강물을 다 흡수할 수 있는 사람이 없듯이 그 어떤 인간도 하나님을 완전히 이해할 수 없다.

하나님은 너무나도 광대하시고 너무나도 위대하시다. 하지만 하나님이 사용하시는 사람들은 그들의 마음과 머리가 수용할 수 있는 만큼 최대한 하나님을 바란다.

당신은 하나님을 원하는가 아니면 하나님의 축복을 원하는가? 개인의 진보를 원하는가 하나님과의 개인적인 친밀함을 원하는가? 이 질문들에 대한 당신의 솔직한 답변은 당신의 설교에 굉장한 영향을 미칠 것이다. 당신이 깊은 설교를 할 것인지, 아니면 당신의 회중의 삶을 스쳐가는 설교를 할 것인지, 즉 복음을 진부한 표현으로 설교할 것인지, 하나님의 특성에 대한 심오한 통찰을 나눌 것인지를 결정할 것이다.

하나님이 중대하게 사용하시는 사람들은 항상 하나님을 바란다. 그의 임재를 값싼 카니발 상품과 같은 더 많은 월급, 명성, 또는 더 큰 사역과 바꾸는 것을 거절한다. 아니다. 이 사람들이 예수님께 시선을 맞출 때 이 세상의 것들은 이상하게도 감소되는 것을 발견한다. 모세가 그랬고 다윗 왕이 그랬다.

모세처럼 성경에 비치는 다윗의 그림자 또한 거대하다. 그는 하나님의 구원 이야기의 중심인물이다. 하나님은 왜 다윗을 그렇게 중대하게 쓰셨을까? 그가 이스라엘 중 가장 크고 가장 힘이 세고, 가장 유능한 사람이어서가 아니다. 그는 그렇지 않았다.

> 여호와께서 사무엘에게 이르시되 그 용모와 신장을 보지 말라 내가 이미 그를 버렸노라 나의 보는 것은 사람과 같지 아니하니 사람은 외모를 보거니와 나 여호와는 중심을 보느니라(삼상 16:7b).

그렇기 때문에 하나님은 다윗을 쓰셨다. 다윗의 마음을 다음 시편에서 간파할 수 있다.

> 내가 여호와께 청하였던 한 가지 일 곧 그것을 구하리니 곧 나로 내 생전에
> 여호와의 집에 거하여 여호와의 아름다움을 앙망하며 그 전에서 사모하게
> 하실 것이라(시 27:4).

다윗은 열정이 있었다. 다윗에게 하나님은 숙달해야 하는 과목도, 구해서 모셔 둘 소유물도 물론 아니었다. 반대로 다윗은 적극적으로 그리고 지속적으로 하나님을 찾았다. 하나님이 비싸게 구셔서 그런 것이 아니다. 신성한 술래잡기가 아니다. 그저 다윗은 어느 연인과 마찬가지로 그의 연인을 그 어느 때보다 더욱 원하는 것뿐이었다. 여기 사용되는 언어를 주목하라.

다윗은 하나님의 임재 가운데 "거하기" 원했다. 오래 남아서 하나님을 즐기고 싶어 했다. 하나님의 함께하심을 만끽하고 싶어 했다. 안식일 날이나 의식이 있을 때만 방문하는 것이 아니라 그는 하나님의 집에 "거하고" 싶어 했다. 하나님의 집에 들어가 살면서 "하나님의 아름다움"을 앙망하고 싶어 했다.

이런 말들이 사랑처럼 들리지 않는다면 당신은 로맨스 상담치료가 절실히 필요하다! 다윗은 여기서 개인의 복에 겨운 결혼 생활이나 전략적인 군사적 성공이나 외교정책의 승리를 갈망하지 않았다. 아니다. 다윗의 마음의 열망은 하나님을 더 친밀히 알기 원하는 것이었다. 때문에 8절에 다윗이 썼다.

> 너희는 내 얼굴을 찾으라 하실 때에 내 마음이 주께 말하되 여호와여 내가
> 주의 얼굴을 찾으리이다 하였나이다(시 27:8).

하나님을 위한 다윗의 열정은 나에게 다음 시편을 상기시킨다.

제4장 당신의 마음으로부터 시작하라   115

> 하나님이여 사슴이 시냇물을 찾기에 갈급함 같이 내 영혼이 주를 찾기에 갈급하니이다 내 영혼이 하나님 곧 생존하시는 하나님을 갈망하나니 내가 어느 때에 나아가서 하나님 앞에 뵈올꼬(시 42:1-2).

이 시편 기자의 열정은 특별히 심금을 울린다. 여기 사용된 비유는 사막의 태양 아래 더위에 지친 동물이다. 얼마나 갈증이 나는지 물을 마시는 만족을 찾지 않고서는 죽을 수밖에 없다. 자연의 시냇물은 말랐고 물이 없으면 죽는다는 것을 이 동물은 알고 있다. 물이 없으면 죽는다는 것을 아는 동물은 필요한 물을 찾기 위해 무엇을 할까? 무엇이든 공격하지 않는 적이 없고, 넘어서가든 돌아서가든 장애물을 이겨내려고 노력할 것이다. 필요한 물을 얻기 위해 무엇이든 할 것이다.

당신은 그토록 목말라 본 적이 있는가? 아마 그렇지 않을 것이다. 거의 모든 길모퉁이마다 스타벅스가 있고 그 사이에 세븐 일레븐이 있다. 우리는 시편 기자의 은유에 전적으로 공감할 수 없다. 더 이해하기 위해서 마약중독자를 생각해 보라.

마약에 중독된 친구나 가족을 만났던 적 있는가? 그랬다면 중독은 마약의 아주 작은 "필요"에 의해 시작되었다는 것을 알 것이다. 하지만 시간이 지나면서 육체적인 변화가 일어났다. 그들의 몸은 마약의 화학 성분이 생존하기 위해 필요하다고 생각할 때 "중독"된다. 금단을 하면 온몸이 소름끼치고 몸이 흔들리고 눈이 돌아가 굉장히 안절부절 못한다. 중독자가 생존하기 위해서 필요하다고 확신하는 그 마약을 얻기 위해 무엇을 할 것인가? 중독자들은 마약을 얻기 위해 거짓말, 도둑질, 속임수, 매춘 등 무엇이든 할 것이다. 그들에게 중요한 것은 오직 마약을 얻는 것이다. 이것이 바로 시편 기자가 말하고자 하는 강렬함이다.

시편 기자는 중독자처럼 하나님께 부르짖는다. 그는 말한다. "당신을 가질 수 없다면 나는 죽겠습니다." 그는 이렇게 말하지 않는다. "저, 제가 시간이 되면 최신 책을 읽든지 최신 그리스도인 CD를 아이튠즈에서 다운로드 받겠습니다." 아니다. 시편 기자는 하나님이 선택항목이 아니라 생존 자체를 위해 필수적인 것임을 확신한다. 이 남자는 하나님께 중독되었고 무엇이든 누구든 하나님으로부터 그를 길라놓을 수 없도록 만든다. 이것이 열정이다. 바울의 삶과 사역을 통해 볼 수 있는 열정이다.

어디를 가든지 교회를 세우고 성장시키고, 영감으로 된 그리고 영감을 주는 편지를 쓴 위대한 사도 바울은 빌립보서 3장에 이렇게 썼다.

> 그러나 무엇이든지 내게 유익하던 것을 내가 그리스도를 위하여 다 해로 여길 뿐더러 또한 모든 것을 해로 여김은 내 주 그리스도 예수를 아는 지식이 가장 고상함을 인함이라 내가 그를 위하여 모든 것을 잃어버리고 배설물로 여김은 그리스도를 얻고(빌 3:7-8).

다시, 이 말은 "하나님을 좀 좋아하는" 사람, 메뉴에 하나님이 있으면 종종 고르는 사람이 하는 게 아니다. 깊은 바다 잠수부에게 산소가 중요하듯 바울에게 하나님이 중요했다. 삶에 있어서 필수적이었다. 그의 숨 자체였다. 그리스도에 비하면 그의 삶의 모든 것은 고속도로 쓰레기와 같았다. 더욱이 바울은 10절에서 이렇게 주장했다. "내가 그리스도와 그 부활의 권능과 그 고난에 참예함을 알려 하여 그의 죽으심을 본받아."

바울은 그리스도를 무심하고, 추상적인, 학구적인 방식으로만 알고 싶어하지 않았다. 반대로, 아이가 어머니의 치마폭에 얼굴을 파묻듯이 예수님 그분에게 자신을 파묻고 싶어했다. 그는 그리스도를 가능한 한 가장 개인적으로 그리고 친밀한 방법으로 "알고" 싶어했다. 바울에게 이것보다 더 중요한 것은 없었다. 아무것도.

바울은 예수님과 자신의 삶의 모든 것을-운명까지-나눌 만큼 섞이길 원했다. 예수님의 고난을 나누고 주님의 죽음과 같이 되길 원했다. 당신은 어떤가? 이것은 차갑고 딱딱한 논리가 아니다. 이것은 불같이 뜨거운 열정이다.

하나님은 우리의 연인이시다. 우리에게 알려졌다. "하나님이 세상을 이처럼 사랑하사 독생자를 주셨으니"(요 3:16). 와우, 그것은 극단적이다! 불쌍한 사람에게 돈 몇 푼은 줄 수 있다. 하지만 그 사람에게 내 차를 주겠는가? 내 집은? 내 장자는? 결코 주지 못할 것이다. 내 회계사는 그러한 너그러운 행위는 어리석고 경솔하다고 말할 것이다. 하지만 하나님은 회계사의 조언을 따르지 않으신다. 그리고 하나님이 중대하게 사용하시는 사람들도 그러지 않는다.

하나님은 적당히 하는 것을 거부하고 하나님의 열정을 반영하는 사람들을 사용하신다. 하나님은 그분 자신에 대해 열정이 없는 개인이나 단체들을 거부하신다. 에베소교회를 생각해 보라.

> 내가 네 행위와 수고와 네 인내를 알고 또 악한 자들을 용납지 아니한 것과 자칭 사도라 하되 아닌 자들을 시험하여 그 거짓된 것을 네가 드러낸 것과 또 네가 참고 내 이름을 위하여 견디고 게으르지 아니한 것을 아노라 그러나 너를 책망할 것이 있나니 너의 처음 사랑을 버렸느니라 그러므로 어디서 떨어진 것을 생각하고 회개하여 처음 행위를 가지라 만일 그리하지 아니하고 회개치 아니하면 내가 네게 임하여 네 촛대를 그 자리에서 옮기리라(계 2:2-5).

사도 바울이 개척한 활동적인 교회를 문 닫으시겠다고 하나님이 위협하신다. 왜? 왜냐하면 하나님은 그분을 위해 일만 하는 사람들을 원하지 않으시기 때문이다. 그들이 무신론적인 문화의 지속적 공격에도 굽히지 않는다는 사실에 고마워 하시고 신학적인 정통을 주장하는 것도 칭찬하시지만, 그것만으로는 하나님에게 부족하다. 하나님에게 있어 양보할 수 없는 건 무엇인가? 사랑이다. 그것도 아무런 사랑이 아니라 첫사랑이다. 하나님은 우리의 연인이시고 우리가 그분을 신부의 강렬함으로 사랑하길 원하신다.

나는 신약에서 교회를 그리스도의 아내라고 부른 적은 없고 오직 그리스도의 신부라고 언급한 것이 정말 신기하다. 왜냐하면 보편적인 남편과 아내 사이에는 관계의 시작을 발생시키는 불꽃이 시간과 함께 시들기 때문이다. 우리는 부부의 사랑이 "성숙"했다고 말한다. 하지만 하나님은 우리가 이런 성숙을 계발하는 것을 원하지 않으신다. 그분은 우리의 생생한 청춘의 열정을 원하신다. 절대로 멈추지 않고 하나님을 사랑하기를 바라신다. 향초보다 땀으로, 금요일 밤 데이트보다 정통을 그리고 주말 여행보다 안내로 대신하려 한다면, 우리는 생각보다 하나님으로부터 멀어져 있는 것이다. 하나님은 그분을 열정적으로 사랑하지 않는 목사 또는 교회를 사용하지 않으신다. 깊은 설교의 필수 조건은 우리가 대신 전할 하나님과의 깊고 열정적인 관계다.

너무 많은 설교자들이 설교를 강의나 소논문처럼 다룬다. 너무 많은 설교자들은 하나님을 이해해야 하고 분석해야 하는, 그리고 토론해야 하는 주제로 본다. 하나님을 부검대 위에서 올려 놓고 자르고 열고 하면서 그들의 설교가 왜 죽었는지 의아해 한다. 그들의 회중은 우주보다 더 크신 살아계시고 하나님에 대해 들으려고 모이지만, 생명이 없는 토속상에 적합한 담화를 듣게 될 뿐이다. 그들의 설교자들은 좀비다. 살아 있는 시체인 것이다.

당신과 하나님은 어떠한가? 하나님과의 관계가 얼마나 뜨거운가? 당신은 당신의 구세주와 함께 열렬한 연애를 즐기고 있는가? 좋든 싫든 간에 당신이 원하는 만큼만 하나님께 가깝다.

지금은 주님 품에서 영원한 안식 중이신 멜 샤레스키Mel Shareki 목사님이 아내를 한 약속 장소로 데려다주는 한 남자의 이야기를 해줬다. 그 둘은 침묵 속에 몇 마일 동안 앉아 있었다. 이윽고 아내가 남편에게 그들 사이에 열정이 식은 것에 대해 불평하기 시작했다. 그녀는 그들이 초기에 가졌던 열정을 더 이상 즐기지 못한다는 사실에 슬퍼했다. 그들의 관계 속에 거리감이 생겼다는 사실을 보여주기 위해서 그녀는 수년 전에 그들이 운전할 때 서로 옆에 앉아서 다리를 대고 손을 잡았었다고 말했다. 그리고 "지금 우리를 보세요. 우리 사이에 적어도 2피트의 공간이 있어요"라고 그녀는 말했다." 그때야 남편은 그의 아내를 뒤돌아보며 가능한 다정하게 말했다. "움직인 사람은 내가 아니오."

이것이 하나님이 우리에게 하시는 말씀이다. 그분은 움직이지 않으셨다. 그분은 변하지 않으셨다. 그분은 우리를 그분 자신에게 인도하셨던 그날처럼 우리에 관해서 열정적이시다. 그리스도와 우리 사이에 거리가 생겼다면, 그것은 우리가 만든 것이다. 에베소교회에게 말씀하셨듯이 우리에게 그리스도는 말씀하신다.

> 그러므로 어디서 떨어진 것을 생각하고 회개하여 처음 행위를 가지라 만일 그리하지 아니하고 회개치 아니하면 내가 네게 임하여 네 촛대를 그 자리에서 옮기리라 (계 2:5).

4. 당신의 목적이 무엇인가?

존 크라카우어John Krakauer는 그의 베스트셀러 책인 『옅은 대기』Into Thin Air에서 1996년의 불운한 에베레스트 원정대 이야기를 한다. 그 책에서 그는 야수코 남바Yasuko Namba라는 멤버를 언급한다. 남바는 산을 오르는 것에 대한 열정을 가진 46살 된 일본 페덱스 직원이었다. 그녀는 지구상에 가장 높은 산맥 중 7개를 정복한 숙달된 산악인이었다. 그녀가 정복하지 않은 유일한 산은 세계에서 가장 높은 에베레스트 산이었다. 그녀는 에베레스트 정상에 오르기를 간절히 원했다. 이것이 그녀의 목표였다. 그 열망이 어느 정도였는지를 같은 원정대 멤버였던 크라카우어가 말해주었다.

> 야수코는 정상에 완전히 몰입했다. 그녀는 마치 신들린 것 같았다. 그녀는 지나치게 몰아붙였고 선두로 나가기 위해 모든 사람을 밀어제쳤다. 그녀는 에베레스트 정상에 오르기를 원했다.

그날 늦게 그녀는 정상에 도달했다. 그녀는 그녀의 목적을 이루었다. 그녀는 세상에서 가장 높은 지점에 오른 사람 중 최고령자였다.

하지만 그날 오후 늦게 야수코와 몇몇 산악인들은 끔찍한 눈보라에 사로잡혔다. 그리고 얼음 바람이 불어 왔을 때, 야수코는 지쳐서 굴복했고 얼어 죽었다. 야수코 남바는 등반 인생에서 가장 큰 상을 받은 바로 그 시간과 장소에서 끔찍하게 죽었다. 이것은 그녀의 비극적인 실수를 말해준다.

크라카우어에 의하면, 야수코의 치명적인 결점은 그녀가 잘못된 목표를 택했다는 것이다. 야수코의 목표는 산 정상에 오르는 것이었다. 그녀가 가장 원했던 것은 세계의 정상에 서는 것이었고 일본 전체는 그때 그녀에게 갈채를 보냈다. 그러나 이것은 잘못된 목표였고 산악인들이 자주 저지르는 치명적인 실수다. 산을 오르는 목표는 결코 정상을 얻는 것이 되어서는 안 된다. 성공적인 산악인들은 정상을 얻는 것이 목표가 아니라는 것을 안다. 목표는 다시 베이스캠프까지 되돌아오는 것이다.

비극은 야수코가 그녀의 목표를 이룬 것이다. 믿을 수 없는 역경에 맞서서 그녀는 산의 정상에 도달했다. 그러나 그녀가 정상에 오르기 위해 그녀의 에너지를 쏟았을 때, 그녀는 되돌아가기 위한 힘을 충분히 남겨두지 않았다. 야수코는 잘못된 목표를 가졌기 때문에 실패했다. 많은 설교자들이 같은 실수를 범한다. 우리가 잘못된 목표를 선택하면, 우리의 목표를 이룰지라도 실패할 수 있다. 우리 설교자들이 올바른 목표에 에너지를 집중하는 것이 중요하다.

1) 위대한 목회?

설교자의 목표는 성공적인 목회가 되어서는 안 된다. 사람들이 당신의 목회를 칭찬하고 박수갈채를 보내는 것은 나쁘지 않다. 그러나 그것들이 당신을 가장 중요한 것에 대한 관심으로부터 돌아서게 할 때 위험하다. 어느 정도의 유명세가 문을 두드릴 때, 교만에 문을 열어 주게 된다. 당신의 자아가 사역의 성공과 얽혀지고 유명세가 당신에게 중요해지면 당신은 심각한 문제에 빠진다.

사역이 우리를 내세우게 해서는 안 된다. 어떻게 해서든 강단에서 하는 일이 하나님보다 우리에 대한 것이 되지 않도록 해야 한다. 우리의 명성이 하나님의 명성보다 더 중요해지면 하나님은 더 이상 영광 받지 않으신다. 그리고 하나님은 우리 목회를 인정하지 않으실 것이다. 왜냐하면 하나님은 그분의 영광을 다른 이와 나누기를 거절하신다.

교만은 많은 설교자의 치명적인 급소다. 나는 세례 요한처럼 상당히 주목받는 목회로부터 떠나는 것을 기뻐하는 설교자들을 많이 만나보지 못했다. 우리 대부분은 작은 교회보다 더 큰 교회에 가기를 자연스럽게 원한다. 대부분 더 보여지기를 원하고 더 영향력이 있기를 원한다. 우리 대부분은 세례 요한처럼 "그는 흥하여야 하겠고 나는 쇠하여야 하리라 하니라"(요 3:30) 라고 말하는 것이 쉽지 않음을 발견한다. 우리 대부분은 적어도 하나님의 나라를 세우는 것만큼 우리 자신의 경력을 세우는 것에도 관심이 있다. 그래서 예수님은 그분의 제자들에게 "나라이 임하옵시며 뜻이 하늘에서 이룬 것 같이 땅에서도 이루어지이다"(마 6:10) 라는 기도를 가르치신 것이다. 우리는 우리 자신이 아니라 하나님과 그분의 영광을 위하여 목회해야 한다는 것을 계속해서 상기할 필요가 있다. 우리가 아니라 하나님과 하나님의 영광 그리고 그분의 나라를 위해서 목회해야 한다. 우리는 우리의 시선을 올바른 목표에 집중할 필요가 있다. 절대로 우리의 목회가 아니다.

2) 위대한 설교?

설교자의 목표가 위대한 설교를 하는 것이 되면 안 된다. 그렇게 할 수 있다면 훌륭하지만 그리고 항상 최선을 다해야 하지만, 당신의 목표가 평판 좋은 설교라면 두 가지 유혹을 직면하게 될 것이다. 위대한 설교를 하는 것이 목표일 때 생기는 첫 번째 유혹은 회중의 입맛에 맞게끔 설교를 맞추는 것이다. 설교가 꼭 성경적이지 않더라도 좋은 반응을 받을 만한 말을 하나님의 이름으로 하고 싶은 심한 유혹이 있을 것이다. 설교하면서 당신의 귀가 사람들의 박수소리에 익숙해지면 당신은 반응을 위해 내용을 희생하는 유혹을 받을 것이다.

위대한 설교를 목표로 할 때 받는 두 번째 유혹은 진심이 없는 설교다. 위선자가 되는 위조의 유혹이 있을 것이다. 다른 말로 하면 사실상 있지 않은 하나님과의 친밀함을 꾸며낼 수 있다. 얕은 마음에서 훌륭하고 심오한 설교를 하는 것이 목표인 설교자들은 그것이 불가능하다는 것을 발견한다. 그리고 그들은 재빨리 표절에 의지한다.

평범한 재능밖에 없는 연예인 지망생들이 가수로 국제적 명성을 떨치려고 노력하는 것과 같다. 그런 사람들은 립싱크를 할 수밖에 없다는 것을 금방 발견한다. 다른 사람들의 노래를 입으로 따라하면서 위조하는 방법밖에 없다. 설교자도 마찬가지다. 하나님 아버지와 깊은 관계가 없는데 깊은 설교는 하고 싶다면 그런 척해야 한다. 다른 사람들의 목소리를 찾아서 그들의 말을 입으로 따라하면 된다. 교회의 밀리 바닐리Milli Vanilli가 될 것이다.

밀리 바닐리는 팝 모반Fab Morvan과 롭 필라투스Rob Pilatus가 1988년에 구성한 팝 댄스 그룹이었다. 그들의 데뷔 앨범은 1990년도에 그래미상 시상식에서 최우수 신인상을 안겨주었다. 30억의 싱글곡과 14억이 넘는 앨범을 팔았고 1980년대 후반과 1990년대 초반의 최고 인기 팝가수가 되었다. 하지만 기억하겠지만 그들의 성공은 그들의 목소리가 모반과 필라투스의 목소리가 아니라는 것이 발견되었을 때 곧 틀어졌다. 그들의 그래미상은 취소되었다. 밀리 바닐리의 데뷔 10년 후인 1998년에 필라투스는 프랑크푸르트의 한 호텔에서 약물 과다복용으로 죽은 채 발견되었다.

당신이 노래 재능보다 더 큰 명성을 원한다면 당신은 립싱크를 하는 수밖에 없다. 주님과 깊고 열정적인 관계 없이 깊은 설교자로서 명성을 바란다면 위조하고 싶은 유혹이 심하게 들 것이다.

립싱크를 하는 가수들은 결국 걸리고 만다. 설교자도 그렇다. 깊은 척 하는 설교자는 결국에는 뽐내는 자, 지망생, 영예 추구자라는 그의 정체를 드러낼 것이디.

깊은 설교를 하기 위해서 당신은 모세, 다윗, 바울과 같이 될 필요가 있다. 하나님을 위한 열정으로 시작해야 한다. 당신의 궁극적인 목적은 하나님 그분이고, 하나님을 알기 위한 것이어야 한다. 하나님을 친밀하게 아는 사람만이 하나님과 정확하게 소통할 수 있다. 하나님에 대한 배고픔과 갈증이 만족되었을 때만이 하나님의 백성을 위한 설교의 만찬을 준비할 수 있다. 하나님을 깊이 알지 못하면 깊은 설교를 할 수 없다. 그가 당신의 궁극적인 야망이 되어야 한다.

5. 하나님께 초점을 두라

내 아들 중 하나가 운전을 배울 때 차선을 지키는 것을 어려워했다. 픽업 트럭을 운전하면서 이리 갔다 저리 갔다 하여서 그의 승객과 주위 운전자들을 당황스럽게 했다. 하지만 그가 운전하는 것을 지켜보면서 그의 잘못을 발견할 수 있었다. 그는 트럭 옆에 있는 노란 차선을 내려다보고 있었던 것이다. 그는 옆에 있는 그 차선과 일정한 거리를 유지하면 똑바로 운전할 수 있다고 생각했다. 아래 있는 도로 차선이 아니라 눈을 들어 멀리 앞을 보는 것을 어려워했던 것이다. 목표 지점에 초점을 고정시키지 않으면 가려는 곳에 갈 수 없다. 최종 목표에 초점을 맞추지 않으면 강단에서 가려는 곳에 갈 수 없다. 설교자로서 당신의 초점은 단독적으로 그리고 오로지 하나님이셔야 한다. 그가 당신의 목표가 아니면 나의 아들처럼, 헤매기 쉽다.

하나님과 그분이 창조하신 사람들이 의미있게 소통하도록 하는 유일한 방법은 하나님을 우리 삶과 사역의 최고 우선순위로 만들고 유지하는 것이다. 깊은 설교자라고 할 수 있는 A. W. 토저A.W. Tozer는 이렇게 말했다.

> 만약에…당신의 영이 살아계신 하나님을 위하여 하나님께 부르짖으면 그리고 당신의 마르고 텅 빈 마음이 보통 그리스도인의 삶을 사는 것을 절망한다면…그럼 당신에게 묻는다. 이 갈망이 당신 삶의 전부인가? 당신의 삶에서 가장 큰 것인가?…당신의 마음이 이 질문들에 대해 "네"라고 부르짖으면 당신의 삶 전체가 변화될 영적 돌파구로 향하고 있는 것이다.[2]

이러한 돌파구는 당신의 설교와 회중을 변화시킬 수 있다. 왜냐하면 설교는 마음으로부터 나오기 때문이다.

---

2 A. W. Tozer, *keys to the Deeper Life,* rev. and expanded ed. (Grand Rapids: Zondervan, 1984), 38.

DEEP PREACHING

제 5 장

"핵심 아이디어"를 잡아라

『세상을 바꾼 아이디어』Ideas that changed the World라는 책에서 펠리페 페르난데스 알메스토Felipe Fernandez-Armesto는 "인류는 어떻게 변할 것인가?"라는 질문을 한다.

문학에는 역사가 어떻게 시작되는가에 대해 대립되는 이론들이 수두룩하다. 이 책은 다른 접근을 시도한다. 이어지는 내용은 머릿속에서 먼저 일어나는 역사(아이디어로 주도되는 역사)에 대해서이다. 이것이 인류의 기록이 변화로 들끓는 이유일 수 있다. 다른 종에 비하면…우리는 사고를 위한 엄청나게 복잡한 기능들을 가지고 있다. 새로운 생각은 불안정하게 만든다. 위험하기까지 하다…내 생각에는 거의 모든 역사적 변화들은 지적인 근원이 있고 사상들은 적어도 물리적인 긴급사태, 경제적 필요들, 환경적 제한과 다른 모든 제안된 결정 요인들만큼 위대한 힘을 가지고 있다.[1]

---

[1] F. Fernandez-Armesto, *Ideas* that Changed the World (New York: DK Pub., 2007), 6.

나는 페르난데스 알메스토의 견해가 옳다고 생각한다. 다른 어떤 요소보다도 세상의 역사는 역사가 붙잡고 있는 사상의 영향을 받는다. 인간은 이성적인 동물이다. 중요한 사고에 따라 행동한다. 사람들은 그들의 신념대로 행동한다. 우리의 생각과 우리의 손 사이에는 일치가 존재한다. 사람들의 사고방식을 변화시키면 그들의 행동도 변화된다. 민족과 개인의 운명은 그들이 붙잡고 있는 사상에 달려있다. 우리 세상을 강력하게 빚은 사상들을 고려해 보라.

1. 사상의 힘

다윈Darwin은 모든 생물이 그가 자연도태라고 부르는 과정을 통해 시간이 지나면서 공통 선조로부터 진화했다고 발표했다. 그는 하나님이 사람과 동물을 직접 창조하셨다는 사상을 거부했다. 그는 『종의 기원』에서 시간, 기회 그리고 자연도태가 합쳐서 된 것이라고 말했다. 다윈 사상의 영향은 놀랄만하다. 하나님 없이 도덕의 근거는 없다. 인정사정 없는 세상에서 힘 있는 사람은 원한다면 무엇이든 할 수 있다. 힘이 있으면 무조건 옳고 강한 자는 약한 자를 "자연도태"를 가장하여 학대한다. 그리고 하나님이 인류를 그분의 형상으로 유일하게 창조하지 않았다면 우리는 많은 짐승 중 하나이니, 강자가 그렇게 한들 무슨 상관인가? 다른 생물보다 더 귀중하게 대할 이유도 없다. 죽은 사람들은 죽은 고양이들과 도덕적으로 동등하다. 낙태와 안락사는 수용 가능하다. 도덕은 상대론의 차등제로 결정된다. 절대진리를 주시는 전능하신 하나님도 없다. 다윈은 우리의 삶과 이 행성의 셀 수 없는 사람들의 삶을 바꿔놓았다. 그는 사상을 역사의 추세를 바꾸는 지렛대로 사용했다.

칼 마르크스Karl Marx는 잘 알려지지 않은 19세기 철학자, 정치경제학자 그리고 사회학자였다. 그가 생존하고 있을 때 세상을 바꾸지 않았지만 그의 사상이 세상을 바꿨다. 세계 역사가 경제기반의 계급투쟁으로 만들어졌다는 마르크스의 사상과 경제 개편을 통한 계급 없는 사회에 대한 차후의 부르짖음은 세계의 정치판을 영구적으로 바꿔 놓았다. 마르크스가 쓴 『공산당 선언』The Communist Manifesto은 수십 억 사람들의 운명을 바꿔놓았다. 레닌은 마르크스의 사상을 가지고 달렸다.

1998년에 「타임」Time지는 곧 끝이 보이는 그 세기 말에 있는 영향력을 구독자들이 이해할 수 있도록 노력했다.[2] 타임의 편집자들은 블라디미르 일리치 레닌Vladimir Ilyich Lenin을 20세기의 주요 지도자 중 한 명으로 발탁했다. 왜?

> 학자의 습관과 장관의 전술적 본능을 가진 책을 좋아하는 사람인 레닌은 20세기에 포괄적인 이데올로기를 급속히 그리고 가차 없이 사회 전체에 도입하는 관례를 소개했다. 그는 정치를 지우고, 역사적 기억을 지우고, 반대 세력을 지우는 체제를 창조했다. 그의 짧은 정치 경력으로 1917년부터 1924년 그의 죽음까지 후임자 스탈린뿐만 아니라 마오, 히틀러, 폴포트를 위한 모델을 만들었다.[3]

사상은 중립적이지 않다. 악 또는 선을 위한 강력한 힘이 될 수 있다. 미국 자체도 사상의 힘을 증거한다. 미국 독립선언서의 서명인들은 그 역사적 문서를 1776년 7월 4일에 이렇게 개진하며 시작했다.

---

2 April 13, 1998.

3 D. Remnick, http://www.time.com/time/time100/leaders/profile/lenin.html (accessed 8/13/08)

> 우리는 이 진리를 자명하게 받아들인다. 모든 사람은 평등하게 창조되었고 그들에게는 창조자가 부여한 양도할 수 없는 어떤 권리가 있다. 그 권리 중에 삶, 자유와 행복의 추구가 있다. 이러한 권리를 보증하기 위해 사람들 가운데 정부를 설립하고 피통치자의 동의로부터 정의로운 권력을 부여받으며 - 이러한 목적을 파괴하는 정치체제가 되었을 경우에는 - 국민의 권리는 정권을 바꾸거나 폐지하는 것이며 새로운 정부를 설립하는 것이다. 국민의 인진과 행복을 위해 그러한 원칙 위에 기반을 세우고 징지체세를 그렇게 조직화한다.

독립선언서는 강력한 사상으로 채워져 있다. 하나님이 모든 사람에게 정부가 폐지할 수 없는 기본 권리를 주셨다는 사상, 그리고 정부의 권력은 피통치자로부터 온다는 사상, 그러므로 정부의 권력은 피통치자로부터 오며, 한 나라의 시민들이 그들의 정부가 그들의 최선의 이익을 위해서 일하지 않는다고 생각되면 정부를 바꿀 수 있는 권리가 있다는 사상으로 가득하다.

이러한 사상들은 식민지 주민들을 촉발시켰고 영국에 대한 반란으로 이어졌으며 새롭고 위대한 국가를 창조했다. 뿐만 아니라 그들은 셀 수 없이 많은 다른 이들에게 민주주의를 받아들이도록 영감을 주었다. 이 문서의 사상은 역사를 변화시켰다.

사상의 위력을 절대로 과소평가하지 말라. 사상은 민족과 개인의 운명을 변화시킨다. 좋은 사상은 삶을 향상시킨다. 그러나 나쁜 사상은 삶을 한없이 악화시킨다. 2001년 9월 11일에 있었던 공포와 영웅적 행위를 생각해 보라.

그 악명 높은 날 이 세상의 관심은 두 가지 매우 다른 종류의 사람들로 인해 사로잡혔다. 처음에는 19명의 알 카에다(Al-Qaeda) 테러범들이 끼치는 파괴에서 눈을 뗄 수가 없었다. 그들은 민간 여객기 4대를 납치하여 두 대는 세계무역센터 쌍둥이 빌딩에 충돌시키고, 세 번째는 펜타곤에 그리고 네 번째는 펜실베니아의 들판에 충돌시켰다. 하지만 이 공포스러운 연기가 하늘을 가득 채울 때 우리는 긴급구조대원들의 영웅적 행위에 눈길이 끌렸다. 생명의 위협을 무릅쓰고 불타는 건물에 갇혀 있는 피해자들을 구하려고 애쓰는 남녀의 모습에 관심이 집중되었다.

그날 우리는 현저한 대조를 보았다. 테러범들은 자신들의 생명을 희생해서라도 무죄한 사람들을 살인하는 목표를 이루려 했고, 소방서와 경찰서 구성원들은 그들의 생명을 희생해서라도 무죄한 사람들을 구하려는 목표를 이루려 했다. 테러범들과 긴급구조대원들의 대조는 이보다 더 클 수는 없었다. 그 차이의 근원은 그들이 소유하는 사상에 있었다.

알카에다를 움직인 사상은 "순수한" 이슬람 통치를 세계적으로 설립하려는 신적 명령이었다. 그들의 목표를 방해하는 모든 민족과 문화는 알라의 적으로 생각되었고 그에 따라 처리되어야 했다. 테러범들에게 9·11 피해자들은 알라의 적이었고 그들을 파멸시키기 위해 테러범 자신들의 생명을 기꺼이 바칠 수 있었다.

불타고 무너지는 빌딩 속으로 뉴욕 시의 소방관들, 경찰들, 그리고 긴급의료원들이 서둘러 들어간 이유가 무엇인가? 갇혀 있는 사람들은 소중하고 그들의 죽음은 끔찍한 손실이라는 생각 때문이다. 긴급구조원들에게 9·11 피해자들은 그들의 생명을 바쳐서라도 살려야 하는 귀한 사람들이었다. 2001년 9월 11일의 비극은 사상의 충돌이었다. 사상은 역사의 추세를 바꾼다.

우리가 설교할 사람들을 포함해서 모든 사람의 운명은 그들이 붙드는 사상에 의해 결정된다. 우리 어머니들이 "우리는 우리가 먹는 것과 다름

없다"라고 말했던 것은 옳지 않다. 우리는 우리가 생각하는 것과 다름없다. 우리의 삶은 우리가 믿는 사상들의 직접적인 결과이다. 당신의 삶은 당신 사상의 표현이다.

설교자들은 회중의 마음과 운명을 위한 전쟁을 벌이고 있다. 우리의 말을 듣는 사람들의 삶에 상당한 영향을 끼칠 수 있는 유일한 방법은 그들이 가진 사상을 변화시키는 것이다. 사상은 역사의 경첩이다. 우리의 운명은 우리가 믿는 것에 따라 움직인다.

일주일 내내 우리 문화는 우리의 회중들에게 거짓과 잠재적으로 파괴적인 메시지들을 퍼붓는다. 잡지, TV쇼, 라디오 토크쇼, 웹 사이트, 광고판, 음악, 그리고 극장으로부터 아이디어들은 쏟아져 나온다. 설교자들이 회중의 머리에 파고들어온 거짓 사상들에 도전하고 하나님의 진리의 사상으로 대체할 수 있는 시간이 일주일에 한 시간만 주어진다.

2. 아이디어 하나가 나의 설교를 변화시킬 수 있을까?

아이디어의 힘에 대한 적절한 평가는 당신의 설교에 2가지 중요한 공헌을 할 것이다. 아이디어가 주는 첫 번째 공헌은 단순성이다. 아이디어의 거대한 힘을 당신이 이해한다면 설교 안에 하나 이상의 아이디어를 넣지 않을 것이다.

모든 순종 경주마에게 그 자신만의 마구간이 주어지는 이유와 같이 설교는 그 자체만의 아이디어를 가진다. 만약 그 경주마들을 너무 가까이 두게 되면 서로 해치게 된다. 그리고 둘 다 경기를 이길 수 없게 된다.

설교의 효과와 설교에 들어 있는 아디어의 수는 역관계이다. 설교에 아이디어를 쌓으면 쌓을수록 설교의 영향력은 떨어진다. 깊은 설교를 위한 법칙은 간단하다. 덜한게 더한 것이다!

정지된 자동차를 동시에 밀고 당기는 것처럼 하나의 설교에 두 가지 다른 아이디어를 소통하려는 것은 아주 많은 노력이 필요하다…그리고 멀리 가지도 못한다! 더 깊은 설교를 원한다면 당신의 설교에 엄격한 다이어트를 시켜야 할 것이다. 설교당 한 아이디어 이상 하지 않기!

하나님의 백성이 왜 기도해야 하고 당신의 삶을 향한 하나님의 뜻을 어떻게 발견하고 또 왜 우리가 십일조를 해야 하는지를 설명하려는 설교는 아무것도 이룰 수 없다. 여러 방향을 겨냥하면 아무것도 맞출 수 없다. 여러 개의 아이디어를 가진 설교는 너무 길고, 너무 복잡하고, 너무 많은 것을 이루려 한다. 자신의 무게에 무너지고 만다. 초점이 좁혀질수록 당신의 영향력은 커진다.

다수의 아이디어를 설교하는 설교자는 목수가 못을 한 움큼 집어 올려서 나무 문에다가 있는 힘껏 던지는 것과 같다. 그 많은 못이 나무에 부딪치면 어떻게 되겠는가? 부딪치자마자 바닥에 떨어지기 바쁘다.

아이디어가 한 움큼 들어간 설교도 마찬가지다. 여러 아이디어 설교는 회중의 마음을 정신없이 때리지만 쉽게 떨어진다. 못이 나무 문에 깊이 박히게 하는 유일한 방법은 목수가 못 하나를 붙잡고 문에다 개별적으로 망치질을 하는 것이다. 마찬가지로 효과적인 설교자는 하나의 아이디어를 붙잡을 것이고 그 아이디어를 회중의 마음에 계속 심을 것이다. 이렇게 박힌 못-그리고 이렇게 설교한 설교는-평생 남을 것이다.

아이디어의 힘을 이해하는 설교자는 단순한 설교를 할 것이다. 그리고 그들의 메시지는 평생 붙어있을 것이다.

아이디어가 주는 두번째 공헌은 설교자가 집중된 설교를 창조하는 데 도움이 된다는 것이다. 설교자들이 직면한 가장 큰 유혹들 중 하나는 재미있지만 불필요한 내용을 포함하는 것이다. 그러나 깊게 설교하는 법을 배운 설교자는 이 유혹을 이겨내는 방법을 배웠다. 그들이 내용을 전달하는 동안, 바벨론 사람들이나 1세기 에베소에 대한 배경 지식은 본문의 아이디어보다 이차적인 것을 인식한다. 깊은 설교자들은 성경 지식이 그 자체로는 아무도 구하지 못한다는 것을 알고 있다. 수많은 무신론자들은 성경 내용을 알지만 하나님을 계속 멀리한다. 사탄마저 성경을 인용할 수 있다!

성경적인 지식이 우리의 목적이 되어서는 절대로 안 된다. 정보과다의 시대에 주요 아이디어를 전달하는 것이 무엇보다 중요하다. "칼쓰기 훈련"과 성경상식 퀴즈는 벗어나야 할 때이다. 아이디어를 설교해야 할 때이다. 당신의 설교를 불필요한 종교적인 것들로 복잡하게 만들지 말라. 한 중심적인 아이디어에 맞춘 설교를 하라. 관련 없는 그 어떤 그리고 모든 자료는 깎아버려라. 주요 아이디어를 당신 설교의 주요 포인트로 유지하라.

발사되는 미사일의 인상적인 모습과 소리에 속을 수 있다. 비전문가에게는 감각을 지배하는 요소들이 가장 중요해 보일 수 있다. 하지만 그렇지 않다. 미사일의 가장 중요한 부분은 불과 연기를 뿜어내는 것이 아니다. 미사일의 가장 중요한 부분은 충격에 따라 폭발하는 탄두인 적재물이다. 미사일은 별 차이가 없다. 적재물이 중요하다.

설교의 적재물은 설교 아이디어다. 아이디어는 회중의 마음과 삶에서 폭발하는 중대한 적재물이다. 설교를 강력하게-그리고 깊이 있게-만든 것은 설교에 들어 있는 성경 자료가 아니라 목표에 전달되는 성경의 아이디어다.

군사학자가 미사일을 설계하듯이 당신의 설교를 설계하라. 적재물이 의도한 대상에 도달하기까지 필요한 요소들을 포함하도록 설계하고 진로를 어긋나게 할 수 있는 모든 것을 제거하라.

효능 있는 미사일을 만들어내기 위해서 설계 기사는 효율적인 공기역학을 이루어야 한다. 그리고 이것은 불필요한 방해물을 줄이는 방법밖에 없다. 효과적인 설교 설계도 비슷하다. 효율적인 설교 디자인을 위해 설교자는 설교문을 간소화 해야 한다. 효율적인 설교의 공기역학을 위해서 모든 관련 없는 자료는 깎아버려야 한다.

당신의 설교에 하나님의 아이디어를 전달하기 위해 필요한 것에 초점을 두라. 그리고 요점에 정확하게 맞지 않는 모든 정보는 당신의 사무실 쓰레기통에 버려라. 토끼 자국을 따라 흥미거리 정보를 쫓는 것을 거부하라. 말할 필요가 있는 말만 하자. 설교의 주요 아이디어에 당신의 설교를 맞추라.

3. 누구의 아이디어를 설교할까?

우리는 평생 아이디어의 바다 속에서 헤엄친다. 어떤 것이 설교할 만한 가치가 있을까? 어떤 것이 절대로 설교하면 안 되는 것일까? 존재하는 그 많은 좋은 아이디어 중 이번 주에 당신의 교회에서 구체적으로 어떤 것을 설교할 것인지 어떻게 결정하는가? 이 결정은 어머니의 심정을 느끼게 한다.

"오늘 저녁은 무엇을 준비할까?" 어머니들은 이 질문을 매일 한다. "TV 디너(냉동식품의 일종-역주)를 전자레인지에 돌릴까 아니면 샐러드를 만들까? 아니면 스파게티 면을 삶고 소스 한 병을 따든지. 아니야 그러지 말고…교통이 너무 막히니까 그냥 타코 벨Taco Bell을 테이크아웃해야겠어."

밤마다 무슨 저녁 식사를 할지 결정하는 것은 중요하다. 당신의 메뉴 선택은 당신 식구의 장기간 건강을 좌우한다. 건강한 선택은 가족을 건강하게 한다. 테이크아웃 버거, 크래프트 디너Kraft dinner(치즈 마카로니-역주)와 피자헛으로 널려 있는 메뉴 계획은 장기간 문제를 가져온다.

목회자들도 그들의 교구 가족들을 위해 매주 비슷한 결정을 한다. 매주 모든 목회자는 생각한다. "오늘 저녁은 뭘 할까? 이번 주에는 어떤 영적 양식을 나의 회중에게 제공할까?" 무엇을 설교할 것인지에 대한 결정은 부수적이지 않다. 당신의 선택이 당신이 이끄는 사람들의 영적 건강과 성장을 좌우한다.

무엇을 설교할지 어떻게 결정하는가? 어떤 요소들이 당신의 결정을 돕는가? 성경을 설교하는 것에 충실하더라도 그 질문은 여전하다. 이번 주, 이번 달, 금년에는 어느 성경 본문으로 설교할 것인가? 어떤 부분을 설교하지 않을 것인가? 왜 그런가?

많은 설교자들은 성경 저자가 구체적으로 다룬 적이 없는 주제를 성경과 관련시키기 위해 정기적으로 주제별 설교를 하기로 결심한다. "데이트 하는 방법" 또는 "스트레스를 다스리는 법"에 대한 주제 설교는 유익하고 성경적일 수 있다. 주제 설교가 꼭 2류 설교만은 아니다. 하지만 25년 경력이 넘는 목회자로서 나는 나의 성도들에게 주기적인 주제 설교를 하지 않기로 선택했다. 나의 실천 방향은 성경을 차례대로 설교하는 것이었다. 나는 성경 저자들이 성령의 인도하심에 따라 쓴 자연스러운 성경 단락 속에 있는 아이디어를 설교하는 것을 선택했다.

4. 좋은 아이디어가 있는가?

내가 성경을 차례대로 설교하는 이유는 내가 그리 똑똑하지 않기 때문이다. 어떤 설교자들은 그들의 회중의 특별한 필요에 완전히 적합한 예리하고 영감 있는 시리즈 아이디어로 넘친다. 나는 아니다. 나는 사람들을 잘 알려고 노력한다. 그리고 종종 주어진 문화 또는 회중의 상황에 적합하고 필요하다고 생각되는 주제 설교를 한다. 최선의 경우에는 이러한 설교는 아주 효과적인 것 같다. 하지만 매주라면?

내 생각에는 자신의 회중이 무엇을 들어야 하는지에 대해 완벽하게 파악하고 있다고 주장하는 설교자는 무례하다. 나는 나의 마음의 필요를 이해하는 것도 어렵다. 주제 설교자들은 그들의 현지 회중의 유일한 필요에 대해 어떻게 그렇게 굉장한 영적 명확성을 소유하고 있을까? 많은 분들이 그렇지 않다는 걸 나는 깨달았다.

많은 주제 설교자들은 그들의 양이 들어야 할 유일하고 아주 중대한 진리를 이해하기 위해 하나님과 씨름하지 않는다. 반대로, 많은 설교자들은 "순위를 올리기"위해 "뜨거운" 주제를 설교하는 것으로 보인다.

만약 주제 설교의 주된 유익이 한 구체적인 회중에게 특별한 시기에 그리스도의 마음을 전하는 기회를 제공하는 것이라면 전 대륙의 수많은 주제 설교자들이 똑같은 주제를 가지고 설교하는 것을 어떻게 설명할 수 있는가?

몇 달 전 한 교회 앞을 지나가다 그 교회의 게시판이 나의 시선을 끌었다. 그 게시판은 새로 부임한 목사가 "위기의 가정들"이라는 새로운 설교 시리즈를 한다고 광고하고 있었다. 그 시리즈 제목은 "위기의 주부들" Desperate Housewives이라는 TV 히트작에서 따온 것이 명백했다. 얼마나 귀엽고 재치가 있었는지 나의 머리는 빠르게 돌아가고 있었다. 즉각적으로 나는 그 아이디어를 어떻게 써먹을지 생각하고 있었다. 나의 교회에서 비슷한 설교 시리즈의 일부로 사용할 수 있는 주제 설교를 찾기 시작했다.

나는 이처럼 작은 도시의 교회 목사가 그렇게 훌륭한 설교 시리즈 제목을…그 구체적인 교회의 시급한 필요를 어루만질 수 있는 제목을 낼 만한 창의력이 있다는 것이 인상 깊었다. 그게 아니었나? 너무 창의적이지 않는가 궁금해지기 시작했다. 그래서 집에 도착해서 그 목사의 설교 시리즈 제목을 검색했다. 내가 무엇을 발견했는지 아는가? 전 북미의 수백 명의 목회자들이 정확히 똑같은 시리즈를 설교하고 있었다. 인터넷에서 판매 중이었다. 그 "창조적인" 제목을 위해 만들어진 설교들, 그리고 파워포인트 슬라이드, 포스터와 현수막까지도. 그 모든 것이 완전 패키지로 판매 중이었다. 이럴수가!

회중의 절박한 필요에 적합한 강해 주제설교를 하는 것은 문제없다. 하지만 다른 사람들의 설교 주제를 사거나 훔치는 사람들은 애초에 주제 설교를 하는 주된 이유를 상실했다. "뜨거운 관심사"를 구매해서 설교하는 설교자는 TV 경영인들이 이 다음 TV 히트작이 무엇이 될 것인가를 추측하려는 것과 같다. 그들의 선발 기준은 시청률이다. 시청률을 가장 많이 올리는 것에 무조건 동의한다.

그런 그렇고, 최근에 나는 그 인근 교회를 지나가게 되었다. 이번에는 새로운 설교 시리즈를 알리는 "CSI: 성경 속의 범죄의 현장들"이라는 화려한 현수막을 보았다. 좀 그만하시죠! 전파상 CSI TV 드라마로 충분하다. 그것이 교회에까지 필요하다고 생각되지 않는다. 당신이 회중의 긴급한 필요를 다룰 필요가 있지 않다면, 하나님 생각에 중요해서 영감으로 성경에 포함하신 아이디어들을 설교할 것을 나는 권한다.

5. 당신은 경건을 창조할 것인가?

내가 그다지 거룩하지 않기 때문에 나는 성경을 한 권씩 설교한다. 죄는 기독교 신앙의 가장 잘 입증된 교리이다. 그것을 우리 문화에서 볼 수 있고 나 자신에게서도 볼 수 있다. 나의 존재의 모든 것은 죄로 인해 비뚤어졌다. 여기에는 설교 주제를 고르는 나의 능력도 포함된다. 혼자 내버려둔다면 나는 너무 많은 시간을 내가 제일 좋아하는 화제에 쏟을 것이 확실하다.

"당신의 마음이 이끌리는 대로 나누세요"라는 말과 함께 초청 강사로 설교 초청을 받았을 때 무엇을 선택하는가? 만약에 당신이 나와 같다면 당신과 맞는 아이디어로 마음이 갈 것이고 당신이 불편한 아이디어는 멀리 할 것이다. 만약 내가 어떤 죄와 씨름하고 있으면 나는 그것에 대해 설교하는 것을 될 수 있으면 피한다. 나를 너무 불편하게 하기 때문이다. 만약 내가 교회 내의 어떤 사람 때문에, 아니면 교회에서 일어나는 어려운 상황 때문에 화가 난다면 나의 개인적인 의도를 위한 설교 주제를 고를 수 있다.

정말 당신이 설교하는 모든 아이디어를 고르고 싶은가? 나는 아니다. 나는 죄인이다. 하나님의 백성을 하나님의 형상이 아니라 나의 형상으로 변화시키기 위해 더 효과적인 방법으로 설교 주제를 고르는 것만한 것은 없는 것 같다. 성경 한 권씩 설교하는 것이 나의 것이 아닌 하나님의 의도대로 사람들의 삶을 성취한다는 확신을 갖게 한다.

6. 성경은 존경받는가?

나는 바쁘기 때문에 성경을 한 권씩 설교한다. 강해주제설교를 하는 것이 가능할까? 물론이다. 하지만 많은 노력이 요구된다. 주제설교의 요점이 3개라면 하나의 성경 본문을 설교하기 위한 것보다 적어도 3배의 석의를 해야 한다. 갈수록 심각해진다. 주제설교자들은 일반적으로 그들이 하고 싶은 말을 결정한 뒤에 그들이 하고자 하는 말을 하는 본문을 찾아 나선다. 하지만 이런 과정은 당신이 말하려는 그것을 의도하는 원저자의 본문을 찾기 위해 여러 본문을 석의하도록 강요한다. 나의 대다수의 학생들이 말해 줄 수 있듯이 저자의 의도가 설교자의 의도와 딱 들어맞는 성경 본문을 찾는 것은 쉽지 않다. 그리고 시간이 없으면 하나님이 말씀하지 않으신 것도 하나님의 이름으로 설교하고 싶은 유혹이 아주 커진다.

내가 성경을 한 권씩 설교할 때, 나는 단지 한 번에 한 단락만 석의하면 된다. 그렇게 강해설교를 해 나갈 때 본문을 문맥 안에서 이해하기가 훨씬 쉬워진다. 내가 한 주의 설교를 위해 하는 석의는 항상 그 다음 주 메시지에 도움이 된다. 강해설교는 시간 사용에 있어서도 효과적이다. 성경을 한 권씩 설교하는 것은 강해주제설교가 어려워서가 아니라 목회적, 신학적 타당성이 있기 때문이다.

7. 성경적 긴장은 보존될 것인가?

나는 설교의 균형을 유지하기 위해서 성경 한 권씩 설교한다. 하나님은 흔히 그의 진리를 대조적으로 표현하신다. 기도 대 하나님의 주권, 선택대 자유의지, 고통 대 축복. 강해설교의 유익 중 하나는 내 입에 맞지 않는 본문을 "깎아" 버리는 짓을 하지 않는다는 것이다. 나의 인격 또는 교리 체제에 적합하지 않다고 그 부분들을 건너뛸 수 없다. 하나님의 말씀이 나의 말씀이 된다. 강해설교는 하나님이 의도적으로 말씀에 새기신 교리적인 대조를 보존하도록 한다. 우리가 하나님의 전체적인 뜻을 설교했다면 우리의 회중은 더 균형있는 개인 신학을 가질 수 있을 것이다. 또한 교단적인 교리 전쟁의 빈도와 강도도 줄일 수 있다. 작은 균형은 길게 간다.

8. 당신은 예측하기 쉬운가?

나는 강단에서 창의적이고 싶기 때문에 성경을 한 권씩 설교한다. 매일 같은 종류의 음식을 해주면 저녁 식탁에 둘러앉은 사람들은 너무나 지겨워진다. 매주 똑같은 종류의 설교도 비슷한 결과를 낼 것이다.

대체로 주제설교는 매우 예측하기 쉽다. 심지어 비슷하게 들린다. 대부분은 2-3개 질문으로 시작하고 답한다. "왜 기도해야 하나"에 대한 질문에 3가지 답을 말해 준다. 선교는 왜 중요한가? 3가지 이유를 든다. 어떻게 훌륭한 성생활을 할 수 있는가? 3가지 핵심을 준다.

단조로움에서 당신의 회중을 구하라. 성경을 한 권씩 설교하면서 그들에게 다양성을 주어라. 이 강해설교는 어떻게 창조성을 높일 수 있는가? 하나님이 성경 말씀만 영감이 있게 하신 게 아니라 그분은 또한 말씀을 영감된 장르와 엮으셨다. 시편 23편이 노래로 쓰인 것과 갈라디아서의 진리가 서신서로 적혀진 것은 우연이 아니었다. 하나님의 말씀의 영감은 그 말씀 자체와 문학적인 장르까지 포함한다. 하나님은 그분의 뜻을 소통하기 위해 말씀과 장르의 완벽한 조합을 고르셨다. 말씀과 장르가 결합되어서 하나님의 아이디어가 형성된다.

우리 중 대부분은 신학교에서 성경 본문을 해석할 때 장르를 존중해야 한다고 배웠다. 하지만 일관성이 있기 위해서는 성경 본문을 전달할 때도 마찬가지로 장르를 존중해야 한다. 우리 설교가 성경 본문의 유형과 말씀을 모두 반영해야 한다. 그럴 때 우리 설교는 성경만큼 다양할 것이다.

강해설교를 한다는 결정은-말씀의 영감을 100% 존중하면서-당신의 설교학적인 창의성을 넓힐 수밖에 없다. 당신의 설교학적 레퍼토리는 성경에 나오는 장르를 맞추기 위해 넓혀질 수밖에 없다. 하나님의 창조력과 발맞추어야 할 것이다.

더 이상 시편을 요한계시록처럼 설교하지 않을 것이다. 또는 잠언을 로마서 5장과 같이 설교하지 않을 것이다. 성경의 다양한 문학 형식은 당신이 새로운 설교 형식을 배우도록 도전할 것이다. 하나님의 영감의 말씀의 본성은 설교자들을 주제의 궤적 범위에서 강제로 밀어내어 강단의 영감 있는 창조력을 요구한다.

9. 그들이 필요한 것을 먹일 것인가?

나의 설교가 반드시 영양분이 되게 하기 위해서 나는 성경을 한 권씩 설교한다. 당신의 설교가 회중의 건강한 성장을 위해 필요한 영적 영양분을 공급하는지 어떻게 알 수 있나? 만약 "모든 성경은 하나님의 감동으로 된 것으로… 유익하니 이는 하나님의 사람으로 온전케 하며 모든 선한 일을 행하기에 온전케 하려 함"(딤후 3:16-17)이라면. 나의 회중을 온전케 하기 위해서 성경 전 부분이 필요하다. 그들이 성경 전체를 배우지 못하면 그들이 자라기 위해서 필요한 것을 얻지 못한다. 성경의 모든 책은 영적 성숙을 위해 필요한 모든 영양분으로 비옥하다. 그래서 나는 하나님의 영양 계획을 따르기로 결정했다. 나는 하나님이 말씀하신 것을 말할 것이다.

10. 당신은 영향을 줄 것인가?

회중의 삶에 나의 설교로 큰 영향을 주고 싶기에 나는 성경을 한 권씩 설교한다.

솔직히 말하겠다. 폭죽으로 산을 폭파시킬 수 없고 이쑤시개로 고층 건물을 지을 수 없다. 이처럼 경량 아이디어로 사람들의 삶에 큰 영향을 줄 수 없다. 사소한 아이디어들은 사람들의 삶에 큰 영향을 줄 수 없다. 많은 교회들이 피상적인 설교를 듣는 이유 중 하나는 많은 설교자가 피상적인 아이디어로 설교하기 때문이다. 폭죽과 이쑤시개만 가지고 일을 한다면 당신은 별 변화를 가져오지 못할 것이다!

아르키메데스는 말했다. "나에게 충분히 긴 지렛대와 그것을 받칠 지렛목을 달라. 그러면 세상을 움직이겠다." 그는 세상을 바꾸는 비결은 적절한 크기의 연장이라는 것을 알았다. 우리 설교자들은 이 고대 그리스인한테서 한 수 배울 수 있다. 우리 사역에 적합한 아이디어를 갖기 전에는 강대상에 올라가는 것을 거부해야 할 것이다.

작은 아이디어는 어디서 나오는가? 우리로부터다. 우리가 설교하는 아이디어가 우리의 지혜로부터, 아니면 구글 검색에서 온다면 우리 설교의 지렛목이 우리 회중의 삶에 깊은 영향력을 전혀 주지 못할 것이다. 중대한 변화는 중대한 아이디어만이 이룰 수 있다. 이것이 주제설교를 심하게 의존할 때의 위험 중 하나이다.

"21세기에 스트레스를 다스리는 법"이라는 12주 설교시리즈는 그다지 큰 성화의 변화를 가져오지 않을 것이다. "좋은 아내를 찾는 법"에 대한 4주 설교도 마찬가지다. 성경 본문에 나와 있는 저자의 의도에서 시작하는 것이 중대한 변화를 가지고 올만한 아이디어를 얻는 제일 좋은 확실한 방법이다. 만약 하나님이 보시기에 그 아이디어가 성경 속에 넣을 만큼 중요했다면, 우리는 그것이 중요한 변화를 이루기 위해서 필요한 영향력을 가졌다고 자신할 수 있다.

깊은 설교자들은 성경 저자들이 원 회중에게 전달하려고 의도했던 원 아이디어를 발견하기 위해 본문에 대한 문법적·역사적인 연구를 행할 때, 중대한 변화를 가져올 아이디어를 얻을 것이다. 내 아이디어는 형편없다. 그러나 하나님의 아이디어는 절대로 그렇지 않다.

바울은 그가 목회했던 에베소교회에 말했다.

> 그러므로 오늘 너희에게 증거하노니 모든 사람의 피에 대하여 내가 깨끗하니 이는 내가 꺼리지 않고 하나님의 뜻을 다 너희에게 전하였음이라(행 20:26-27).

어떤 형태의 설교를 선호하든지, 우리도 반드시 똑같은 말을 할 수 있어야겠다.

11. 하나님이 성경에 포함한 아이디어를 이해하라

아이디어가 삶을 재건한다는 것을 인정하는 설교자들은 그들이 주장하는 아이디어가 하나님의 아이디어인 것을 확실히 한다.

동기부여 연설가와 설교자의 가장 큰 차이점 중 하나는 그들이 전달하는 아이디어의 근원이다. 동기부여 연설가들은 그들이 고른 아이디어에 맞춰서 연설 자료를 기술적으로 정리한다. 설교자들은 다르다. 하나님의 대변인로서 우리는 하나님의 아이디어에 맞춰서 설교 내용을 정리한다. 동기부여 연설자들은 그들의 회중에게 그들의 아이디어를 판다. 설교자들은 사람들에게 하나님의 아이디어를 받아들이기를 설득한다.

성경적인 설교자의 목표는 무엇보다도 성경적인 저자가 그의 원래의 회중들과 소통하려 했던 아이디어를 이해하는 것이다. 성경 저자를 통해서 "하나님이 이 성경 본문의 원 수신자들에게 무슨 말씀을 하시는 것인가"라고 스스로에게 묻는다. 깊은 설교의 첫 번째 그리고 가장 중요한 단계 중 하나는 저자가 성경 본문에 의도한 것을 이해하는 것이다.

저자의 의도를 결정하는 것은 쉽지 않다. 성경 해석의 광범위한 훈련과 신학교에서 배운 기술들을 매주 계속적으로 적용하는 노력이 있어야 한다. 잘 훈련된 목사들도 한 주에 15시간 이상을 본문에서 저자의 의도를 결정하기 위해 힘든 석의 작업을 하는 것이 보통이다. 왜 그럴까?

왜 깊은 설교자들에겐 고대 성경 저자들이 원 회중에게 의도했던 원 아이디어를 이해하는 것이 그렇게 중요할까? 첫 번째 이유는 기본 신념의 문제이다. 우리가 하나님이 영감으로 말씀하신 것을 말하지 않으면 우리는 하나님이 전혀 의도하지 않은 것을 하나님의 이름으로 전하는 것이 된다. 하나님이 끊지 않으신 수표에 하나님의 서명을 하는 것이다.

이건 사기죄다. 그리고 당연히 하나님은 그분이 하지 않은 말씀을 하나님의 이름으로 전하는 것을 기뻐하지 않으신다.

하나님의 말씀을 거짓 증언하는 설교자들에 대한 하나님의 혹평은 명백하다. 예레미야 시대의 거짓 선지자들에게도 하나님은 말씀하셨다.

> 만군의 여호와께서 이같이 말씀하시되 너희에게 예언하는 선지자들의 말을 듣지 말라 그들은 너희에게 헛된 것을 가르치나니 그들의 말한 묵시는 자기 마음으로 말미암은 것이요 여호와의 입에서 나온 것이 아니니라(렘 23:16).

> 누가 여호와의 회의에 참여하여 그 말을 알아들었으며 누가 귀를 기울여 그 말을 들었느뇨(렘 23:18).

> 이 선지자들은 내가 보내지 아니하였어도 달음질하며 내가 그들에게 이르지 아니하였어도 예언하였은즉 그들이 만일 나의 회의에 참예하였더면 내 백성에게 내 말을 들려서 그들로 악한 길과 악한 행위에서 돌이키게 하였으리라(렘 23:21-22).

하나님의 아이디어들을 소통하기 위해 최선을 다하지 않는 설교자들은 진정한 예언자가 아니다. 그들은 깊은 설교자도 분명히 아니다. 그들은 그저 의복을 갖춰입은 동기부여 연설가다.

예레미야 당시의 불량 선지자들이 하나님의 진실을 설교했다면 그들의 회중을 악한 길과 행위로부터 돌렸을 것이다. 하나님의 말씀을 제대로 전하지 않았기 때문에 그들이 설교한 사람들의 삶에 영향을 미치는데 실패했다. 하나님은 이러한 허위 설교자들에게 말씀하신다.

> 너희는 여호와의 엄중한 말씀이라 말하도다 그러므로 여호와께서

> 가라사대 내가 너희에게 보내어 여호와의 엄중한 말씀이라 하지 말라 하였어도 너희가 여호와의 엄중한 말씀이라 하였은즉 내가 너희를 온전히 잊어버리며 내가 너희와 너희 열조에게 준 이 성읍을 내 앞에서 내어버려 너희로 영원한 치욕과 잊지 못할 영구한 수치를 당케 하리라 하셨다 할지니라(렘 23:38b-40).

하나님이 하지 않으신 말씀을 전하는 것은 중한 죄다. 때문에 야고보는 "내 형제들아 너희는 선생된 우리가 더 큰 심판을 받을 줄을 알고 많이 선생이 되지 말라"(약 3:1)라고 경고한다.

하나님의 영광을 위해 회중의 삶에 깊은 영향을 미치기 위해서는 우리의 설교를 하나님이 인간 저자들을 통해 원 회중에게 말씀하신 것에 대한 올바른 석의적 이해라는 군건한 기반 위에 세워야 한다. 충실한 설교자는 하나님의 아이디어를 듣는 이들에게 전달한다. 그들은 성경 표절자들bibilical plagiarists이다. 그렇게 하지 않는 것은 신념을 저버리는 것이고 하나님의 심판을 부른다.

12. 아이디어의 해부학

아이디어는 무엇인가? 복숭아 하나를 도마에 올려놓고 날카로운 칼로 반을 자른다면 당신은 복숭아가 4부분으로 구성되어 있다는 것을 발견할 수 있다. 그것은 껍질, 부드러운 과육, 씨, 그리고 씨 속에 있는 씨앗이다. 성경 본문도 이와 비슷한 구성이다. 성경 단락을 잘라 쪼갠다면 4가지 중요한 요소를 볼 수 있다. 자연스러운 구성단위, 주제, 주요소 그리고 보충요소이다.

우선 "껍질" 또는 단락의 둘레를 주목하라. 복숭아 껍질은 과일로서 통일성을 준다. 그러나 껍질이 복숭아 하나를 다른 것과 구별하고 복숭아 하나하나를 개별적으로 음미하도록 해준다. 모든 복숭아는 그만의 껍질이 있다. 성경적인 단락도 "피부"가  있다. 석의적인 용어로 "피부"는 성경의 자연스러운 단락이다.

본문의 핵심 아이디어를 찾으려면 먼저 본문의 껍질을 찾아야 한다. 당신이 작업하고 있는 성경 본문의 자연스러운 분기점을 정해야 한다. 자연스러운 단락의 규모는 당신이 작업하고 있는 성경 문학에 따라 다를 수 있다. 예를 들어, 어떤 이야기는 여러 장을 포함할 수 있다.[4] 서신서에서는 성경의 가장 작은 구성단위는 한 단락이다. 시편은 개별적으로 해석하는 것이 가장 좋다. 한 구절씩 설교해도 되는 유일한 성경은 아마도 잠언일 것이다. 본문을 둘러싸고 있는 "껍질"을 제대로 파악하는 것은 정말 중요하다. 성경을 여러 번 반복해서 읽는 것이 저자가 하는 말과 책의 짜임새를 전체적으로 이해하는 데 도움이 된다.

제발 이 단계를 건너뛰지 말라! 복숭아처럼 당신이 설교할 성경 구성단위를 제대로 나누지 않으면 당신의 손이 엉망이 될 것이다. 말씀을 제대로 나누는 것에 실패하면 성경 저자의 주요 아이디어를 찾는 것은 불가능해진다. 하지만 당신이 설교할 자연스러운 구성단위를 확인했다면 당신은 본문의 주제를 정하기 시작할 수 있다.

---

4 성경 이야기를 해석하고 전달하는 방법에 대한 더 자세한 내용은 J. K. Edwards의 『강단의 비타민 일인칭 강해 설교』(*Effective First-Person Biblical Preaching: The Steps from Text to Narrative Sermon*, 서울: CLC, 2008)를 참고하라.

본문의 주제는 복숭아의 살과 같다. 복숭아 살처럼 본문의 주제는 우리가 접근하기 가장 쉽다. 본문의 주제는 원 저자가 다루고 있는 광의의 주요소다. 본문의 주제를 인식하기 위해서 여러 가지 질문을 자주 할 필요가 있다. "이 단락은 이혼에 관해서 말하고 있는가? 핵 전쟁? 이 주제들이 아니면 그럼 무엇인가?" 당신은 성경 저자가 논하고 있는 일반적인 주제를 알아야 한다. 그가 말하는 것이 기도인가 돈인가? 이 질문을 답할 수 없다면 스스로 질문해야 한다. "왜 모를까?" 무엇 때문에 나는 이 본문을 이해할 수 없을까? 다음은 본문으로 돌아가서 이 질문에 답하기 위해 필요한 석의를 하라. 하지만 당신이 충분한 석의 작업으로 본문의 자연스러운 구성단위를 제대로 찾았다면 주제는 일반적으로 쉽게 얻을 수 있다. "깨물기 꽤 쉬운" 주제가 될 수 있을 것이다.

주제를 찾는 것은 설교 준비에 도움이 되는 단계이다. 하지만 문제는 그것으로 설교할 수 없다는 것이다. 복숭아 살처럼 그 주제들은 한입에 먹기에 너무 크다. 한 주제는 한 번의 설교로 전하기엔 너무 크다. 예를 들어, 기도에 대해 설교하는 건 불가능하다. 기도라는 주제는 바다처럼 크다. 이렇게 큰 것을 어떻게 일 인분으로 줄일 수 있을까? 기도를 해야 하는 이유에 대해서 전할 것인가? 기도의 도전에 대해서? 기도의 유익? 절대로 설교 한 편으로 기도에 대한 모든 것을 전할 수 없다. 설교의 초점을 좁혀야만 최고의 영향을 발휘할 수 있다. 주제를 "한입 크기"로 줄이려면 설교 본문의 주요소를 찾아야 한다.

본문의 주요소는 복숭아씨처럼 모든 것을 모은다. 메시지의 중심이다. 주요소는 다음과 같은 물음에 답한다. "저자는 그의 주제에 관해서 무엇을 말하고 있나?" 그는 무슨 말을 하고 있나? "왜 우리는 기도해야 하나?" 또는 "언제 우리는 기도해야 하나?" 또는 "우리는 어떻게 기도해야 하나?" 한 번의 설교로는 이 모든 질문에 다 답할 수 없다. 때문에 설교자는 원 저자가 말하고자 하는 주제를 가장 잘 요약해주는 하나의 질문을 찾아야 한다.

두 가지 단순한 규칙을 따른다면 성경의 자연스러운 구성단위의 핵심 또는 주요소를 올바르게 확인하는 과정은 훨씬 쉬워진다. 첫째, 주요소를 항상 질문 형식으로 만들라. 질문 형태를 만드는 문법적인 과정이 당신의 사고를 예리하게 만든다. 둘째, 어떤 질문을 만들든지 간에 하나의 의문사로 분명하게 시작하라. 누가, 무엇을, 어디서, 언제, 어떻게, 또는 왜로 질문을 만드는 것은 쉽지 않다. 사실 그것을 만드는 것은 자주 나에게 엄청난 좌절을 준다. 하지만 복숭아씨가 복숭아 한 가운데 있듯이 성경의 자연스러운 구성단위 가운데 있는 하나의 질문을 작성할 수 없을 때 나 스스로에게 "왜?"라고 묻는다. 이 본문의 뜻을 이해하는 데 무엇이 나를 막고 있는가? 나는 이러한 질문을 하면서 추가로 석의를 한다.

본문의 의미, 또는 아이디어를 정하기 위해서 성경의 자연스러운 단락의 주제를 질문형으로 쓰는 것으로 시작한다. 하지만 거기서 멈출 수 없다. 우리가 방금 한 질문에 답해야 한다. 주제와 주요소에 이어서 성경의 자연스러운 단락에서 보충요소를 찾아야 한다.

말 그대로 보충요소는 주요소를 완성한다. 주요소가 묻는 물음에 답한다. 보충요소는 복숭아 씨앗이 그 씨 안에 들어 있듯이 주요소 속에 있다. 이 둘은 유기적으로 연결되어 있고 본문의 살 속에서 발견할 수 있다.

깊은 설교는 하나님의 생각을 소통하기 때문에 우리 설교에 사용할 보충요소 또는 답들은 원 저자가 그의 원고에 포함한 보충요소들이다.

설교에 보충요소가 몇 개나 있어야 하는가? 본문에 있는 만큼이다. 당신이 작업하고 있는 성경 장르를 이해하는 것만은 확실히 하라.

예를 들어, 당신이 만약 이야기 부분을 다룬다면 이야기들은 보충요소가 하나뿐이라는 것을 발견할 것이다.[5] 반면에 서신서는 거의 항상 여러 보충요소들을 포함한다. 성경의 자연스러운 단락에 들어 있는 보충요소를 설교하는 것만은 확실히 하라! 만들어 내지 말라!

13. 아이디어 찾기

성경 본문의 주요소와 보충요소를 어떻게 찾을 수 있나? 실제 본문으로 어떻게 하는지 알아보도록 하자. 로마서 5:1-5을 보자. 이것은 성경의 자연스러운 단락이다. 원칙적으로 서신서에서 사고의 가장 작은 구성단위는 한 단락이다. 그러므로 서신서에서 이보다 큰 자연스러운 "덩어리"를 설교할 수는 있지만 더 작아지면 안 된다. 성경의 자연스러운 한 단락이 있어야 아이디어가 있을 수 있다.

다음 본문을 잠시 읽어보자.

> 그러므로 우리가 믿음으로 의롭다 하심을 얻었은즉 우리 주 예수 그리스도로 말미암아 하나님으로 더불어 화평을 누리자 또한 그로 말미암아 우리가 믿음으로 서있는 이 은혜에 들어감을 얻었으며 하나님의 영광을 바라고 즐거워하느니라 다만 이뿐 아니라 우리가 환난 중에도 즐거워하나니 이는 환난은 인내를, 인내는 연단을, 연단은 소망을 이루는 줄 앎이로다 소망이 부끄럽게 아니함은 우리에게 주신 성령으로 말미암아 하나님의 사랑이 우리 마음에 부은 바 됨이니(롬 5:1-5).

---

[5] 이야기들은 항상 한 요점이 있지 여러 요점은 없다. 항상 이야기에 도덕이 있지만 도덕들은 아니다. 이야기에 대한 더 많은 토론을 위해선 『강단의 비타민 일인칭 강해 설교』를 보라.

이것은 서신서이기 때문에 주제는 꽤 쉽게 정할 수 있다. 서신서들은 현대 논문과 구조가 비슷하고 좋은 논문은 언제나 단락을 주제 문장으로 시작한다. 이 단락의 첫 문장에서 주제가 소개된다.

> 그러므로 우리가 **믿음으로 의롭다 하심을** 얻었은즉 우리 주 예수 그리스도로 말미암아 하나님으로 더불어 화평을 누리자 또한 그로 말미암아 우리가 믿음으로 서있는 이 은혜에 들어감을 얻었으며 하나님의 영광을 바라고 즐거워하느니라 다만 이뿐 아니라 우리가 환난 중에도 즐거워하나니 이는 환난은 인내를, 인내는 연단을, 연단은 소망을 이루는 줄 앎이로다 소망이 부끄럽게 아니함은 우리에게 주신 성령으로 말미암아 하나님의 사랑이 우리 마음에 부은 바 됨이니(롬 5:1-5).

이 성경의 자연스러운 한 단락에서 바울이 말해주는 주제는 "믿음으로 의롭다 함"이다. 하지만 바울이 믿음으로 의롭다 함에 대해 뭐라고 말해 주고 있는가? 그는 이 주제에 대해 모든 것을 말해 줄 수 없다. 그가 여기서 어떤 구체적인 질문을 하고 있는가? 서신서는 어렵고 복잡하기 때문에 서신서 본문을 주된 구절과 부수적인 구절이 보이도록 나누어 다시 쓰는 것이 도움이 된다. 가장 주된 생각은 왼쪽 끝에 쓰고 부수적인 생각은 오른쪽 끝에 쓴다. 이것이 서신서의 주요소와 보충요소를 구별하는 데 좋은 도구가 된다.

로마서 5:1-5을 주된 생각과 부수적인 생각이 나타나도록 다시 썼을 때의 모습은 다음과 같다.

> 그러므로 우리가 **믿음으로 의롭다 하심을** 얻었은즉
>   우리 주 예수 그리스도로 말미암아

하나님으로 더불어 화평을 누리자
또한 그로 말미암아 우리가 믿음으로 서있는
이 은혜에 들어감을 얻었으며
하나님의 영광을 바라고 즐거워하느니라
다만 이뿐 아니라
우리가 환난 중에도 즐거워하나니
이는 환난은 인내를, 인내는 연단을, 연단은 소망을 이루는 줄 앎이로다
소망이 부끄럽게 아니함은
우리에게 주신 성령으로 말미암아
하나님의 사랑이 우리 마음에 부은 바 됨이니(롬 5:1-5).

이 본문의 주제는 "믿음으로 의롭다 함"이다. 주요소가 무엇인가? 질문형으로 주요소는 "믿음으로 의롭다 함의 혜택이 무엇인가?"이다. 이 본문에서 바울은 거룩하신 하나님으로부터 법적, 도덕적 무죄함을 선고받는 것의 결과인 실질적인 혜택에 대해 로마 그리스도인들에게 설명한다. 그 혜택이 무엇인가? 믿음으로 의롭다 함을 받은 결과 로마 그리스도인들의 삶은 어떻게 달라졌나? 주된 생각과 부수적인 생각을 나타내기 위해 본문을 다시 썼기 때문에 보충요소를 보기가 수월하다.

주제: 믿음으로 의롭다함.
주요소: 믿음으로 의롭다 함을 받는 것의 혜택은 무엇인가?
보충요소: 우리는 하나님과 더불어 화평을 누릴 수 있고 하나님의 영광을 바랄 수 있으며 환난 중에도 즐거워할 수 있는 관점을 가질 수 있다.

성경의 자연스러운 한 단락의 올바른 "핵심 아이디어"를 바로 찾았는지 어떻게 알 수 있는가? 당신의 주요소와 보충요소가 성경 본문의 모든

세부사항들을 설명, 또는 연결할 때이다. 이것을 짐마차 바퀴의 비유를 들어 설명하겠다.

바퀴의 가장자리는 성경의 자연스러운 한 구성단위이다. 바퀴살은 그 성경 구성단위에 포함된 석의적인 세부사항들이다. 바퀴의 중심축은 "핵심 아이디어"이다. 이것이 성경 본문의 중심 되는 아이디어다. 설교자의 작업은 성경의 자연스러운 한 단락에 포함된 모든 정보를 단 하나의 만족스러운 질문과 답으로 연결하는 "핵심 아이디어"를 찾는 것이다.

본문의 중요한 요소들을 설명할 수 없는 "핵심 아이디어"를 만들었다면 그것은 틀린 것이다. 앞으로 나아가려면 석의로 돌아가서 필요한 작업을 다시 해야 한다. "이 본문을 이해하기 위해 무엇이 필요한가? 이 본문의 모든 바퀴살을 연결해 줄 주요소와 보충요소를 적는 데 도움이 되는 것은 무엇인가?"라고 질문하라.

이 작업은 말처럼 쉽지 않다. 성경 본문의 "핵심 아이디어"를 만들려는 첫 시도는 대개 틀린다. 나의 초기의 아이디어들은 보통 본문의 몇몇의 사실을 연결하지만 그 외의 것들은 놓친다. 성경 본문의 상세부분들을 연결하는 아이디어를 표현하려고 몇 시간이고 씨름했다. 하지만 바퀴살이 반밖에 연결되지 않은 바퀴가 달린 자전거를 탈 수 없는 것처럼 성경의 자연스러운 한 단락의 모든 사실이 연결되지 않은 아이디어를 설교할 수 없다. 바퀴살을 붙이지 않고 앞으로 나가려 한다면, 큰 사고가 날 것이다.

포기하지 마라. 모든 복숭아 중심에는 복숭아씨가 있듯이 모든 성경의 자연스러운 한 단락의 중심에는 아이디어가 있다…나의 일은 성경을 소통하는 사람으로서 그것을 찾는 것이다. 깊은 설교는 성경을 주의 깊게 석의하는 데서 시작해야 한다. 그리고 석의의 목표는 저자가 의도한 "핵심 아이디어"다. 피Fee와 스튜어트Stuart가 분명하게 말했다.

> 석의는 주의 깊고 조직적인 성경의 연구를 통해 원래 의도한 의미를 찾는 것이다. 원 수신자가 들었던 그 말씀을 들으려는, 성경 말씀의 원래 의도가 무엇이었는지를 찾기 위한 시도이다.[6]

성경의 자연스러운 한 단락 안에 아이디어가 들어있다는 확신은 본문의 바퀴살을 핵심 아이디어와 연결하는 노력에 굉장한 도움이 된다.

하지만 쉽다고 생각하지 마라. 가끔은 본문이 골든 리트리버(영국산 새 사냥개-역주)가 배를 긁어 달라고 드러눕는 것과 같다. 힘들이지 않고 얻어낼 수 있다. 하지만 어떤 때는 본문은 마치 회색곰이 자기 새끼를 보호하는 것과 같다. 질지도 모르는 싸움에 들어서게 되는 것이다.

존 헨리 조웨트John Henry Jowett가 한 말은 옳다.

> 그 문장을 얻는 것이 나의 연구에서 가장 어렵고, 가장 까다롭고, 가장 유익한 일이라고 본다. 그 문장을 만들기 위해 자신을 강요하며, 어렴풋하고, 우둘투둘하고, 애매모호한 모든 단어를 사용하지 않으며 세심한

---

[6] G. D. Fee and D. K. Stuart, *How to Read the Bible for All Its Worth: A Guide to Understanding the Bible*, 2nd ed. (Grand Rapids: Zondervan, 1993), 19.

> 정확성을 가지고 주제를 정의하는 어형을 충분히 심사숙고하는 것, 이것이야말로 설교를 만드는 데 있어서 가장 필수적이고 본질적인 요소 중 하나다. 그리고 그 문장이 구름 끼지 않은 달처럼 선명하게 드러날 때까지 그 어떤 설교도 설교되거나 작성돼서도 안 된다고 생각한다.[7]

성경의 자연스러운 한 단락에 담긴 저자의 의도를 주요소와 보충요소의 형태로 찾기 위해 필요한 힘든 석의작업을 하는 것은 깊은 설교를 창조하기 위한 필수적인 단계이다. 하지만 그것이 마지막 단계는 아니다. 갈 길이 아주 멀고 멀다.

모든 설교가 성경적이기 위해서는 그 중심에 석의적으로 온전한 아이디어가 있어야 한다. 이것이 설교의 시발점이다. 도착지가 아니다.

깊은 설교자들에게 성경적인 아이디어는 막 딴 포도 주스와 같이 깨끗하고 시원하고 신선하다. 그러나 그것이 될 수 있는 최고의 것이 되기에는 아직 멀었다. 전문가의 손길과 충분한 시간을 통해 이 주스는 훌륭한 와인이 될 수 있다. 그것은 일시적인 갈증을 해소하는 것보다 더 큰 일을 할 수 있다. 그 와인은 당신의 숨을 멎게 할만한 향기를 발산할 수 있는 것이다.

그 외에 할 일이 무엇인가? 석의가 완성된 다음에 무엇이 남았는가? 아주 많고 많은 일들…. 지금까지 당신은 당신의 자원을 사용했다. 이제는 성령이 역사하시도록 해야 한다. 이제 당신은 깊이 들어가야 한다.

---

[7] J. H. Jowett, *The Preacher, His Life and Work* (New York: Doran, 1912), 133.

제 6 장

하나님의 아이디어를 갖고 골방에 들어가라

나는 별로 똑똑하지 않다. 몇 달 전에 하나님이 나에게 이 점을 상기시키셨다. 주일에 설교할 본문의 핵심 아이디어를 정하려고 사투를 벌이고 있었다. 그 때 하나님이 내가 정말 얼마나 무지하고 지적으로 오만한지 보여 주셨다. 그분은 나의 한계를 드러내셨다.

그때 나는 거실 소파에 앉아서 휴대용 맥Mac 컴퓨터를 열어놓고 전속력으로 작업하고 있었다. 네댓 개의 인터넷 윈도우 창을 열어 놓은 데다 맥북 프로MacBook Pro에서는 최신 버전의 파워포인트가 돌아가고 있었고, 마이크로소프트 윈도우Microsoft Window에서는 오늘날 구할 수 있는 가장 존경받는 성경 연구 프로그램 4개를 작동하고 있었다. 성령의 인도하심으로 무릎에 놓여있는 빛나는 금속과 플라스틱 평판에 들어 있는 어마어마한 컴퓨터 연산력과 성경 참고서들에 대해 생각하게 되었다. 나의 머리를 가득 채운 질문들은 "하나님이 왜 나를 필요로 하시는가? 내가 무슨 "부가가치"를 석의 과정에 가져오는가? 내가 꼭 필요한가?"

나의 노트북 프로그램은 내가 할 수 있는 것보다 더 효과적으로 성경 본문을 석의할 수 있다. 고대 언어 문법에 대한 지식이 내가 지금 가지고 있는 또는 앞으로 가지게 될 것보다 훨씬 더 우월하다. 그리고 하드 드라이브에 들어 있는 수천 개의 전자책을 즉시 인용하고 언제나 참조할 수 있다. 또한 인터넷에 있는 무한한 정보 자료에 접속할 수 있다. 나와 다르게 이 프로그램들은 배운 것을 절대로 잊어버리지 않고 전자의 속도로 자료를 계산한다. 내가 누군가? 나는 모닝커피 전에는 제대로 기능하지 못한다!

설상가상 불신자들도 나의 석의기술을 능가한다. 어느 일반 대학을 가도 원어실력이 나보다 훨씬 나은 교직원을 찾을 수 있다. 그러면 하나님은 왜 이교도를 통해 성경을 소통하지 않는가? 가장 재능이 많은 언어학자들도 개종되지 않았다. 존경할 만한 고고학자들도 마찬가지다. 사실은 내 서재 책꽂이에 예수 그리스도만을 믿고 구원받기를 거부한 사람들이 쓴 석의 도구들이 몇 개 있다.

나를 떠나지 않는 질문은 "하나님은 왜 내가 성경을 해석하는 것이 필요하실까"였다. 내가 그분의 작업대의 가장 예리한 연장이 아닌 것이 확실한데 왜 하나님은 나의 노트북이나 믿지 않는 언어학자를 사용하지 않으시나? 하나님이 왜 나를 필요로 하시나? 또는 당신을?

1. 성령은 우리를 가르치신다

하나님이 그분의 책을 해석하고 소통하기 위해 당신과 나를 사용하시는 이유는 오직 우리만이 그분의 책을 적절히 이해할 수 있기 때문이다. 하나님의 책은 지금까지 쓰인 책들과는 달리 영적으로 살아있고, 성령의 역사를 즐거워하는 삶을 사는 사람들만이 제대로 이해 할 수 있는 책이다. 하나님의 책은 이중 저작권이 있기 때문에 인간적인 면과 영적인 면이 모두 있다. 인간 저자가 쓰기로 결정한 그 정확한 말이 성경에 포함되었다. 성령이 쓰기로 결정한 그 정확한 말도 성경에 포함되었다. 사람과 하나님이 동등하게 성경을 기록했다. 두 저자 모두 성경을 기록하였고 그들의 목적을 완전히 성취했다. 사도 베드로가 말했다.

> 먼저 알 것은 경의 모든 예언은 사사로이 풀 것이 아니니 예언은 언제든지 사람의 뜻으로 낸 것이 아니요 오직 성령의 감동하심을 입은 사람들이 하나님께 받아 말한 것임이니라(벧후 1:20-21).

그리스도인들은 어니스트 헤밍웨이Ernest Hemingway, 윌리엄 워즈워드William Wordsworth, 또는 싱클레어 루이스Sinclair Lewis의 최고 해석자는 아닐 수 있다. 하지만 성경에 있어서는 그리스도인들이 분명한 우위에 있다. 왜냐하면 노트북과 무신론자와는 달리 그리스도인들 속에는 성경의 공저자이신 성령이 거하고 계시기 때문이다. 그리고 성령이 하시는 일 중 하나가 우리에게 말씀의 통찰력과 이해력을 주시는 것이다.

예수님은 우리가 말씀을 적절히 이해하기 위해 높은 평점의 신학교육보다 더 많은 것이 필요하다는 것을 아셨다. 그렇기에 예수님은 그의 제자들에게 요한복음 14장에서 이렇게 약속하셨다.

> 내가 아버지께 구하겠으니 그가 또 다른 보혜사를 너희에게 주사 영원토록 너희와 함께 있게 하시리니 저는 진리의 영이라 세상은 능히 저를 받지 못하나니 이는 저를 보지도 못하고 알지도 못함이라 그러나 너희는 저를 아나니 저는 너희와 함께 거하심이요 또 너희 속에 계시겠음이라(요 14:16-17).

진리의 성령은 무엇을 하시는가? 그분의 기본적인 사역 중 하나는 하나님 말씀의 진리를 밝히는 것이다. 그분은 가르치신다. 미숙한 인간 지능이나 펜티엄 컴퓨터 처리만으로는 도달할 수 없는 성경의 깊은 이해를 성령이 주신다.

> 내가 아직도 너희에게 이를 것이 많으나 지금은 너희가 감당치 못하리라 그러하나 진리의 성령이 오시면 그가 너희를 모든 진리 가운데로 인도하시리니 그가 자의로 말하지 않고 오직 듣는 것을 말하시며 장래 일을 너희에게 알리시리라 그가 내 영광을 나타내리니 내 것을 가지고 너희에게 알리겠음이니라 무릇 아버지께 있는 것은 다 내 것이라 그러므로 내가 말하기를 그가 내 것을 가지고 너희에게 알리리라 하였노라(요. 16:12-15).

예수님이 그분을 따르는 자들에게 말씀을 꾸준히 효과적으로 가르치셨지만 그분이 승천하신 뒤에 훨씬 더 많은 가르침이 요구될 것을 아셨다. 예수님에 의하면 성령은 예수님이 멈추셨던 곳부터 시작하시기로 되어 있었다. 예수님이 엠마오로 가는 길에 그분의 제자들에게 하셨듯이 성령이 우리에게 하신다. 우리의 마음도 성경 본문에 대한 초자연적인 통찰력으로 인해 뜨거워질 수 있다. 부활하신 그리스도가 "이에 저희 마음을 열어 성경을 깨닫게 하시고"(눅 24:45)라고 했을 때 모든 제자들이 경험한 그 기쁨이 성령의 교육목회를 통해 우리의 것이 될 수 있다.

성령은 예수님이 그분의 제자들에게 하셨듯이 우리에게 하신다. 성령은 우리의 인간적인 석의 기술 능력 이상으로 인식이 확장되도록 도우신다.

컴퓨터 프로그램과 잘 교육받은 이교도들은 성경 본문의 가장 기본적인 요소들만 이해할 수 있다. 그들은 명사의 어형을 변화시키거나 동사를 분석하는 것은 잘한다. 그러나 석의를 넘어서서 하나님이 그분의 자녀들에게 의도하신 말씀을 더 온전히 이해하는 것은 성령의 초자연적인 도움으로만 가능하다. 하나님이 성경을 영감으로 작성하셨기 때문에 하나님이 의도하신 모든 것을 이해하고 받으려면 성령의 초자연적인 도우심이 요구된다.

존 칼빈John Calvin이 그의 책 『기독교 강요』에서 이렇게 말했다.

> 성령의 증거는 이성보다 우월하다. 하나님만이 그의 말씀을 올바로 증언하실 수 있다. 그러므로 이 말씀은 성령의 내적증거로 인치심을 받을 때까지는 인간의 마음으로 전적으로 믿어질 수 없다…(성경)의 존엄함으로도 존경을 받기에 합당하지만 그럼에도 불구하고 우리에게 진정으로 와닿기 시작하는 것은 성령이 우리의 마음에 말씀으로 인치실 때이다.[1]

나는 밀라드 J. 에릭슨Millard J. Erickson이 말했듯이 성령은 신자가 성경 본문의 뜻을 이해하는 것을 도우신다는 것에 동의한다. 하나님 진리의 충분히 이해하지 못하는 것은 죄의 결과다. 죄는 성경을 온전히 해석하지 못하게 한다. 죄는 우리의 시야를 흐리게 하고 성경의 이해에 편견을 갖게 하는 무의식적인 추정들을 주입한다. 오직 성령만이 이러한 죄의 인식적 영향을 극복하실 수 있다.[2]

성령의 도우심 없이 성경을 충분히 이해하는 것은 불가능하다. 인간의 지능은 부족하다. 그 어떤 소프트웨어도 적합하지 않다. 성령은 성경 해석 과정에 있어서 대단히 중요한 요소다.

사도 바울은 성령의 조명 사역의 중요성을 분명히 깨달았다. 그의 명

---

[1] *Institues* 1:7, 4-5
[2] M. J. Erickson, *Evangelical Interpretation: Perspectives on Hermeneutical Issues* (Grand Rapids: Baker, 1993), 44-45

석함은 아무도 부인할 수 없었지만 그는 혼자서 성경을 이해할 만큼 똑똑하지 못하다는 것을 알았다. 때문에 바울은 고린도전서에 썼다.

> 육에 속한 사람은 하나님의 성령의 일을 받지 아니하나니 저희에게는 미련하게 보임이요 또 깨닫지도 못하나니 이런 일은 영적으로라야 분변함이니라(고전 2:14).

하나님이 성경을 통해 하시는 말씀을 파악하기 위해선 영적 통찰력이 필요하다. 우리는 하나님 말씀을 이해하기 위해서 하나님의 성령의 도우심이 필요하다.

바울은 우리가 타고난 능력 외에도 성령의 초자연적인 능력도 필요하다는 것을 이해했다. 그는 석의에 있어서 성령의 중대한 역할을 다음과 같이 강조했다.

> 오직 비밀한 가운데 있는 하나님의 지혜를 말하는 것이니 곧 감추었던 것인데 하나님이 우리의 영광을 위하사 만세 전에 미리 정하신 것이라 이 지혜는 이 세대의 관원이 하나도 알지 못하였나니 만일 알았더면 영광의 주를 십자가에 못 박지 아니하였으리라.
>
> 기록된 바 하나님이 자기를 사랑하는 자들을 위하여 예비하신 모든 것은 눈으로 보지 못하고 귀로도 듣지 못하고 사람의 마음으로도 생각지 못하였다 함과 같으니라.
>
> 오직 하나님이 성령으로 이것을 우리에게 보이셨으니 성령은 모든 것 곧 하나님의 깊은 것이라도 통달하시느니라 사람의 사정을 사람의 속에 있는 영 외에는 누가 알리요 이와 같이 하나님의 사정도 하나님의 영 외에는

아무도 알지 못하느니라 우리가 세상의 영을 받지 아니하고 오직 하나님께로 온 영을 받았으니 이는 우리로 하여금 하나님이 우리에게 은혜로 주신 것들을 알게 하려 하심이라 우리가 이것을 말하거니와 사람의 지혜의 가르친 말로 아니하고 오직 성령의 가르치신 것으로 하니 신령한 일은 신령한 것으로 분별하느니라(고전 2:7-13).

바울은 인간의 힘에 의한 석의의 한계를 이해했다. 부활하신 그리스도를 극적으로 대면하기 전에 석의는 바울의 전공이었다. 그는 성령의 도우심 없이 성경을 연구하는 것이 어떤 것인지 기억했다. 그래서 그는 그것을 전혀 원하지 않았다. 바리새인들이 실행한 인간적인 석의의 결과는 좋지 않았고 신앙으로 인도하지 않았다. 그들의 본문 작업의 열매는 영을 죽이는 것이었다. 성령의 조명 사역 없이 한 석의는 해석자의 삶을 하나님이 형성하시게 해주기보다는 해석자가 말씀을 조작하는 결과를 가져온다. 궁극적으로 그것은 사람들을 하나님께로 인도하기보다 떠나게 한다.

분명한 것은 사도 바울이 고린도 성도에게 편지하면서 다른 형태의 석의를 사용하고 있었다는 것이다. 이제 바울은 성령을 교사로 모신다. 이제 그는 성령이 말씀을 가르쳐 주시도록 허락한다. 그의 지적인 능력에 성령의 조명 사역이 있기 때문에 바울은 고린도전서 2:16에서 이렇게 말할 수 있었다. "누가 주의 마음을 알아서 주를 가르치겠느냐 그러나 우리가 그리스도의 마음을 가졌느니라."

바울은 성령의 조명 사역을 사도들 외에도 누릴 수 있다는 것을 분명하게 말한다. 바울이 에베소교회에 편지했을 때 그랬다.

우리 주 예수 그리스도의 하나님, 영광의 아버지께서 지혜와 계시의 정신을

> 너희에게 주사 하나님을 알게 하시고 너희 마음 눈을 밝히사 그의 부르심의
> 소망이 무엇이며 성도 안에서 그 기업의 영광의 풍성이 무엇이며(엡 1:17-18).

바울은 성령이 이 교회의 평신도들을 가르쳐 주시길 기도했다. 그가 쓰는 편지는 이전에 그들이 받은 훈련을 기초로 얻을 수 있는 이해력을 위한 중요한 신학적 정보를 주기 위해서 기록되었다. 하지만 바울은 그들에게 인간의 능력 이상이 필요하다는 것을 알았다. 그렇기에 그는 성령이 그들을 가르쳐 주시기를 기도했다. 하나님을 더 잘 알기 위해서, 더 깊이 알기 위해서 지혜의 성령이 필요했다.

성경을 연구할 때 성령이 보좌하시는 사람들의 사고 방식은 다르다. 그들은 노트북과 일반 언어학자들이 절대로 알 수 없는 방법으로 성경을 이해할 수 있다. 그들은 성경 본문의 충분한 이해를 성경의 저자를 통해 얻는다.

2. 성령은 우리가 성경을 이해하도록 도우신다

제발 나를 오해하지 말라. 나는 성령께서 성경 밖의 새로운 진리를 가르쳐 주실 것이라고 말하는 것이 아니다. 하나님은 성경에 완전하고 충분한 계시를 주셨다. 따라서 우리 중 누구도 고린도 3서나 로스엔젤레스 1, 2권을 찾아서는 안 된다. 성경은 완성되었다. 요한계시록 22장에 나오는 사도 요한의 경고를 나는 아주 진지하게 받아들인다.

> 내가 이 책의 예언의 말씀을 듣는 각인에게 증거하노니 만일 누구든지 이것

들 외에 더하면 하나님이 이 책에 기록된 재앙들을 그에게 더하실 터이요 만일 누구든지 이 책의 예언의 말씀에서 제하여 버리면 하나님이 이 책에 기록된 생명나무와 및 거룩한 성에 참예함을 제하여 버리시리라(계 22:18-19).[3]

우리는 추가 계시가 필요하지 않다. 바울이 이렇게 쓴 것은 맞는 것이다. 성경은 부족함이 없다. 완벽하다.

> 모든 성경은 하나님의 감동으로 된 것으로 교훈과 책망과 바르게 함과 의로 교육하기에 유익하니 이는 하나님의 사람으로 온전케 하며 모든 선한 일을 행하기에 온전케 하려 함이니라(딤후 3:16-17).

책 집필을 포함해서 하나님의 영은 모든 일을 훌륭하게 하신다. 성령이 성경을 영감으로 쓰셨을 때 그는 역대 베스트셀러를, 그리고 역사상 유일하게 오류 없는 유일한 책을 쓰셨을 뿐만 아니라 그분은 완벽한 책을 쓰셨다. 그분의 책은 우리가 그리스도 안에서 온전히 성숙하기 위해 필요한, 그분이 알고 있는 모든 것을 포함한다. 성경은 하나님이 누구시고 하나님께 반응하여 어떻게 살아야 하는지를 가르쳐 주기 위해 성령이 쓰셨다. 그리고 저서를 가지고 있는 대부분의 교수가 그렇듯이 성령은 그분이 쓰신 책을 우리의 영적 교과서로 선택하여 사용하신다.

성령은 성경으로부터 우리를 떨어뜨려 놓지 않으신다. 성령은 우리에게 필요한 진리를 주기 위해서 성경을 쓰셨다. 성경은 우리가 하나님 아버지와 깊은 관계를 가지고 살기 위해 요구되는 모든 것을 포함한다.

---

3 이 말을 적었을 때 요한은 요한계시록에 대해 말하고 있었다. 하지만 이 원리는 성경전체에 적용할 수도 있다.

3. 성령은 우리가 성경의 의미를 이해하도록 도우신다.

성령께서 당신의 교사라는 사실이 설교할 본문의 저자의 의도를 정하기 위해 필요한 석의를 소홀히 해도 된다는 것은 아니다. 모든 설교는 성경에 기초해야 한다. 그렇지 않다면 그 설교들은 성경적인 설교가 아니다.

모든 설교 준비의 시작은 원 인간 저자와 성령께서 의도하신 핵심 아이디어를 정하기 위한 자연스러운 단락에 대한 철저한 문법·역사적 분해로부터이다. 성령은 여러분의 정신 능력을 확장시킨다. 성령은 그것을 대체하지 않으신다.

성령은 원 저자가 원 회중에게 전달할 의도가 없었던 것을 당신에게 가르쳐 주지 않으신다. 진실로 성경적이기 위해 모든 석의는 성경 본문에 포함된 객관적인 진리를 목표로 삼아야 한다. 해돈 W. 로빈슨Haddon W. Robinson이 "본문이 처음부터 의미하지 않았던 것은 지금도 의미할 수 없다"라고 한 말은 옳다.

만약 모세가 당신의 출애굽 설교를 듣고 당신의 석의 때문에 놀라서는 안 된다. 당신이 하는 말에 모세가 놀란다면 당신은 성경적인 설교를 하고 있는 것이 아니다. 성령은 그분이 의도하지 않으신 해석을 하도록 당신을 인도하지 않으신다.

나는 케어드G. B. Caird에 동의한다.

> 우리가 예레미야와 바울의 생각에 접근할 수 있는 길은 그들에 의해 기록된 말씀밖에 없다. 더 한층 강력한 이유로 성경에 있는 하나님의 말씀에 접근할 수 있는 길은 하나님의 이름으로 말한다고 주장하는 사람들의 말과 생각밖에 없다. 그들을 불신하는 것은 우리의 권리이지만 아무 증거 없이 그 저자들이 의도했던 것보다 더 궁극적인 의미를 간파하려고 노력한다면

그것은 우리의 의미이지 그들도 하나님의 것도 아니다.[4]

성령과의 친밀과 의존이 본문의 어려운 석의 작업을 제거하지 않는다. 전혀 그렇지 않다.

하지만 석의 작업만으로는 불충분하다. 해석 과정의 첫 단계일 뿐이다. 이 첫 걸음이 쉽지는 않지만, 보통 가장 수월한 단계이다. 깊은 설교는 당신이 설교할 말씀에 대한 성령의 통찰력을 가질 것을 요구한다. 깊은 설교는 더 많은 것을 요구한다. 더더욱 많이.

4. 성령의 설교적인 도움

성령의 가르치는 사역에 점점 더 감탄하게 되면서 나는 가르치고 사용하는 설교 과정을 다시 생각하고 조정하였다. 나는 설교 과정을 아래의 개요와 같이 여겼었다.

① 설교가 시작되는 시점이 있다. 이것은 당신이 어느 지정된 날짜에 설교하게 될 것이라고 처음 알게 되는 때이다. 그 순간 설교 과정은 시작된다.
② 설교가 끝나는 시점이 있다. 이것은 마지막 기도가 드려지고, 마지막 찬송이 불려지고 모든 남녀가 강당을 나가는 때이다. 설교자로서 당신의 마지막 책임은 현관에 서서 사람들을 반기며 회중의 평가에 반응해야 하는 것이다. 이 시점에는 설교를 바꿀 수 있는 방법은 없다. 상황은 종료 되었다.

---
4 G. B. Caird, *The Language and Imagery of the Bible* (Philadelphia: Westminster Press, 1980), 61

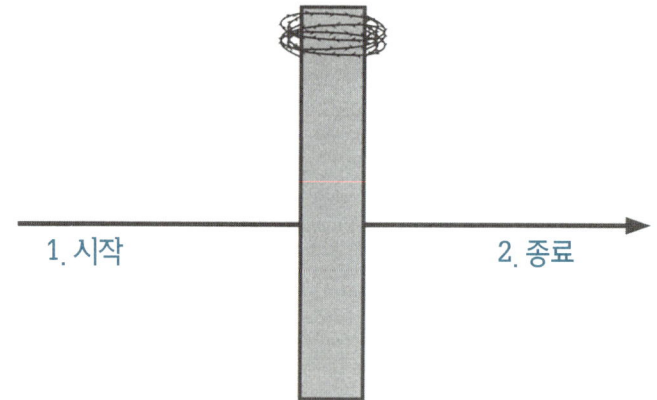

③ 하지만 중요한 것은 설교를 작성하는 과정에 2가지의 비밀스러운 작업이 있다는 것이다. 이 길에 수직의 벽을 두었다(가시가 있는 철사를 맨 위에). 이것은 이 과정이 석의 작업과 설교 작업이라는 두 가지의 신중한 과정으로 이등분되어야 한다는 것을 보여주기 위해서이다.

④ 석의 작업은 우리가 보았듯이 원저자가 원 회중에게 소통하려고 의도한 핵심 아이디어를 찾는 것이다. 이 아이디어는 질문과 답인 주요소와 보충요소의 형식으로 표현되어야 한다. 석의 작업(4a)의 목표는 본문의 올바른 이해이다.

⑤ 설교 작업은 석의 작업과 아주 다르다. 벽의 이쪽에는 성경 저자의 아이디어를 가장 효과적으로 재송신하기 위한 결정을 해야 한다. 여기서 묻는 질문들은 이렇다. "이 본문에 대해 회중에게 무엇을 설명해야 하나?" "이 본문을 회중에게 어떻게 적용해야 하나?" "나의 자료를 가장 효과적으로 정리하는 방법은 무엇인가?" 설교 작업의 목표는 소통이다.

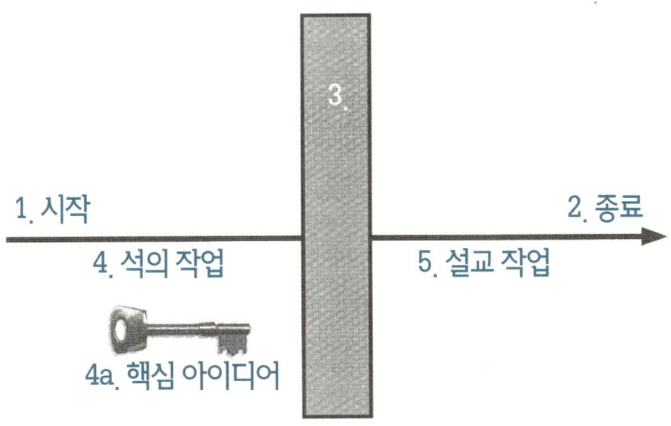

이 도표에 가시철사가 있는 벽이 설교 과정을 나누고 있는 이유는 두 작업이 비밀스럽게 유지되어야 한다는 것을 강조하기 위해서다. 이 둘이 서로 겹치지 않게 하는 것이 관건이다. 몇 년 동안 정기적으로 설교하는 목사들이 범하는 흔한 실수는 본문을 보고 이미 한 설교의 설교학적 구조를 재차 확인하는 수준에서 끝나는 경향이다.

이것은 엄청난 실수다. 왜냐하면 설교자들이 본문에 달려들어서 주일 설교를 준비해야 하는 급한 마음에, 저자가 원래 의도하지 않은 것을 대충 끼워 맞춰서 설교하기 쉽기 때문이다.

본문에 충실하기 위해서 마치 그 본문을 절대로 설교할 일이 없을 것 같이 충분한 양의 시간을 본문을 석의하는 데 사용하는 것이 지극히 중요하다. 이것은 단지 학문적인 연습이라고 스스로에게 말한다. 신학교로 돌아가서 과제를 하는 척한다. 과제의 결론에 무슨 아이디어를 제시하든 그것이 성경 본문의 핵심 아이디어라는 것을 석의 작업으로 증명을 할 수만 있다면 나의 교수가 상관하지 않을 것을 안다.

이 단계에서 나의 유일한 초점은 원 저자가 원 회중에게 전달하려고 의도한 아이디어를 정하는 것이다. 그 외에는 없다. 이것이 완수된 다음에야 전진할 수 있다. 이 한결같은 초점을 유지하면서 성경 저자가 설교 내용을 통제하게 해주게끔 한다.

성경의 자연스러운 한 단락의 주요소와 보충요소가 벽의 문을 여는 열쇠가 된다. 그 아이디어가 내 손에 확실하게 있을 때만이 나는 문을 열고 장벽을 넘어가 설교 작업을 시작할 수 있다.

수년동안 나는 방금 개요한 이 설교 과정에 매우 흡족해 했다. 나는 이런 구조가 전 설교 과정에 정당하다고 느꼈다. 이것은 석의와 설교 작업을 마땅히 받아야 할 진정성으로 대하는 것이라 생각했다. 또한 이것은 성경 본문에 충실하고 회중들과 연관된 설교를 만드는 데 도움이 됐다. 나는 혼자가 아니다.

많은 설교학 서적은 그들의 독자들에게 비슷한 방법론을 사용하도록 설득한다. 복음주의 설교학자들은 흔히 이 방법론을 약간 변형시켜 목회자 지망생들에게 가르친다.

하지만, 이 설교학 모델에서 내가 발견한 문제는, 그것이 성령의 가르치는 역할을 충분히 감안하지 않는다는 것이다. 그것은 하나님의 말씀을 온전히 선포하기 위해 필요한 초자연적인 개입을 어떻게 누릴 수 있는지 보여주지 않는다.

하지만 어떤 모델이 더 나은가? 바울이 에베소서 1:18에 기도한 것처럼 설교를 준비하면서 내 마음을 어떻게 초자연적으로 깨우칠 수 있을까? 성경 본문의 객관적인 의미에 대한 나의 존경심을 희생하지 않고 성령의 가르치는 사역에 어떻게 나 자신을 열 수 있을까?

이러한 질문들은 다음과 같은 모델의 개발로 연결되었다.

5. 성령이 우리의 이해를 돕도록 허락하기

다음에 나와 있는 설교 모델에서는 성경의 우선순위가 유지된다. 이것은 하나님이 설교자에게 직접 그리고 개인적으로 전달하는 영적인 신성한 지식 때문에 성경을 포기하지 않는다. 또한 제임스 I. 패커James I. Packer가 경고한 말씀 없는 성령이나 성령 없는 말씀의 "부족함"을 아주 심각하게 받아들인다.[5] 아래와 같은 "깊은 설교" 모델은 성경과 성령의 중요성을 모두 인정한다.

이 모델에선 석의 작업과 설교 작업이 분리되어 있음으로 그들의 온전성을 유지한다. 석의 작업은 설교자의 첫 번째 작업이다. "신비스러운" 의미를 위해서 성경 본문의 문법적·역사적 해석을 피해가는 일은 없다. 석의 작업의 목표는 성경 본문의 핵심 아이디어를 찾는 것이다. 그리고 이것은 원어와 문화에 대한 철저한 조사가 필요하다. 이 핵심 아이디어는 원저자가 원 회중에게 소통하려고 의도했던 아이디어와 같아야 한다. 본문에 대한 문법적·역사적 조사의 철저한 적용이 받쳐주지 못하는 핵심 아이디어는 설교하면 안 된다. 하나님이 말씀하지 않으신 것을 하나님의 이름으로 전하면 안 된다.

이 모델의 확실한 변화는 벽이 골방으로 대체되었다는 것이다. 왜 골방인가? 이 비유는 예수님의 산상설교의 가르침으로부터 빌려 왔다. 그

---

[5] J. I. Packer, "The Holy Spirit and His work," *International Council on Biblical Inerrancy Update* (August 1985, 3). 말씀을 제쳐놓고 추정되는 성경 이외의 성령의 직접적인 인도하심을 따른다고 하는 순간, 자기 기만과 사탄의 헐뜯음에 대해 끊임 없는 가능성을 열게 된다.

때 예수님은 영적 훈련에 대해 언급하시며 제자들에게 그들이 기도할 때 위선자처럼 하지 말라고 말씀하신다.

> 너는 기도할 때에 네 골방에 들어가 문을 닫고 은밀한 중에 계신 네 아버지께 기도하라 은밀한 중에 보시는 네 아버지께서 갚으시리라(마 6:6).

깊은 설교는 설교자가 성경 본문의 아이디어를 혼자만의 장소로 가져가 성령의 참여를 의도적으로 구할 것을 요구한다. 골방은 설교자들이 주석을 덮고 하나님께 귀를 기울이는 장소이다.

골방은 우리가 성경 본문의 기초적인 이해를 넘을 수 있도록 성령이 도와주시는 곳이다. 여기서 성령이 인간적인 노력과 능력만으로 불가능한 성경 본문의 더 나은 이해를 우리에게 주신다.

성령은 골방에서 우리에게 어떻게 역사하시는가?

◆ 골방 작업은 해석자에게 출퇴근용 자동차 엔진의 과급기와 같은 역

할을 한다. 우리의 석의 작업을 급진적으로 향상시킨다.
- ◆ 골방 작업은 1950년대의 흑백 TV 화질을 벗어나 영화 플라스마 화면의 디지털 고화질 영상처럼 선명하게 만든다. 우리는 전보다 훨씬 더 선명하게 성경 본문에서 하나님이 말하고자 하는 것을 본다.
- ◆ 골방 작업은 성령이 우리에게 박물관 방문객의 오디오 헤드셋과 같은 역할을 하게 한다. 박물관 방문객 중 오디오 헤드셋을 사용하는 사람들은 다른 사람들과 같은 전시물들을 보지만 그 전시물들에 대한 이해력은 훨씬 좋다. 헤드셋을 끼고 있는 방문객들은 그들이 보고 있는 전시물들에 대해 박물관 관리자가 설명을 속삭여 주는 추가 혜택이 있다. 헤드셋을 사용하는 사람들만이 그들이 보고 있는 전시물들을 더 잘 감상할 것이다. 혼자 알아서 하는 사람들은 그들을 둘러싼 신비를 감탄하며 보지만 이해하지 못한다. 골방에 있는 동안 성령은 우리를 둘러싼 성경의 신비에 대해서 우리의 귀에 속삭이신다. 골방 작업은 성경 본문에서 보는 것에 관해 더욱 전체적인 이해를 준다.
- ◆ 우리 스스로의 석의 작업으로는 덴버 시내에서 록키산맥을 쳐다보는 관광객처럼 성경을 쳐다볼 뿐이다. 우리끼리는 서쪽에 산이 있다는 것밖에 안 보인다. 하지만 골방 작업 동안에 성령이 우리를 헬리콥터에 태우셔서 베일 시내로 데려가신다. 성령은 우리가 성경에서 본 산과 다른 곳으로 절대로 데려가지 않으신다. 하지만 우리 스스로 절대로 경험할 수 없는 선명함으로 그 산들을 볼 수 있게 도와주신다. 성령의 도우심으로 먼 거리에서 봤던 것을 완전히 이해할 수 있다.

골방 작업 동안에 성령은 우리의 손을 잡아 주시고 그의 창조물을 안내해 주신다. 그와 함께 손에 손잡고 높은 목초지를 산책하고 꽃향기를 맡고, 태양의 따스함을 느끼고, 시냇물에서 뛰놀고, 빙하의 얼음을 맛본다.

골빙을 떠나며 우리는 말할 것이다. "나 혼자시는 지 이딘가에 로키 산맥이 있다는 것을 알고 있었다. 하지만 이제 이 산맥을 완전히 이해한다. 추상적이었던 것이 현실이 되었다. 동떨어져 있었던 것이 가까워졌다. 여기 사는 것이 편하다."

잘 교육받은 어느 이교도도 성경 본문의 문법을 이해할 수 있다. 하지만 본문의 의미를 충분히 이해하려면 성령이 필요하다.

A.W. 토저A.W. Tozer는 이것을 알았다. 그는 인간적인 원문 연구의 지적 오만함을 강하게 반대했다. 토저는 원문 연구를 이렇게 이해했다.

> 인간 정신이 진리를 평가하는 데 최고 권위라는 믿음…**성경이 선포하길, 그것을 하도록 창조되지 않았고 그러므로 할수도 없는 인간 정신의 능력에 대한 확신…**.

진리의 속 알맹이는 겉껍질과 똑같은 배열을 가지고 있다. 정신은 껍질을 파악할 수 있지만 오직 하나님의 성령만이 내적인 본질을 알 수 있다. 우리의 큰 실수는 우리에게 껍질이 맡겨졌기에 성경의 문자에서 찾을 수 있는 진리의 외부적인 모양을 설명할 수 있다는 이유로 우리 믿음이 온전하다고 믿는 것이다.

이 치명적인 실수로 인해 근본주의는 죽고 있다.[6]

당신이 토저의 경고에 주의를 기울이기 바란다. 성경 본문의 아이디어를 고독의 장소로 가지고 가서 성령을 당신의 설교에 의도적으로 활용하기를 바란다. 영적 골방으로 들어가 하나님 앞에서 홀로 묵상, 기도, 그리고 금식의 고전적인 영성수련을 실행함으로 성령이 말씀하시도록 하라. 나는 이것을 설교학적 "골방 작업"이라고 부른다. 이것은 과거의 현대적인 사고 방식으로부터의 고의적인 단절이다.

나는 탈현대주의의 대단한 팬은 아니지만 그것은 우리에게 두 가지 중요한 가르침을 준다. 첫째, 그 누구도 온전히 객관적일 수 없다는 것이다. 우리 모두는 이슈-그리고 성경 본문도-를 대할 때 완벽한 중립성을 갖지 못한다. 우리 중 누구도 편견이 완전히 없는 자는 없다. 우리의 개인적인 관점은 우리의 견해를 어쩔 수 없이 비뚤게 한다. 둘째, 이성적인 현대주의의 한계다. 현대에는 사람들이 이 세상의 문제를 풀 수 있는 만큼 똑똑하다고 믿었다. 현대인들은 적합한 기술과 충분한 교육으로 정복할 수 없는 문제는 없다고 믿었다. "우리는 무엇이든 그리고 모든 것을 해결할 수 있다." 탈현대주의자들은 현대인들의 뻔뻔한 주장을 듣고 증거물을 보았다. 현대주의의 결실-핵공포, 지구 온난화와 거대한 경제적 격차-을 보았다. 그리고 현대주의는 파산했다고 당연하게 선언했다. 그리고 현대주의는 약속을 지키지 못했다.

탈현대주의는 사람들이 세상의 문제를 치료하기 위해서 충분히 똑똑하지 않다는 것을 지적한다. 인간의 지능은 심각한 한계가 있다. 삶의 큰 이슈를 해결할 자원이 있는 것처럼 행동하는 것은 교만의 극치다. 우

---

6 A. W. Tozer, *God's Pursuit of Man* (Camp Hill, PA: WingsSpread Publishers, 2007), 79-80

리의 인간적 한계는 도움을 달라고 울부짖는다.

우리가 골방으로 들어가는 것은 우리의 인간적 한계를 인정하는 것이다. 신학 교육만 받으면 하나님의 신성한 책을 완전히 이해할 수 있다고 관습적으로 주장하는 현대주의적 허울로부터 겸손하게 떠나는 것이다. 골방 작업은 우리의 한계를 인정하는 것이고 도와달라고 외치는 것이다. 성령께서 우리의 성경 교사가 되어 달라고 요청하는 것이다.

골방 작업은 탈현대주의가 우리에게 가르친 겸손을 환영한다. 우리는 전능하지 못하다. 성경의 핵심 아이디어를 붙잡기 위해 도움이 필요하다. 영감으로 된 성경 본문의 의미를 적합하게 이해할 수 있는 유일한 길은 그것을 감동하여 쓰게 하신 하나님께 묻는 것이라는 것을 인정하는 것이다.

개요와 예화 같은 것에 달려들고 싶은 유혹을 피하라. 골방 작업이 완성될 때까지 어떤 설교학적인 작업도 하지 말라. 당신이 말하고자 하는 것을 이해하기 전까지는 어떻게 자료를 정리할지를 생각하지 말라.

6. 성령은 우리를 깊은 곳으로 이끄신다

"깊은 설교"의 비밀은 성령이시다. 성령을 교사로 둔 설교자들은 하나님의 말씀의 바다의 깊이를 잴 수 있고 성경에 대한 놀랍도록 풍부한 이해를 경험한다. 오직 자신의 석의적 전문 지식에 의지하는 사람들은 성경 의미의 표면에만 머문다. 성경 본문의 수면 위에 떠다니면서 수면 밑에 있는 신비함을 보려고 헛된 수고만 한다. 우리가 거듭난 석의자들이라면, 우리에게는 놀라운 지적 자원이 있다! 성령은 우리를 가르치기 원하신다. 그리고 우리 정신 속에 빛을 밝혀서 성경에 쓰인 것을 더 온전히 보게 한다.

그런데도 나는 자신을 가르쳐 달라고 성령을 의지하는 일이 거의 없지 않은가? 그리고 노트북을 열 받도록 사용하거나 단어연구 서적을 열거나, 주석을 보는 것은 얼마나 쉬운가? 예수님과 바울이 그랬던 것만큼 성령의 가르치는 사역을 신중하게 생각하는가? 자신의 석의 능력을 의지하는 만큼 성령을 의지하면 과연 어떤 일이 생길까? 나의 성경 이해는 어떻게 될 것인가? 하나님과의 관계는? 나의 설교는?

성령의 조명은 바울 설교에서 중요한 차이를 가져왔다. 성령은 2가지 방식으로 바울을 깊이 있게 해주셨다. 첫째, 성령은 바울에게 그가 설교하는 성경의 내용을 깊이 볼 수 있게 하셨다. 그래서 바울이 그의 설교에 대해 고린도전서 2:13에서 이렇게 말할 수 있었다.

> 우리가 이것을 말하거니와 사람의 지혜의 가르친 말로 아니하고 오직 성령의 가르치신 것으로 하니 신령한 일은 신령한 것으로 분별하느니라(고전 2:13).

바울의 설교는 진부한 표현들을 익숙한 곡에 연결해서 노래하는 것이 아니었다. 예수님의 가르침같이 바울의 설교는 신선하고 권위 있었다. 왜냐하면 하나님이 직접 그에게 진리를 가르쳐 주셨기 때문이다.

둘째, 바울의 설교 내용에 직접 영향을 미치는 것과 더불어 성령은 또한 직접적으로 바울의 메시지를 듣는 사람들의 반응에 직접적인 영향을 끼치셨다. 바울이 전한 성령의 감동으로 된 설교는 듣는 사람들로부터 극적인 반응을 일으켰다. 긍정적이든 부정적이든 사도 바울의 설교가 지루해서 떠나는 사람은 소수였다. 성령이 조명하신 설교의 진리가 얼마나 강하게 역사했던지 사람들은 그들이 듣는 것을 완전히 받아들이든 극단적인 반대를 하든 둘 중에 하나가 강요되었다. 바울은 이것을 알았다. 그래서 데살로니가에서 사람들에게 이렇게 말했다.

> 이는 우리 복음이 말로만 너희에게 이른 것이 아니라 오직 능력과 성령과 큰 확신으로 된 것이니 우리가 너희 가운데서 너희를 위하여 어떠한 사람이 된 것은 너희 아는 바와 같으니라(살 1:5).

바울은 그의 설교가 이토록 극단적인 반응을 불러일으키는 것에 대해 놀라지 않았다. 그들이 놀라지 않은 이유가 무엇인가? 하나님은 항상 그 말씀을 사용하셔서 그분의 세상과 그곳에 거주하는 사람들의 삶에 극적인 변화를 주셨다.

바울 설교의 특별한 인도 능력은 특별한 근원에서 비롯되었다. 그의 시대의 대부분의 설교자들과는 다르게 바울은 성령이 하나님의 말씀에서 가르쳐 주시는 것을 설교했다. 그리고 하나님이 그의 말씀을 사용하셔서 삶을 변화시키는 것을 지켜보았다. 바울은 골로새서 1:28에 말한다.

> 우리가 그를 전파하여 각 사람을 권하고 모든 지혜로 각 사람을 가르침은 각 사람을 그리스도 안에서 완전한 자로 세우려 함이니(골 1:28).

바울은 그리스도의 마음으로부터 오는 것을 말하고 있다는 확신을 가지고 설교했다.

하지만 놀라운 것은 성령의 조명 사역이 사도들에게만 한정되지 않는 것이다. 우리 모두가 설교 준비 과정에서 그리스도의 마음을 즐길 수 있다. 사실 바울은 안수 받은 자와 평신도 모두, 성령의 조명 사역을 즐기길 바란다. 그는 골로새에 보낸 그의 편지에서 이 바람을 특별히 명백하게 언급한다.

> 이로써 우리도 듣던 날부터 너희를 위하여 기도하기를 그치지 아니하고 구하노니 너희로 하여금 모든 신령한 지혜와 총명에 하나님의 뜻을 아는 것으로 채우게 하시고(골 1:9).

그리고 그의 사랑하는 사람들에게 권한다.

> 그리스도의 말씀이 너희 속에 풍성히 거하여 모든 지혜로 피차 가르치며 권면하고 시와 찬미와 신령한 노래를 부르며 마음에 감사함으로 하나님을 찬양하고(골 3:16).

성령의 조명 사역은 모든 믿는 사람들에게 유효하다. 당신에게도 유효하다. 그것을 이용하라.

7. 도움을 요청하라

성경을 이해하기 위해 당신이 사용하는 석의 도구가 오래전에 죽은 학자들의 먼지 덮인 책들뿐이라면 당신의 설교에서 곰팡이 냄새가 나는 것은 놀라운 일이 아니다. 당신의 플라스틱 노트북에 들어 있는 소프트웨어가 당신의 설교 준비를 지배한다면 당신의 설교는 위조된 것처럼 들릴 것이다. 우리 자신을 인간적인 석의로 제한할 때 우리는 부실한 설교를 선택하는 것이다.

  미국에 만연하고 있는 얕은 설교의 대부분은 육신의 힘으로 된 석의로부터라고 확신한다. 빈혈성 설교는 우리가 성령의 가르침을 거부할 때 생긴다. 제발 "홀로서기"를 시도하지 마라.

  성령은 영감으로 된 성경에 개인적으로 참여하셨을 뿐만 아니라 그는 계속해서 그의 자녀들이 그가 쓴 것을 이해하도록 개인적으로 도우신다. 그는 이전에 성경에 영감을 주셨고 오늘날 성경을 조명해 주신다. 당신이 설교할 책의 저자에게 무엇을 썼는지 이해하도록 도와달라고 여쭈는 것은 어떤가?

  당신의 석의적 아이디어를 강단으로 가져가려고 서둘지 말라. 먼저 골방으로 들어가서 성령이 말씀하시도록 초청하라. 그분의 말씀을 더 잘 이해할 수 있도록 간구하라. 그리고 성령이 당신에게 속삭이는 것을 경청하라.

  당신은 깊은 설교를 할 만큼 똑똑하지 않다. 누구도 그렇지 못하다. 우리는 성령의 도우심이 필요하다.

제 7 장

위대함을 붙잡아라!

1901년, 어느 아름다운 저녁에 짐 화이트Jim White라는 뉴멕시코의 한 카우보이는 지면에서 뭔가 수상한 것이 하늘로 올라가는 것을 보았다. 처음에는 그것이 연기라고 생각했지만 불이 안 보였다. 그것은 무엇이었나?

짐은 나중에 자세히 이야기했다. "방목지에서 보낸 생애 동안 초원의 많은 돌개바람을 보았으나 이것은 움직이지 않았다. 한 자리에 머물다가 돌면서 올라갔다. 30분 정도 지켜보고 있었는데 더 이상 호기심을 감출 수가 없었다. 그래서 나는 조사하기 시작했다."

짐 화이트가 발견한 것은 지면의 커다란 구멍이었고 셀 수 없이 많은 박쥐들이 밤하늘로 치솟는 것이었다. "나는…약 1시간 동안 박쥐들이 날아오는 것을 보았다. 수를 측정할 수 없지만 수억 마리는 될 것으로 짐작했다. 생각하고 생각한 끝에 그렇게 거대한 박쥐 군대를 수용하고 있는 땅속의 구멍은 고래만한 큰 동굴임에 틀림없다고 결론내렸다. 선인장 사이로 그 거대한 틈의 끝에 도달할 때까지 기어들어갔다. 그리고 아래로 내려다보았다. 그 장소를 알고 지낸 수년 동안 일부러 이렇게 한 적

은 한 번도 없었다. 끝이 보이지 않았다! 그것이 나에게 준 경외감은 절대로 잊지 못한다."[1]

큰 동굴의 입구를 들여다 보았을 때의 "경외감"은 그가 지하로 기어 내려갈 때 기하급수적으로 증가했다. 짐 화이드가 지면 아래서 본 것은 그의 인생의 진로를 바꿔 놓았다.

"나는 기본 연장과 경유램프를 가지고 동굴로 돌아왔다. 부근의 관목에서 나뭇가지를 잘라 동굴의 입구를 내려갈 줄사다리를 만들었다." 화이트는 줄사다리가 끝났을 때 램프를 켰다. 그리고 한 20피트 아래 오른쪽으로 꺾어지는 굴을 보았다. 벽을 붙잡으며 그는 거대한 공간으로 내려갔다.

"왼쪽에 있는 터널을 먼저 답사하면서 박쥐동굴을 찾았다. 큰 공간으로 되돌아와, 오른쪽의 터널로 향했고 신비의 나라를 보았다. 거대한 석순이 바닥에서 솟아나 있었고 다양한 색상의 종유석이 위로 매달려 있었으며 바닥에는 오닉스 보석으로 둘러싸이고 깨끗한 탄산수로 가득한 물웅덩이들이 반짝이고 있었다."

짐 화이트는 칼즈배드 동굴Carlsbad Caverns을 발견한 것이었다. 그는 동굴로 다시 또다시 찾아갔다. 길게는 30일씩 동굴 속에서 자주 보냈다. 시간이 지나서 그는 그 아름다움을 탐험하는 것에 자신의 인생을 바치기로 했다. 그 깊숙한 곳에서 보낸 세월은 짐을 동굴의 최고 권위자로 만들었다.

---

1 http://www.pbs.org/weekendexplorer/newmexico/carlsbad/carlsbad_white.htm (accessed 9/27/08)

하지만 그 카우보이는 그가 찾은 것을 자신만 알고 싶어하지 않았다. 지상 밑을 보면 볼수록 그는 다른 사람들에게도 보여주고 싶었다.

그가 만들고 설치한 사다리와 통로의 연속은 동굴을 더 접근 가능하게 만들었다. 그는 "양동이 엘리베이터"를 발명하여서 방문객들에게 지상 아래 펼쳐져 있는 신비의 세계로 충분히 접근할 수 있는 기회를 주었다. 그리고 돈이 없는 사람들은 무료로 안내했다. 짐은 자신 스스로를 주체할 수 없었다. 지상 아래서 발견한 아름다움을 사람들에게 보여주고 그들이 바라보는 장엄함을 감상할 수 있게 도와주고 싶은 감정은 어쩔 수 없었다.

깊은 설교자들은 짐 화이트가 칼즈배드 동굴을 대했던 것처럼 성경 본문을 대한다. 짐 화이트처럼 우리는 성경 본문의 표면에 누워 있는 것에 만족하지 않는다. 깊은 설교자는 그 속으로 기어 내려가서 그 숨 멎게 하는 아름다움을 개인적으로 탐구하는 시간을 갖는다. 다른 사람들의 탐험에 대한 책을 읽고 다큐멘터리를 보는 것으로 만족하지 않는다. 다른 사람들의 유익을 위해 하나님의 신비의 깊이를 개인적으로 접하기 위해 자신의 시간과 에너지를 소비한다.

깊은 설교자들은 하나님 말씀의 위대한 웅장함을 이해한다. 그리하여 다른 사람들이 하나님이 하신 일을 보고 입 벌리며 감탄하게 한다.

우리가 하나님 말씀의 풍성함으로 기어 내려가기 위해 필요한 도구들은 줄사다리도 등도 아니다. 우리의 탐험은 전통적인 영성수련의 사용을 요구한다. 골방 작업은 깊은 설교에 있어서 필수다.

1. 골방공포증

우리 중 대부분은 영적인 골방에 대한 깊은 개인적인 공포에 시달린다. "골방공포증"은 밀실공포증과 관련이 없다. 왜냐하면 골방 작업은 실제로 골방에 앉아 있는 것이 아니다! 골방공포증은 고요의 공포로부터 온다. 우리는 골방을 두려워한다. 왜냐하면 우리는 고독에 익숙하지 않기 때문이다.

버니 크라우제Bernie Krause는 생체 음향학자다. 동물, 천둥, 해변의 파도, 바람의 부는 잎사귀 등과 같은 자연의 소리를 녹음한다. 2007년도의 인터뷰에서 크라우제는 말했다.

> 30년간의 작업 중 30퍼센트는 멸종된 서식지의 것이다. 우리가 더 이상 녹음할 수 없는 서식지는 자연의 소리가 없어졌기 때문이다. 자연의 소리는 어떻게 되었는가? 소음 공해로 인해 파괴되었다. 우리 세상은 갈수록 더 시끄러워지고 있다. 자동차나 드릴 소리가 배경에 들리지 않는 울새의 노래만 녹음하려는 사람에게는 심각한 문제다. 1968년에 (배경 소음 때문에 오염되지 않은) 사용 가능한 자료를 녹음하는 데 14시간이나 15시간 걸렸다. 지금은 똑같은 양의 자료를 찾기 위해 일 년이 걸린다.[2]

버니 크라우제는 외진 장소로 여행하며 침묵의 소리를 찾기 위해 노력했지만 실패했다. 한 시간의 침묵을 수집하기 위하여 일 년이 걸린다면 당신과 내가 이번 주에 침묵과 마주칠 가능성이 있겠는가? 소음이 범람하고 있다. 우리는 잡음의 불협화음 속에 산다. 언제 우리가 아이팟iPod을 끄고 핸드폰의 배터리를 빼놓는가? 하나님이 우리 삶에 속삭일 기회가 있

---

[2] http://emusician.com/em_spotlight/bernie_krause_interview/ (2008년 9월 29일 접속)

으신가? 아니면 우리의 떠들썩한 삶이 그분을 몰아내는가?

침묵은 우리를 두렵게 하는 영적 골방의 유일한 측면이 아니다. 또한 우리를 강제로 집중하게 만드는 그것의 힘을 두려워한다. 영적 골방은 인생의 잡음을 차단할 뿐만 아니라 두서너 가지 일을 동시에 할 수 없는 유일한 곳이다. 골방은 우리를 오직 하나에 집중하도록 강요한다. 그리고 그것은 이상한 기분이다.

다중 작업은 21세기의 삶을 정의한다. 우리는 한 번에 하나씩 일하는 법을 모른다. 우리는 효율성을 중요하게 여기고 "시간을 두 배로 사용하는 것"을 가치 있게 여긴다. 밀린 전화 통화도 할 수 있는데 왜 그냥 운전만 하는가? 직원 회의에 아이폰을 가지고 가라. 회의 진행이 천천히 되면 당신은 받은 메일함에 쌓여가는 이메일을 회신할 수 있다. 비치백에 블랙베리폰을 넣어 놔라. 저녁에 TV를 틀어놓고 메모를 적어라.

> 일하는 부모들은 깨어 있는 시간의 4분의 1을 다중 작업에 사용한다. 휴대폰에 접붙여진 우리는 술 취한 사람처럼 운전한다. 우리는 죽어도 그 전화를 받는다. 연결되지 않는 일시정지 버튼 같은 느낌의 메신저는 다중 작업 소통 수단으로 완벽하다. 메신저 사용자의 반 이상이 메신저로 소통하는 동안 언제나 인터넷 검색, TV 시청, 전화 통화, 컴퓨터 게임을 동시에 한다고 말한다.[3]

우리는 항공 교통 관제사처럼 인생을 산다. 머리 위를 맴도는 백 가지의 일로 산만하게 분열되어 한 가지 작업에 좀처럼 집중하지 않는다. 고요와 집중에 대한 우리의 문화적 혐오감은 우리를 영적 골방에 들어가

---

3 M. Jackson, *Distracted: The Erosion of Attention and the Coming Dark Age* (Amherst, NY: Prometheus Books, 2008), 74.

지 못하게 한다.

　예수님이 고독의 장소를 찾아서 하나님께 집중하는 것을 우선시 하신 것을 보고 배우는 것이 우리에게 좋을 것이다. 예수님은 고요와 고독을 그분의 특별한 동반자로 만드셨다…그분의 빡빡한 가르침과 사역은 이러한 물러의 시간으로 거듭 중단되었다.[4]

　예수님은 광야에서 사역을 시작하셨다(마 4:1 11을 보라). 그분은 홀로 밤새 기도하신 후에 제자들을 선택하셨다(눅 6:12을 보라). 예수님은 세례 요한이 죽은 후 홀로 있으면서 위안을 찾으셨다(마 14:13을 보라). 그리고 십자가의 참상을 겟세마네에서 진지한 혼자만의 시간을 먼저 갖기 전에는 대면하지 않으셨다(마 26:36-46을 보라). 예수님은 생애 동안 하나님과의 진지한 "대면 시간"을 확실히 확보하셨다. 그리고 예수님은 제자들도 똑같이 그렇게 하도록 가르치셨다.

　깊은 설교자가 되기 위해서 당신은 문화적인 규범을 덜 따라가고 예수님을 더 닮아야 한다. 깊은 설교는 당신이 반문화적이 될 것을 요구한다. 그것은 당신의 영적 골방에서 기다리고 있는 고요와 집중을 받아들이도록 요구하고 있다.

　당신은 당신의 조용한 골방에 무엇을 가지고 들어갈 것인가? 당신을 복잡하고 어수선하게 하는 최신 기기들을 잊어라. 당신이 골방 작업을 위해 필요한 모든 것은 전통적인 영성수련들이다.

---

[4] D. Runcorn, *A Center of Quiet: Hearing God When Life is Noisy* (Downers Grove: IL: InterVarsity Press, 1990), 4.

2. 영성수련에 대한 이해

성경은 하나님의 백성이 규칙적으로 영성수련을 실행한다고 가정한다. 이것은 모든 그리스도인의 삶의 부분이 되어야 하는 개인적인 의식이지만 설교자의 삶에는 필수적인 부분이다. 당신의 회중이 영성수련을 실천하는 데 실패한다면 그들은 그들 자신의 영적 삶이 빈곤하게 된다. 그러나 당신이 실패한다면, 전 회중에게 해를 끼친다.

보다 현대적인 영성수련의 가치에 대한 토론이 계속되고 있지만, 기본 훈련의 가치는 의심할 여지가 없다. 묵상과 기도와 금식의 영성수련들은 그리스도인의 삶에서 확실한 자리를 차지한다. 어떤 이들이 수련의 목록은 확장할 수 있다고 주장하는 반면에 아무도 줄여야 한다고 제시하는 사람은 없다. 묵상, 기도, 그리고 금식은 그리스도인의 삶에서 기본적인 수련이다. 그것들을 당신의 삶에 접목해야 한다.

1) 묵상

성경 묵상은 석의가 아니다. 성경 본문의 문법이 무엇을 전달하는지를 이해하려고 하는 것이 아니다. 묵상은 석의가 끝난 후 시작된다.

묵상이라고 번역된 히브리 단어의 기본적인 의미는 "낮은 소리, 비둘기가 내는 구슬픈 소리의 특징(사 38:14; 59:11을 보라) 또는 사자가 먹이를 두고 으르렁거리는 소리(사 31:4을 보라)"이다.[5] 사자가 먹잇감을 앞에 놓고 으르렁거리듯이 묵상은 본문에 대해 으르렁거리는 것이다. 사자들은 성공적인 사냥 후, 그들의 희생물을 놓고 만족스럽게 으르렁거린다. 그들이

---

5 R. L. Harris, G. L. Archer, B. K. Waltke, *Theological Wordbook of the Old Testament*, electronic ed. (Chicago: Moody, 1980; repr. 1999, c1980), S. 205.

한 입 베어 먹을 때마다 그들은 스스로 자축하며 으르렁 소리를 낸다. 사자가 그의 사냥물의 맛을 음미할 때마다 사자는 "정글의 왕"이라는 자신의 위치에 대해 의기양양해 한다. 그리고 으르렁거리는 것은 식사를 하는 동안에, 혹은 때때로 며칠 동안 심지어 몇 주 동안 계속된다. 하나님은 사자가 그 먹이에 대고 으르렁대듯이 우리가 말씀을 묵상하길 원하신다.

묵상이 어떻게 되는 것인지 이해하기 위해 한 해병이 멀리 떨어진 해외부대에서 복무한다고 상상해보라. 그 해병이 외로움 때문에 그의 고등학교 때의 애인에게 편지를 쓰기로 작정했다고 가정해 보라. 그리고 그녀에게 청혼을 한다. 당신은 그가 그 편지를 작성하는 데 얼마의 시간이 걸렸다고 생각하는가? 20시간? 30시간? 그리고 그 시간 동안 그것을 몇 번이나 다시 썼을까? 아마도 12번? 하지만 펜을 놓을 때마다 그는 그가 쓴 것에 대해 또다시 집착한다. 그가 올바르게 표현했을까? 더 좋은 표현은 없을까? 그녀에게 어떻게 들릴까? 그 좋이 한 장에 만족하기 위해 일주일 내내 이 편지에 집착할 수도 있다. 그 해병이 편지를 쓸 때 한 것을 우리가 하나님의 편지를 읽을 때 해야 하는 것이다. 그 해병이 했던 집착이라고 하는 그것을 성경은 묵상이라고 부른다. 모든 가능한 각도로부터 생각하고 고려하는 것을 의미한다.

성경적인 묵상은 성경 본문의 의미를 깊이 파악한 후에 시간을 갖고 중얼거리는 것을 의미한다. 묵상은 하나님이 말씀하신 것과 함께 노력과 에너지를 갖고 시간을 보내는 것이다. 십대 청소년이 친구와 나가기 전에 집 청소를 해 놔야만 된다는 말을 들었을 때 중얼거리듯이 중얼거려야 한다. 그러한 "부담스러운" 일을 부모들이 맡겼을 때 십대 청소년들은 어떻게 하는가? 방금 들은 말에 대해 묵상한다. 진공청소기를 밀면서 진공청소기의 소음과 함께 숨죽이며 중얼거린다. 이게 얼마나 불공평한지를 일을 마치기까지 내내 숨죽이며 중얼거린다.

> 다른 사람들의 부모님은 우리 부모님만큼 짓궂지 않을 거야.
> 지난 주말에 청소했는데!
> 남동생한테는 나보다 쉬운 일을 시키고.
> 친구들이 날 기다려줄까?
> 양탄자는 청소 안 해도 되는데. 깨끗해 보이잖아!

성경적 묵상은 성경의 한 진리를 모든 가능한 각도로 관찰하는 시간을 갖는 것이다. 그래서 본문의 영향을 고려하고, 생각하고, 검토하고, 느끼고, 본문의 감정에 참여하는 것이다.

하나님이 에스겔을 이스라엘을 섬기기 위해 보내셨을 때 그에게 말씀의 두루마리를 건네셨다. 하지만 하나님이 그분의 선지자에게 주신 명령은 내가 읽어 본 신학교 강의계획서와 전혀 달랐다. 하나님은 그에게 두루마리를 석의하거나 외우거나 그것의 글귀를 다른 고대 두루마리와 비교·대조하라고 하지 않으셨다. 대신 이렇게 말씀하셨다.

> 그가 또 내게 이르시되 인자야 너는 받는 것을 먹으라 너는 이 두루마리를 먹고 가서 이스라엘 족속에게 고하라 하시기로 내가 입을 벌리니 그가 그 두루마리를 내게 먹이시며 내게 이르시되 인자야 내가 네게 주는 이 두루마리로 네 배에 넣으며 네 창자에 채우라 하시기에 내가 먹으니 그것이 내 입에서 달기가 꿀 같더라(겔 3:1-3).

성경 묵상은 본문의 학문적인 이해 이상이다. 묵상은 우리가 본문을 내면화하는 것이다. 우리는 말씀을 섭취한다. 말씀이 우리의 일부분이 되도록 한다. 묵상은 먼 객관성 이상이다. 묵상할 때 우리는 그 석의의 배양접시에서 진리를 꺼내 우리의 혀 위에 올리는 것이다.

우리가 묵상할 때 아이가 집에서 만든 막대 아이스크림을 먹듯이 성경의 진리를 다룬다. 내가 어렸을 때 어머니께서 터퍼웨어Tupperware 얼음 틀에 주스를 부어 얼려서 막대 아이스크림을 만드셨다. 우리는 시간을 가지고 "막대기가 꽂힌 얼린 주스"가 냉동실에서 나오기를 눈 빠지게 기다렸다. 얼마 후 우리는 그것을 여유롭게 즐기며 먹었다. 우린 그냥 씹어 먹지 않았다. 빨아 먹었다. 막대 아이스크림 끝부분은 최대한 빨았다. 색상과 맛이 하나도 안 남을 때까지 빨았다. 플라스틱 막대에 얼음기둥 밖에 안 남을 때까지 빨았다. 어머니가 만드신 모든 맛의 입자를 추출해 내기 위해 필요한 시간과 에너지를 투자했다.

하나님은 우리가 그의 말씀을 그렇게 하기 원하신다. 그분이 넣은 모든 것을 추출하도록 빨아 먹기 원하신다. 말씀의 진리를 우리의 혀로 말아서 본문이 포함하는 모든 것을 온전히 경험하기 원하신다. 이것이 시편 1편에서 시편 기자가 하는 말이다.

> 복 있는 사람은 악인의 꾀를 좇지 아니하며 죄인의 길에 서지 아니하며 오만한 자의 자리에 앉지 아니하고 오직 여호와의 율법을 즐거워하여 그 율법을 주야로 묵상하는 자로다 저는 시냇가에 심은 나무가 시절을 좇아 과실을 맺으며 그 잎사귀가 마르지 아니함 같으니 그 행사가 다 형통하리로다(시 1:1-3).

"여호와의 율법은 즐거워"하는 자가 행복한 사람이다. 성경 읽는 것이 그에게는 의무가 아니다. 그가 성경의 한 단락을 석의하는 것은 부담이 아니다. 그것은 기쁨이고 즐거움이다. 얼마나 즐거운지 그것을 "주야로"

묵상한다. 행복한 사람은 그가 발견한 것에 대한 생각을 주체할 수 없다. 일하러 가는 운전 길에도 그것에 대해 중얼거린다. 점심을 먹을 때도 그것을 생각한다. 여름의 폭염 중에 빙과류를 먹듯이 그것을 빨아먹는다.

> 이것이 내가 일하는 방식에 대해 무슨 의미가 있나?
> 내 투자를 바꿔야 하나?
> 하나님이 왜 이런 말씀을 하실까?
> 이 진리에 순종하는 것이 나에게 최선인가?

나중에 나오는 장에서 묵상할 때 도움이 되는 여러 질문들을 제공할 것이다. 하지만 당장은 하나님이 우리에게 묵상하라고 부탁하실 때 무엇을 원하시는지 깨달아야겠다. 하나님은 우리가 하나님의 말씀을 되새기며 가능한 모든 각도에서 살피길 부탁하신다.

하나님은 개인적으로 여호수아에게 성경 묵상의 중요성을 강조하셨다. 모세의 죽음 이후에 하나님은 이스라엘의 새로운 지도자에게 찾아오셔서 그가 새로운 역할을 감당하는 데 도움을 줄 것을 약속하셨다. 여호수아는 하나님이 하신 말씀에 정말 위로를 받았을 것이다.

> 너의 평생에 너를 능히 당할 자 없으리니 내가 모세와 함께 있던 것같이 너와 함께 있을 것임이라 내가 너를 떠나지 아니하며 버리지 아니하리니(수 1:5).

하지만 동시에 하나님은 여호수아에게 하나님과의 새로운 관계에서 여호수아가 맡아야 할 부분을 말씀하셨다. 여호수아의 책임은 성경을 묵상하는 것이었다.

> 오직 너는 마음을 강하게 하고 극히 담대히 하여 나의 종 모세가 네게 명한 율법을 다 지켜 행하고 좌로나 우로나 치우치지 말라 그리하면 어디로 가든지 형통하리니 이 율법 책을 네 입에서 떠나지 말게 하며 주야로 그것을 묵상하여 그 가운데 기록한대로 다 지켜 행하라 그리하면 네 길이 평탄하게 될 것이라 네가 형통하리라(수 1:7-8).

묵상은 정의상 확장된 과정이라는 것을 다시 한 번 주목하라. 우리가 배워온 일반적인 "큐티" 방법은 성경이 말하는 묵상에 근접하지 못한다. 묵상은 하나님과 함께하는 "7분" 안에 이루어질 수 없다. 그 7분은 훌륭하고 유익할 수 있다. 그러나 그것은 묵상을 포함하지 않는다. 묵상은 고독으로 시작한다. 그러나 그것은 거기서 멈추지 않는다. 우리가 인생길을 지나갈 때 영적 골방을 함께 짊어지고 간다. 묵상은 성경을 하루 종일 성찰할 때 일어난다. 우리는 그것에 관해서 생각하는 것을 결코 멈추지 말아야 한다.

성경을 묵상하는 사람들은 커다란 추수를 거둘 것이다. 묵상은 묵상을 실행하는 사람에게 두 가지 보상을 준다. 지적 그리고 도덕적 보상이다.

지적으로는 당신에게 성경 본문에 대한 더 깊고 우월한 이해력을 준다. 시편 기자는 다음을 말한다.

> 내가 주의 법을 어찌 그리 사랑하는지요 내가 그것을 종일 묵상하나이다 주의 계명이 항상 나와 함께 하므로 그것이 나로 원수보다 지혜롭게 하나이다 내가 주의 증거를 묵상하므로 나의 명철함이 나의 모든 스승보다 승하며(시 119:97-99).

시편 기자에 의하면, 성경을 이해할 수 있는 최고의 방법은 가능한 모든 각도로 고려하고, 그것에 대해 숙고하고, 그것의 계명이 부화할 때까지 품는 것이다. 그렇게 하면 당신의 성경적 통찰력은 교사들의 혀 위에 또는 학교 도서관 책장 위에 있는 것들을 초월할 것이다.

당신이 책장에 있는 주석이나 하드 드라이브로 빨리 달려갈 때 이것을 고려하라. 묵상을 건너뛰면 성령이 당신에게 주고 싶어 하는 깊은 통찰력을 놓친다. 묵상은 당신의 지적 능력을 더욱 향상시킨다.

묵상은 또한 도덕적인 변화를 가져온다. 우리가 중얼중얼하는 성경은 우리의 삶에 씻을 수 없는 흔적을 남긴다. 시편 기자가 시편 119:100-102에 묵상에 대해서 계속 언급할 때, 그의 언급은 머리로부터 발로 옮겨간다. 성경 이해력이 커질수록 신앙심은 그에 상응하는 성숙을 누린다.

> 청년이 무엇으로 그 행실을 깨끗케 하리이까 주의 말씀을 따라 삼갈 것이니이다 내가 전심으로 주를 찾았사오니 주의 계명에서 떠나지 말게 하소서 내가 주께 범죄치 아니하려 하여 주의 말씀을 내 마음에 두었나이다(시 119:9-11).

우리가 묵상 시간을 더 가질수록 진리는 우리의 삶 속에 더 깊이 들어온다. 염색이 원목에 작용하듯이 묵상은 우리 영혼에 작용한다. 당신이 목공인이라면 염색에도 선택의 여지가 있다는 것을 안다. 완성되지 않은 가구 한 조각에 염료를 퍼부은 뒤 바로 닦아 낼 수 있다. 이렇게 하면 염색의 영향은 약하다. 오래 남아 있지 않는 염료는 나무 색깔에 큰 변화를 남기지 않는다. 하지만 만약에 당신이 염료를 가지고 수 시간을 나무 깊이 들어가도록 천으로 문지른다면 그 효과는 완전히 달라진다. 많은 시간을 투자하고 "힘든 노동"을 하면, 염료가 겉에만 묻어있지 않는다. 염료는 나뭇결 깊숙이 스며들어 간다.

당신이 성경을 묵상한다는 것은 당신의 영혼에 진리를 더욱 더 깊이 스며들게 한다는 의미다. 그러면 당신 삶의 색은 깊어진다. 당신은 구세주의 빛깔을 닮아 간다. 더욱 거룩하게 된다. 그리고 그 결과는 지속적이다.

묵상이라는 영성수련이 부담스럽거나 즐겁지 않은 과제라고 생각하는 실수를 제발 하지 말라. 그것은 사실과 전혀 거리가 멀다. 성경 묵상은 더 많은 이해력으로 연결되고, 그것은 더 큰 순종으로 그리고 인생의 더 큰 성공으로 연결된다. 시편 기자는 다음과 같이 선포한다.

> 여호와를 경외하는 도는 정결하여 영원까지 이르고 여호와의 규례는 확실하여 다 의로우니 금 곧 많은 정금보다 더 사모할 것이며 꿀과 송이꿀보다 더 달도다(시 19:9b-10).

시편 기자는 에스겔이 발견한 것을 그의 묵상 시간에 발견한다. 바로 "성경은 맛있다!"라는 것이다. 하나님의 아이디어를 먹을 수 있다는 것은 특별하다. 왜냐하면 확신을 가지고 먹을 수 있기 때문이다. 하나님은 우리가 필요한 것을 정확히 주실 뿐만 아니라 하나님의 아이디어는 당신을 절대로 해치지 않는다. 오히려 반대로 당신이 상상하지 못할 정도로 당신의 삶을 풍요롭게 할 것이다. 그것을 지키면 큰 보상이 따른다! 시편 1편의 저자도 동의한다. "(묵상하는) 그가 하는 모든 일이 형통할 것이다"(시 1:3).

성경 묵상은 소가 새김질하는 것에 비유된다. 그리고 그 비유는 잘 맞다! 켄터키대학의 확대 유제품 영양학자인 도나 M. 아마랄-필립스Donna M. Amaral-Phillips는 젖소가 새김질을 할 때, 먼저 먹었던 음식을 역류시켜서 다시 씹어서 또다시 삼킨다고 한다. 표현이 약간 밥맛을 없게 할 수도 있겠지만, 소들은 그들이 먹은 음식으로부터 모든 영양분을 거두기 위해 열심히 일한다. 얼마나 열심히? 젖소들은 하루에 거의 8시간 동안 새김질 하면서 매일 거의 30,000번을 씹는다."⁶ 그건 정말 많이 씹는 것이다!

나는 식사를 한 번씩만 하는 것을 좋아하지만, 성경에 있어서는 우리의 네 다리 친구들로부터 한두 가지를 배울 수 있다. 너무도 자주 우리는 성경의 진리를 패스트푸드 가게의 99센트 햄버거처럼 빨리 삼켜버린다. 우리가 속도를 늦춰서 석의한 진리를 씹으면 우리가—그리고 우리의 회중도—얼마나 나아질까? 우리가 설교할 진리에 관해서 진지한 생각을 할 때이다. 설교 준비 과정에 묵상을 다시 도입할 때이다.

우리는 묵상에 얼마의 시간을 사용해야 하는가? 그건 상황에 따라 다르다. 내 아내는 고기가 특별히 질기다고 생각되면, 고기를 더 오랫동안 재워둔다. 그녀의 원칙은 고기가 질길수록 양념에 더 오래 재워둬야 한다는 것이다. 똑같은 원칙이 묵상에 적용된다. 본문이 당신이 이해하고 느끼기에 어려울수록 더 많은 시간을 확보해야 한다.

그러나 시편 1:2과 여호수아 1:8, 두 군데 모두에서 "낮과 밤"으로 묵상하는 것에 대해 이야기하는 것을 주목할 필요가 있다. 이 본문들은 우리의 일과표에 단순히 묵상의 시간을 정해 놓는 것을 언급하는 것이 아니다. 그것은 좋은 생각이지만, 이 본문들의 가르침을 완전히 설명하지 못한다. 시편 1편과 여호수아 1장에서 우리가 묵상의 정신으로 우리의 삶을 살 것을 권한다. 석의가 끝나면 그 성경 진리를 마치 막대 사탕처럼 빨아먹어야 한다. 당신의 혀에서 하루 종일 맴돌게 하면서 맛을 즐기라. 그것을 숙고하라. 중얼거려라. 씹으라. 그리고 이것은 이동 중에, 잔디를 깎을 때 또는 설거지를 할 때 할 수 있다.

당신의 나날을 진리를 묵상하는 데 보내라.

---

6 D. M. Amaral-Phillips, Extension Dairy Nutritionist, University of Kentucky http://www.uky.edu/Ag/Animal Sciences/dairy/extension/nut00014.pdf (accessed 9/29/08)

이것이 모세가 이스라엘에게 하라고 말해 준 것이었다.

> 이러므로 너희는 나의 이 말을 너희 마음과 뜻에 두고 또 그것으로 너희 손목에 매어 기호를 삼고 너희 미간에 붙여 표를 삼으며(신 11:18).

그날을 위한 성경 한 장을 읽기만 하고 나머지 하루를 보내지 말라. 당신이 읽은 것을 하루종일 당신 앞에 두라.

묵상은 그 모든 노력의 가치가 있는가? 묵상 훈련의 지름길로 돌아가기 전에 존경받는 청교도인 윌리엄 베이츠William Bates의 말을 경청하는 것이 더 지혜로울 것이다.

> 만약에 나에게 능력을 발전시키고, 법령을 풍성케 하고, 은혜를 증가시키고, 위로를 크게 하고, 거룩을 만들어내고, 이러한 것들을 위한 최고의 수단과 방법이 무엇이라고 생각하는지 묻는다면, 나의 대답은 묵상, 묵상, 묵상이다.[7]

우리 영혼을 위해서, 그리고 우리의 설교를 듣기 위해 오는 사람들을 위해서, 우리가 설교할 성경 본문을 묵상하는 것이 지혜로울 것이다.

2) 기도

설교자에게 기도에 관해서 글을 쓰는 것은 은행원에게 돈에 관해서 말하는 것과 같다. 우리는 직업상 기도를 매일같이 다루기 때문에 우리가

---

[7] W. Bates, *A Discourse of Divine Meditation*, in *The Works of the Late Reverend and Learned William Bates* (London: For B. Alymer and J. Robinson, 1700; Ann Arbor: University Microfilms, 1981, microfilm), 893
G. K. Daniel, "The Puritan Ladder of Meditation" (unpublished M.A. diss: Trinity Evangelical Divinity School, 1993), 34.

기도를 마스터했다고 생각한다.

우리는 강대상에서 기도한다. 우리는 성도들에게 점심대접을 할 때 기도한다. 우리는 병원 심방할 때 기도한다. 수년 동안 우리는 "기도의 필요," "기도의 능력," 그리고 "기도하는 법"에 관한 많은 설교를 했다. 야고보서 5:16인 "의인의 간구는 역사하는 힘이 많으니라"를 얼마나 많이 인용했는지 우리 귀에 상투어구처럼 맴돈다. 우리는 엘리야의 갈멜산 기도에 대해 큰 열정을 가지고 설교해 보았다. 성도들은 우리를 기도 전문가라고 생각한다. 때때로 우리는 이 견해에 동의한다. 그러나 우리는 기도하는가? 당신은 기도하는가?

당신에게 기도를 하는지 안 하는지 묻는 게 아니다. 나는 당신의 경건의 삶의 "정밀 검사" 이상을 요구하는 것이다. 나는 기도가 당신 삶의 특징적인 요소인지 묻는 것이다.

우리는 예수님의 삶이 기도의 삶이었고, 기도는 초대 교회의 특징이었다는 것을 복음서를 통해 안다. 하지만 우리가 못 보고 넘어간 것은 신약에서 기도는 특별한 시간과 장소에 제한되지 않았다는 것이다. 기도를 위한 특별한 장소들과 시간들이 있었다 해도 기도는 그 장소와 시간에 고립되지 않았다. 그리스도인의 기도는 시간과 공간의 경계선을 허문다. 신약의 교회들은 끊임없이 기도했다. 우리도 그래야 한다.

신약의 저자들이 그리스도인의 기도의 지속적인 본질을 표현할 때 가장 흔히 사용되는 단어는 프로스카테로proskartero다. 이 단어는 1세기 일상 언어에서 자주 사용하였다.

키텔Kittel의 『신약신학사전』*Theological Dictionary of the New Testament*에 의하면 기본적인 의미는 "곁에 있는", "인내하는", "함께하는"이다.

① 사람과 관련 되었을 때는 "그 누구에게 충성하다"라는 의미다.
② 사물과 관련 되었을 때는 "자신을 그 일에 열심히 종사하다", "지속적인 관심을 보이다"라는 의미다.[8]

로마서 13:6에서 프로스카테로_proskartero_는 우리가 왜 나라에 세금을 바쳐야 하는지를 설명하기 위해 사도 바울에 의해 사용되었다. 바울에 의하면 우리가 세금을 내야 하는 이유는 이것이다.

> 너희가 공세를 바치는 것도 이를 인함이라 저희가 하나님의 일꾼이 되어 바로 이 일에 항상 힘쓰느니라(롬 13:6).

바울의 주장은 우리가 공무원들에게 임금을 지불해야 하는 이유는 그들이 다른 방법으로는 돈을 벌 시간이 없기 때문이다. 그들은 나라의 공무를 위하여 전적으로 그리고 지속적으로 고용되었다.

프로스카테로라는 단어를 마가복음 3:9에서 예수님이 사용하신다. "예수께서 무리의 에워싸 미는 것을 면키 위하여 작은 배를 등대하도록 제자들에게 명하셨으니". 예수님은 왜 배를 요청하셨을까? 주석학자들 가운데 일치된 의견은 무리의 위협 때문에 "단순히 육신을 잠시 피하려는 방법"[9]이라는 것이다. 배는 예수님이 군중들로부터 습격당할 경우 탈출할 수단이었다. 그 배는 은행도둑의 도주 차의 용도와 같았다. 마가복음 3:9에 보면 예수님은 제자들에게 배를 항상 대기해 놓으라고 하셨다. 예수님의 명령은 예수님이 설교하실 동안 제자들은 적색경보 상태로 있

---

8 G. Kittel, G. W. Bromiley, G. Friedrich, *Theological Dictionary of the New Testament*, electronic ed. (Grand Rapids: Eerdmans, 1964-c1976), S. 3:618.

9 R. T. France, *The Gospel of Mark: A Commentary on the Greek Text* New International Greek Testament Commentary (Grand Rapids/Carlisle: Eerdmans/Paternoster, 2002), 154.

어야 한다는 것을 의미했다.

우리는 이렇게 기도해야 한다. 풀타임 동안, 지속적으로, 끊임없이, 쉬지 말고 기도해야 한다. 프로스카테로는 신약에서 대부분 기도의 문맥에서 10번 사용되었다.

사도행전 1:14 "여자들과 예수의 모친 마리아와 예수의 아우들로 더불어 마음을 같이하여 전혀(proskarterō) 기도에 힘쓰니라"에서 쓰였다.[10] 여기서 프로스카테로는 기도와 함께 언급되었다. 누가가 이 사람들의 기도 생활을 강조하는 것은 분명하다. 이 사람들은 그냥 경건의 시간을 갖는 것이 아니라 지속적인 기도에 자신을 드렸다. 그리고 이것은 일시적인 상황이 아니었다.

사도행전 2:42에서도 이 단어를 읽을 수 있다. "저희가 사도의 가르침을 받아 서로 교제하며 떡을 떼며 기도하기를 전혀(proskarterō) 힘쓰니라"[11] 여기서 누가는 그들의 행동의 지속적인 본성을 강조한다. 우리가 그토록 높이 존경하는 성령강림절 이후의 교회는 기도를 매우 진지하게 생각했다. 이 사람들은 그냥 "교회 가는 것"으로 만족하지 않았다. 그들은 인생을 살면서 교회와 동고동락했다.

이런 지속적인 기도가 초대 교회의 일시적인 행동이었을 것이라고 생각할까봐─현대 십대 청소년이 사랑에 빠졌을 때 일시적으로 수없이 많은 핸드폰 통화와 문자 메시지를 끊임없이 하는 것처럼─사도 바울은 기도의 강조를 서술적인 것에서 규범적인 것으로 옮겨간다.

로마서 12:11-12에 바울은 그의 독자들에게 말한다. "부지런하여 게으르지 말고 열심을 품고 주를 섬기라 소망 중에 즐거워하며 환난 중에 참

---

10 괄호 안은 헬라어 음역
11 괄호 안은 헬라어 음역

으며 기도에 항상(proskarterō) 힘쓰며"¹²라고 하고, 골로새서 4:2에서는 "기도를 항상(proskarterō) 힘쓰고 기도에 감사함으로 깨어 있으라"¹³라고 가르친다. 바울은 기도를 우선순위로 둘 것을 강조하고 있다. 이것은 기도에 특별한 초점을 두는 것이 얼마나 중요한지 두 배로 강조하는 것이다. 그는 지속적이고 계속되는 기도를 요구한다.

바울은 회중의 기도생활에 그토록 높은 기내를 둘 때 미치는 영향을 잘 알고 있었다. 왜냐하면 그는 설교한 대로 실천했기 때문이다. 우리에게 받아들이라고 한 그 기도생활을 그가 살고 있었다.

에베소서에 바울은 이렇게 기록했다.

> 이를 인하여 주 예수 안에서 너희 믿음과 모든 성도를 향한 사랑을 나도 듣고 너희를 인하여 감사하기를 **마지 아니하고** 내가 기도할 때에 너희를 말하노라 우리 주 예수 그리스도의 하나님, 영광의 아버지께서 지혜와 계시의 정신을 너희에게 주사 하나님을 알게 하시고 너희 마음 눈을 밝히사 그의 부르심의 소망이 무엇이며 성도 안에서 그 기업의 영광의 풍성이 무엇이며 그의 힘의 강력으로 역사하심을 따라 믿는 우리에게 베푸신 능력의 지극히 크심이 어떤 것을 너희로 알게 하시기를 구하노라(엡 1:15-19).¹⁴

고속도차단기HSCB안에 "정지"라고 번역된 단어는 "끝에 도달하다, 휴식을 취하다, 자진해서 중단하는"이다.¹⁵ 바울 자신의 말에 의하면 그는 결코 에베소에 있는 그의 친구들을 위해 기도하는 것을 한시도 멈추지 않았다. 그는 계속해서 하늘에 계신 아버지 앞에서 그들을 기억한다. 바

---

12 괄호 안은 헬라어 음역
13 괄호 안은 헬라어 음역
14 굵은 글씨는 저자의 강조
15 S. Zonhiates, *The Complete Word Study Dictionary: New Testament*, electronic ed. (Chattanooga: AMG Publishers, 2000, c1992, c1993), S. G3973

울의 에베소교회를 향한 골방에서의 고백은 예외적인 일인가? 그의 일반적인 습관으로부터의 변칙인가? 나는 그렇게 생각하지 않는다.

다음 골로새서 구절도 똑같은 정서를 불러일으킨다.

> 이로써 우리도 듣던 날부터 너희를 위하여 **기도하기를 그치지 아니하고** 구하노니 너희로 하여금 모든 신령한 지혜와 총명에 하나님의 뜻을 아는 것으로 채우게 하시고 주께 합당히 행하여 범사에 기쁘시게 하고 모든 선한 일에 열매를 맺게 하시며 하나님을 아는 것에 자라게 하시고(골 1:9-10).[16]

바울은 단지 하루만 기도하지 않았다. 그는 하루가 끝날 때까지 기도했다. 그는 자신이 사랑하는 하나님과 지속적인 기도의 접촉을 하며 살았다. 그는 우리가 우리의 절친에게 메시지를 자주 보내듯이 하나님과 대화했다. 그리고 바울은 우리에게 그의 모범적인 기도생활을 따라 하길 부탁한다.

바울은 서신서에서 끝없는 기도를 우리가 습관으로 실천해야 한다고 분명히 말한다.

> 모든 기도와 간구로 하되 무시로 성령 안에서 기도하고 이를 위하여 깨어 구하기를 **항상 힘쓰며** 여러 성도를 위하여 구하고(엡 6:18)[17]

> 아무것도 염려하지 말고 오직 **모든 일에 기도와 간구로, 너희 구할 것을 감사함으로 하나님께 아뢰라** 그리하면 모든 지각에 뛰어난 하나님의 평강이 그리스도 예수 안에서 너희 마음과 생각을 지키시리라(빌 4:6-7)[18]

---

16 굵은 글씨는 저자의 강조
17 굵은 글씨는 저자의 강조
18 굵은 글씨는 저자의 강조

> 항상 기뻐하라 **쉬지 말고 기도하라** 범사에 감사하라 이는 그리스도 예수 안에서 너희를 향하신 하나님의 뜻이니라 (살전 5:16-18)[19]

바울은 우리의 아마추어 기도 생활을 그만두라고 한다. 그는 "마이너 리그"의 태도를 넘어서 기도를 필수적인 수련으로 다루기를 원한다. 테니스나 조깅에 관해서는 "주말족"이 될 수 있지만 기도는 그렇지 않다. 바울은 우리에게 기도를 명목상 스케줄 이상으로 여길 것을 말한다. 그는 기도를 우리 삶의 분위기 그 자체로 만들기를 원한다. 기도 안에 거하고, 숨 쉬는 것 같이 자연스럽고 힘들이지 않는 기도를 하기를 바란다. 기도는 우리가 하는 모든 것의 일부인, 우리의 영적 삶의 자동적인 요소가 되어야 한다. 멈추면 죽을 만큼 필수적이어야 한다.

바울은 기도가 수요일 밤 기도모임의 경계선을 허물기 원한다. 로렌스 형제처럼 그는 우리에게 "그리스도의 임재를 실천하라"고 요구한다. 그는 우리가 기도의 자세로 삶을 살기 원한다.

바울은 기도에 관한 이러한 급진적인 자세를 어디서 배웠는가? 나는 그가 예수님을 본받았다고 생각한다. 누가복음 18장에서 예수님은 끈질긴 과부의 비유를 말씀하시며 우리에게 끈질긴 기도를 하도록 격려하셨다. 예수님은 멈추지 말라고 말씀하셨다. 계속하라! 기도에 머물라. 기도를 끈질기게 하라.

예수님이 분노하신 드문 경우 중 하나가 하나님의 백성이 기도에 대해 낮은 관점을 보였을 때였다. 누가는 예수님의 승리의 입성 후 그분이 하셨던 일을 말한다.

> 성전에 들어가사 장사하는 자들을 내어 쫓으시며 저희에게 이르시되

---

19 굵은 글씨는 저자의 강조

기록된 바 내 집은 기도하는 집이 되리라 하였거늘 너희는 강도의 굴혈을 만들었도다 하시니라(눅 19:45-46).

사람들이 바쁜 생활 때문에 기도를 희생하면 예수님은 화를 내신다. 그분은 우리가 기도를 진지하게 대하기를 원하신다. 그리고 예수님이 하신 것처럼 기도를 지속적으로 실행하기를 원하신다. 바울이 말한 것을 우리가 이해할 뿐만 아니라 바울이 행한 것을 우리가 행하길 원하신다.

하나님의 지속적인 기도로의 부르심은 그분의 모든 자녀에게 적용된다. 하지만 설교자에게 있어서 기도의 환경에 사는 것은 특히 중요하다. 왜? 초대 교회의 설교에서 기도의 역할을 생각하라.

3) 설교자의 기도하는 삶

사도행전의 첫 장들을 통해 교회 역사상 가장 흥미진진한 시대를 엿볼 수 있다. 이 장들에서 우리는 사도들이 위대한 능력과 어마어마한 반응을 누리며 목회하는 것을 목격한다. 교회는 기하급수적으로 성장하고 있었다. 불신자들은 회개하고 예수 그리스도를 믿는 사람들은 수천이나 되었고 신자들은 그리스도 안에서 크게 성숙하고 있었다. 왜? 이 가속적인 영적 성장의 주된 원인은 사도들의 능력 있는 설교였다.

당신은 사도행전에 기록되어 있는 베드로의 비할 데 없는 오순절 설교에 아마 익숙할 것이다. 이 설교는 신약 교회의 탄생에 있어서 부인할 수 없는 중요한 역할을 했다. 그날 반응한 3,000명이 인상 깊은 것은 마땅하지만, 그 초기에 베드로의 오순절 설교만이 선포되었던 것이 아니라는 것을 잊지 말아야 한다.

사도행전 2:42에 초기 신자들이 "저희가 사도의 가르침을 받아 서로 교제하며 떡을 떼며 기도하기를 전혀 힘쓰니라"라고 되어 있다. 명백히 설교는 정기적으로 진행되고 있었다. 이 교회는 좋은 설교를 꾸준히 섭취했다.

사도행전 3장에서 베드로가 솔로몬의 행각에서 전한 설교가 얼마나 영향력이 있었는지 종교적 지도자들을 두렵게까지 했다는 것을 읽을 수 있다. 사도행전 4장을 보면, 그들이 베드로의 말의 능력을 얼마나 두려워했는지 그의 영향력을 제한하는 방법은 그와 요한을 감옥에 넣는 것뿐이라고 생각했다.

> 사도들이 백성에게 말할 때에 제사장들과 성전 맡은 자와 사두개인들이 이르러 백성을 가르침과 예수를 들어 죽은 자 가운데서 부활하는 도 전함을 싫어하여 저희를 잡으매 날이 이미 저문 고로 이튿날까지 가두었으나 말씀을 들은 사람 중에 믿는 자가 많으니 남자의 수가 약 오천이나 되었더라(행 4:1-4).

이것은 능력 있는 설교다. 권위 있는 자들이 당신의 설교를 두려했던 때가 언제였는가? 하나님이 우리의 말을 사용하셔서 우리 지역사회를 변화시킨지가 얼마나 되었는가? 능력 있는 설교는 사도들이 설교할 때, 흔했던 것으로 보인다.

사도행전 4장에서 종교지도자들이 계획한 체포전략은 역효과를 가져왔다는 것을 알게 된다. 바로 다음날 베드로는 또 다른 설교를 하기 위해서 그의 법정 권한을 사용했다. 이 설교에서 베드로는 "성령으로 충만하여"(행 4:8) 선포했다. "다른 이로서는 구원을 얻을 수 없나니 천하 인간에 구원을 얻을 만한 다른 이름을 우리에게 주신 일이 없음이니라 하였더라"(행 4:12). 그리고 사람들은 대단히 놀랐다.

날이면 날마다 사도들은 "홈런" 설교를 했다. 그들의 설교는 정말 능력 있었기 때문에 성경에 기록될만 했다.

이 능력 있는 설교의 비밀은 무엇인가? 답의 일부는 기도이다. 감옥에서 풀려나와 베드로와 요한은 신자들과 다시 만나서 기도모임을 가졌다. "빌기를 다하매 모인 곳이 진동하더니 무리가 다 성령이 충만하여 담대히 하나님의 말씀을 전하니라"(행 4:31). "사도들이 큰 권능으로 주 예수의 부활을 증거하니 무리가 큰 은혜를 얻어"(행 4:33).

설교에 있어서 기도의 영향력을 과소평가하는 것은 실수다. 존 파이퍼 John Piper의 주장은 옳다.

> 하나님은 그의 명성이 전해지는 것을 그의 말씀의 설교에 달려있게 만드셨고, 그의 말씀의 설교는 성자들의 기도에 달려 있게 만드셨다… 말씀의 승리는 기도 없이 오지 않는다.[20]

그러나 기도만으로는 왜 사도들의 설교가 그렇게 효과적이었는지 충분히 설명하지 못한다. 내가 아는 최고의 기도 전사들 몇몇은 설교는커녕, 성경공부조차도 인도할 수 없다. 그럼 왜 사도들의 설교가 그렇게 깊은가? 그들의 비밀이 무엇이었는가? 그것이 단지 "초보자의 행운"일 수는 없었다.

사도행전 5장 후반부와 사도행전 6장 초반부 사이에 오순절 이후로 시간이 좀 흘렀다. 사도들은 혹독한 설교 목회를 유지하고 있었다.

> 저희가 날마다 성전에 있든지 집에 있든지 예수는 그리스도라 가르치기와 전도하기를 쉬지 아니하니라(행 5:42).

---

20 J. Piper, *The Pleasures of God* (Portland: Multnomah, 1991), 225

계속해서 능력과 효과가 나타났다.

> 그 때에 제자가 더 많아졌는데 헬라파 유대인들이 자기의 과부들이 그 매일 구제에 빠지므로 히브리파 사람을 원망한대(행 6:1).

이 시점에서 사도들은 목회의 피로에 부딪혔을 것이다. 이때쯤 예수님의 설교를 들으면서 "통에 넣어둔" 설교들이 동이 났을 것이다. 이제는 그들만 남았다. 그리고 어느 담임목사가 말해주듯이, "A"급 설교를 매주 하는 것은 정말로 어렵다. 당신이 단지 6주마다 설교한다면 당신은 어느 정도 괜찮은 설교를 할 수 있을 것이다. 그러나 어떻게 매주 "홈런"을 칠 수 있는가? 사도들은 어떻게 이것을 했는가? 그들은 어떻게 정기적이고도 능력있는 설교를 했는가?

그것은 비밀이 아니다. 사도들은 그들의 설교 뒤에 있는 작업을 사도행전에서 공개적으로 알렸다.

> 열두 사도가 모든 제자를 불러 이르되 우리가 하나님의 말씀을 제쳐놓고 공궤를 일삼는 것이 마땅치 아니하니 형제들아 너희 가운데서 성령과 지혜가 충만하여 칭찬 듣는 사람 일곱을 택하라 우리가 이 일을 저희에게 맡기고 **우리는 기도하는 것과 말씀 전하는 것을 전무하리라** 하니(행 6:2-4).[21]

사도의 지속적으로 깊고 효과적인 설교의 핵심은 사도행전 6:4에 나와 있다. 여기서 사도들은 능력 있는 설교를 유지하기 위한 목회 우선순위를 간단하고 분명하게 말하고 있다. 가치는 있지만 가장 중요한 일들에 집중하지 못하게 하는 일들은 제하여 스케줄을 비우는 것이다. 그들은 2

---

21 굵은 글씨는 저자의 강조

가지 중요한 일에 그들의 지속적인 관심을 주기 원한다.[22] 첫 번째는 기도이고 두 번째는 하나님의 말씀이다.

4절에서 기도의 의미는 분명하다. 하지만 "말씀 사역"이라는 구절을 자세히 주목하라. 이 구절 뒤의 헬라어 단어는 로고스logos다. 문자 그대로 "말"이라는 뜻이다. 사도들은 그리고 그들의 말을 기록한 누가는 여기서 무슨 말을 하는가? 사도들이 지속해서 몰두한 말씀 사역이 정확히 무엇인가? 로고스란 단어는 사도행전의 다른 곳에서 설교하는 행위를 언급할 때 사용하기 때문에[23] 여기서 그것은 정당하게 설교에 대한 언급이라고 이해할 수 있다. 그러나 사도행전에서 로고스는 일반적으로 설교를 의미하지 않는다. 사실 누가가 설교를 전하는 행위에 대해 구체적으로 말하고 싶을 때 그는 주로 이 일을 구체적으로 언급하는 단어 몇 가지를 선택한다.[24] 그럼 여기서는 왜 비교적 드문 단어를 설교에 대해 말할 때 사용하는가? 특히 독자는 로고스란 단어가 사도행전에서 대개 말씀을 뜻한다는 것을 알고 있다.[25]

이 본문에서 무슨 일이 일어나고 있는가? 사도들은 계속해서 기도와 말씀 또는 기도와 설교에 전념하는가? 답은 "그렇다"이다.

나는 로고스라는 단어가 사도행전 6:4에 특별히 선택되어 사용된 이유가 이 단어가 사도들이 성경을 묵상하는 데 두는 우선순위와 성경을 선포하는 것에 두는 우선순위를 나타낼 수 있을 만큼 넓었기 때문이라고 생각한다. 단어 로고스는 성경 묵상과 설교 둘 다를 포함할 만큼 넓다.

---

22 이 구절에서 *proskartereō*가 다시 사용되었다.
23 예, 행 2:41; 4:4; 10:44; 13:15; 14:12; 17:11; 20:2, 7
24 사도행전에서 설교로 흔히 사용되는 단어들은 kerusso(8번), katangello(11번), euangelizo(15번), didasko(16번) 사용되었다.
25 예, 행 1:1; 4:29, 31; 6:7; 8:4, 14, 25; 11:1; 12:24; 13:5, 7, 44, 46, 48, 49; 14:3, 25; 15:15, 35, 36; 16:6, 32; 17:13; 18:11; 19:10, 20; 20:32

사도들의 최우선순위는 지속된 기도인 반면, 그들의 둘째 우선순위는 말씀에 몰두하는 삶-계속해서 말씀 가운데 살면서 그것으로 자신을 흠뻑 적시고, 그것을 묵상하는 삶-그리고 난 후 그 풍성함에서 설교하는 것이었다.

누가가 사도행전 6:4에서 사도들이 그들의 시간을 끊임없이 proskarterō 말씀 logos 에 사용한다고 말함은 그가 묵상과 설교 작업을 서로 연결하고 있는 것이다. 사도들의 능력 있는 설교의 비밀은 기도와 묵상이라는 전통적인 영성수련들의 활용에 있다.

사도들은 금요일 오후에 성경의 문헌에서 설교 한편을 뽑아내려는 설교 만드는 "전문가"로서 성경을 대하지 않았다. 그들은 새끼들의 먹이를 찾기 위해 최대한 물에 젖지 않으면서 물고기를 낚아채려고 자신의 본래 습성을 거슬러 급강하는 독수리가 아니었다. 전혀 그렇지 않았다. 그들에게 본질적인 요소는 하나님의 말씀이었다.

심어진 씨앗이 땅속에서 서서히 자라서 열매 맺는 식물로 성숙하듯이 사도들도 말씀을 그들의 마음에 심어서 설교로 작성할 때까지 그 진리가 그들의 마음과 생각 속에서 자라고 성숙하게 하였다. 그들은 열매가 익었을 때 설교했다.

사도들은 그들이 모든 나날을 성경을 생각하고 기도하는 일에 전념할 수 있도록 교회가 배려해주기를 주장했다. 그러면서 그들은 하나님 말씀의 저항할 수 없는 능력과 성령의 조명 사역을 결합했다. 그 결과는 설교였다. 이 강력한 결합은 특별한 설교로 이끌었다. 그것은 "깊은 설교"였다.

사도들이 그들의 달력에서 다른 일들을 정리했어야 하는 이유가 이제 분명해졌다. 아무도 성장하는 회중의 모든 필요를 계속 보살피면서 지속적인 기도와 금식을 온전히 할 수 없다.

설교는 그들의 목회의 한 부분이 아니었다. 그들의 목회에 근본적인 포커스였다. 그들은 하나님의 말씀에 헌신했다. 사도들은 과부들을 먹이는 훌륭한 일을 하기 위해서라도 그들의 사역의 주 초점인 설교로부터 주의를 돌리기를 거부했다.

하지만 주목할 만한 교훈은 사도행전 6:4의 진리가 그 본문에만 적용되는 것이 아니라는 것이다. 사실 모든 사도들이 그 본문에 나타난 설교 전략을 이용했다. 나중에 회심했기 때문에 사도행전 6:4의 사건들과 상관이 없는 바울도 그 본문의 석의적인 성공의 비밀을 활용했다. 다음에서 이것을 충분히 알 수 있다.

> 실라와 디모데가 마게도냐로서 내려오매 바울이 하나님의 말씀에 붙잡혀 유대인들에게 예수는 그리스도라 밝히 증거하니(행 18:5).

다시 한 번 누가는 우리에게 사도들의 설교 과정에 대한 통찰력을 준다. 사도행전 18:5에 "붙잡혀"라고 번역된 구절은 무엇에 의해 사로잡히다라는 의미의 단 하나의 헬라어인 쉬네코(sunechō)로부터 온다. 누가복음 22:63에서 쉬네코는 예수님이 겟세마네 체포 후에 눈이 가려지고, 조롱당하고, 맞았을 당시의 지속적인 감시를 묘사할 때 쓰인다. 쉬네코는 예수님을 체포한 자들이 주목한 일이 집중적이고 연속적이었다는 것을 독자들에게 전달하려고 사용한다. 사도행전 18:5의 배경 속에서 그 단어는 "바울은 (말씀을 선포하는 자의 일로 인하여) 지배받다/붙잡혔다"[26]라는 의미로 쓰였다. 바울은 헌신적이었을 뿐만 아니라, 그는 헌신 또 헌신했다! 그의 초점은

---

26 H. R. Balz and G. Schneider, *Exegetical Dictionary of the New Testament* (Grand Rapids: Eerdmans, 1990-c1993), S. 3:306

오로지 하나였다. 바울은 무엇에 그렇게 사로잡혔나? 사도의 집착은 또다시 말씀logos이었다. 영감으로 쓴 저자가 사도행전 6:4에 사용했던 똑같은 단어를 선택해서 사용하기 때문에 우리는 같은 결론을 내릴 수 있다. 사도들이 그토록 깊고 능력 있는 설교를 지속적으로 할 수 있었던 이유 중 하나는 그들이 하나님의 말씀에 바친 헌신 때문이었다. 그들은 하나님의 말씀을 연구하고 묵상했다. 그리고 그들은 하나님의 말씀을 선포했다.

모든 사도들이 그토록 깊고 효과적인 설교를 지속적으로 할 수 있었던 이유는 그들이 하나님의 말씀과 기도에 몰두하며 살았기 때문이다. 그들은 이 상호보완적인 영성수련들을 결합했고, 그 결과 그들의 영혼에서 설교가 폭발했다.

이것은 그들의 구세주의 모범을 따라 하는 것이었다. 누가복음 4장에서 예수님은 치유 목회로의 전환을 거절하셨다. 군중들의 절박한 필요와 요구에도 불구하고 예수님은 그분의 목회의 한계를 명확히 하셨다.

> 예수께서 이르시되 내가 다른 동네에서도 하나님의 나라 복음을 전하여야 하리니 나는 이 일로 보내심을 입었노라 하시고 갈릴리 여러 회당에서 전도하시더라(눅 4:43-44).

예수님이 군중의 타당한 육신의 필요를 외면하신 이유는—제자들이 그랬듯이—묵상과 기도가 큰 부담이었기 때문에 치유 목회까지 집중하는 것은 불가능하다는 것을 아셨기 때문이라고 나는 생각한다. 설교를 하기 위한 부르심은 연구를 하기 위한 부르심이다. 그리고 나서는 말씀의 진리에 대한 묵상과 기도의 부르심이다.

설교자에게 있어서 기도는 석의로부터 흘러나오는 경건한 대화이다. 논의는 말씀의 진리를 곱씹는 묵상으로 시작한다. 우리는 하루를 보내며 성경 본문의 질문들을 중얼거리면서 온종일 묵상한다. 예를 들어, 그것이 우리 삶과 목회 현장에, 더 나아가 우리 지역사회에 무슨 의미가 있는지 궁금해 할 때 성령께 무슨 생각을 하시는지 자연스럽게 여쭤보게 된다. 묵상을 하면 성령과의 완벽한 대화에 들어가게 된다. "골방"의 조용함 가운데서 기도와 묵상은 함께 결합된다. 우리가 설교할 본문을 이해하려고 하는 강한 열망으로 융합된다.

묵상과 기도는 먼 사촌지간보다는 쌍둥이 자매 같다. 성경은 우리에게 밤낮으로 묵상하라고 한다. 또한 "계속해서 기도"하라고 강조한다. 우리의 나날을 이 두 가지 활동으로 어떻게 채울 수 있을까? 답은 그것들을 동시에 하는 것이다.

말씀의 진리가 박자를 맞추어줌에 따라 우리는 무용수같이 이 수련들 사이로 움직여야 한다. 이 영적 춤을 추는 동안 우리는 신랑과 신부가 결혼피로연에서 춤을 출 때 신랑이 신부를 안듯이 성령께 매달려야 한다. 우리는 성령을 우리 가슴에 바짝 안고 무도장 위를 천천히 가로지르며 묵상에서 기도로 그리고 다시 묵상으로 율동해 나갈 때, 성령이 앞으로 구부려 우리 귀에 진리를 속삭일 때까지 인내하며 기다려야 한다.

이 춤을 추는 동안 석의의 과학으로부터 서서히 멀어지면서 그리스도의 마음을 향해 간다. 여기서 우리는 원고 분석보다 영적인 지혜를 추구한다. 여기서 우리는 설교의 조직을 구성하는 깊은 통찰력을 짠다. 영성 수련의 베틀을 묵상과 기도 사이로 오가며 움직인다. 묵상에서 기도로 그리고 다시 묵상으로 자연스럽고 수월하게 움직이면서 기도의 분위기 가운데 산다. 이것은 새로운 것이 아니다. 나는 "새롭고 발전된" 설교 방법론을 지지하여 당신을 위험하고 공인되지 않은 지역으로 인도하려는 것이 아니다. 청교도들은 묵상과 기도의 통합을 지지했다.

당신이 성경을 읽을 때, 하나님이 나에게 어떻게 이야기하시는지 생각하라. 하나님은 그것을 통해 기도로 하나님께 말씀드릴 것을 제공해 주신다. 나의 경우에 이 본문이 적합하다. 이것을 고백, 간구, 또한 감사 기도로 전환해야겠다…그러므로 하나님과 자유로운 대화의 습관에 이르게 된다. (성경) 읽기와 기도는 가까운 친척이다. 서로 도움이 되는 사이다…둘 다 많이 해라.[27]

불행하게도, "하나님과 자유로운 대화를 나누는 습관"을 오늘날 설교자들은 대체로 잃어버렸다. 우리 중 대부분은 설교 준비를 시작하기 전에 "하나님 도와주세요"라는 짧은 기도와 설교가 끝났을 때 "이 뒤죽박죽을 축복해 주세요"라고 기도하는 것에 만족하고 더 이상은 하지 않는다. 우리가 기도하는 방식은 우리가 설교하는 방식에 직접적인 영향을 준다.

우리가 마틴 로이드 존스Martyn Lloyd-Jones가 가졌던 영향력으로 설교하기를 원한다면, 그가 설교자의 기도의 삶에 관해 주었던 충고를 마음에 두는 것이 현명할 것이다.

무엇보다도-이것을 가장 중요하게 여긴다-기도하고 싶은 모든 충동에 항상 반응하라. 기도하고 싶은 충동은 당신이 본문을 읽고 있을 때나 씨름하고 있을 때 올 수 있다. 나는 이것을 절대 법칙으로 만들었다. 항상 이러한 충동에 순종하라. 그것은 어디서 오는가? 그것은 성령의 역사이다. "그러므로 나의 사랑하는 자들아 너희가 나 있을 때뿐 아니라 더욱 지금 나 없을 때에도 항상 복종하여 두렵고 떨림으로 너희 구원을 이루라 너희 안에서 행하시는 이는 하나님이시니 자기의 기쁘신 뜻을 위하여 너희로

---

27 R. W. Williams, "The Puritan Concept and Practice of Prayer: Private, Family and Public" (Ph.D. diss., University of London), 32.
　S. A. Ratliff, "The Strategic Role of Prayer in Preaching," (unpublished D. Min. diss.; Trinity Evangelical Divinity School, 2000), 18.

소원을 두고 행하게 하시나니"²⁸⁽빌 2:12-13⁾라는 의미의 한 부분이다.

찰스 스펄전Charles Spurgeon은 그 시대의 설교자 지망생들에게 유사한 충고를 했다.

> 당신의 기도는 당신의 설교가 아직 완성되지 않았을 때 가장 유능한 조수가 될 것이다. 다른 사람들은 에서와 같이 그들의 몫을 찾아 사냥하고 있을 때 당신의 기도의 도움으로 맛좋은 고기를 가까운 집에서 찾을 것이다. 그리고 야곱은 거짓으로 한 말을 우리는 진실로 할 수 있다. "여호와께서 나로 순적히 만나게 하셨음이니이다." 하나님께 열성으로 간청하며 당신의 붓을 당신 마음에 담글 수 있다면 당신은 설교를 잘 쓸 수 있을 것이다. 그리고 당신의 자료를 천국의 문 앞에 무릎 꿇어 사용할 수 있다면, 당신은 설교를 잘 전할 수밖에 없다. 기도는 정신적인 훈련으로는 머릿속에 많은 주제들을 불러와서 주제를 고르는 데 도움이 되고, 높은 영적 훈련으로는 당신의 내면의 눈을 씻어서 하나님의 빛으로 진리를 보게 한다. 본문들은 자주 기도의 열쇠로 열릴 때까지 그들의 보물을 보여주는 것을 거부한다.²⁹

사람 마음의 가장 깊은 구석을 만져주는 힘을 가진 설교는 묵상과 기도로 지펴진 용광로에서 만들어진다. 그 설교는 유진 피터슨Eugene Peterson이 명명한 "묵상 석의"에서 나온다. 이것은 피터슨이 설교자로서 "기도는 내가 시작한 소명의 한 중심에 있다"³⁰라고 말한 이유다.

A.W. 토저A.W. Tozer는 "진리를 찾기 위해서 평범한 성경과 지속적으로

---

28 D. M. Lloyd-Jones, *Preaching and Preachers* (Grand Rapids: Zondervan, 1971), 170-71
29 C. H. Spurgeon, *Lectures to My Students: Complete & Unabridged*, new ed. (Grand Rapids: Zondervan, 1954), 43
30 E. H. Peterson, *Working the Angles: The Shape of Pastoral Integrity* (Grand Rapids: Eerdmans, 1987), 64

바닥에 무릎 꿇을 것을 권한다…흔히 몇 분의 진심어린 기도가 몇 시간 동안 주석을 읽는 것보다 더 많은 빛을 비춘다"[31]라고 힘주어 말했다.

당신은 깊은 설교를 하기 갈망하는가? 그리고 왜 당신이 그렇게 안하는지 궁금한가? 당신은 왜 그렇게 할 수 없는가?

우리 중 많은 사람들이 피상적인 설교를 하는 이유는 설교를 학기말 과제처럼 쓴다는 데 있다. 내가 담임 목회를 시작했을 때 그랬다. 성경의 어느 책을 설교할지 정한 다음 그 책에 관한 구할 수 있는 모든 주석을 사들였다.

그 주석들의 내용은 나의 메시지의 소재가 되었다. 커다란 식탁 위에 펼쳐놓고 나의 본문에 대해 저자들이 알고 있는 것들을 가려냈다. 사상 최고의 주석으로부터 최고의 통찰력을 주워 모으면서 나는 사상 최고의 설교를 얻는 것은 보장되었다고 생각했다. 그러나 그렇지 않았다. 내가 우리 교단의 가장 큰 신학도서관들 중 하나와 가장 메마른 몇몇 설교문을 소유하는 데 그리 오래 걸리지 않았다.

나는 많은 기간을 이 책들로부터 진리를 긁어내서 나의 석의 국 냄비에 넣는 데-그것을 주일이 다가올수록 커지는 불안함으로 데워 주면서-사용했다. 그리고 사람들에게 맛없는 뒤죽박죽 정보를 제공했다. 이 음식은 그들을 영적으로 살아 있게는 했지만, 맛은 없었다.

설교는 학문적인 에세이가 아니다. 하나님이 집필하신 연애편지를 그의 신부에게 나누는 사명을 우리에게 주셨다. 우리는 하나님 자신으로부터 들을 때까지 설교할 수 없다. 의미 있는 설교는 의미 있는 묵상과 기도의 땅에서 자란다.

---

31 A. W. Tozer and J. L. Snyder, *The Early Tozer: A Word in Season, Selected Articles and Quotations* (Camp Hill, PA: Christian Publications, 1998), 39.

기술의 도움으로 이번 주에 들리는 설교는 인간 역사상 그 어떤 주보다도 많지만 주장하건대, 인간 역사상 가장 영향력이 없다. 왜? 왜 우리의 설교에 우리가 갈망하는 깊이가 부족한가? 야고보는 아주 오래된 설교자의 이 의문을 원칙적으로 이렇게 대답해 준다. "너희가 얻지 못함은 구하지 아니함이요"(약 4:2).

하나님은 묻지 않는 이들에게는 그분의 책에 대한 질문에 답하지 않으신다. 또한 스스로의 능력으로 설교하기를 작정한 사람들도 돕지 않으신다. 설교자들이 기도와 묵상을 진지하게 생각하지 않으면 그들의 강대상 목회는 심각하게 약화된다. 그들의 사역 아래 앉아 있는 사람들도 마찬가지다.

설교자들을 기도의 삶으로 부르는 사람이 내가 첫 번째는 아니다. E. M. 바운즈E. M. Bounds는 수년 전에 다음과 같이 기록했다.

> 설교자의 능력은 기도의 능력 안에, 기도를 통해 하나님께 도달하고 큰 결과를 가져 오게 하기 위한 기도의 능력에 있다. 기도의 능력은 좀처럼 시험받지 않고, 그 가능성은 거의 이해되지 않으며, 절대로 고갈되지 않는다. 지치지 않는 믿음으로 하나님께 간구하는 그 거룩한 갈망으로 만들어지고 달구어진 강대상은 능력의 강대상이 될 것이다. 작고 따분한 기도처럼 힘 없고, 무미건조하고, 비생산적인 것은 없다. 우리가 식사기도 하듯이 설교를 위해 기도하면 아무런 도움이 안 된다. 설교의 모든 부분은 기도의 진통으로부터 태어나야 한다. 그 시작과 끝은 기원과 기도의 노래로 표현되어야 한다. 전달은 열정적이고 기도의 용광로에서 오는 사랑으로 움직여야 한다. 강렬한 갈망으로 불타고 하나님께 도달하기까지 날개를 접지 않는 믿음으로 권고된 기도는 최강의 위력이다. 하늘을 폭풍으로 움직이고 저항할 수 없는 변호로 하나님을 움직이는 기도는 강대상을

보좌로 만들고 설교 전달을 운명의 법처럼 만든다.[32]

바운즈는 우리에게 "식상한 기도" 이상을 요구한다. 하나님이 기도를 진지하게 대하시는 것만큼 우리도 그렇게 하길 원한다. "그는 깊은 바다가 서로 부르며"(시편 42:7)를 우리에게 상기시킨다. 깊은 설교는 우리가 설교하는 책을 쓰신 하나님과의 깊은 교제로부터 흘러나온다. 깊이 없는 설교는 진리를 얕은 마음에서 폈을 때 나온다. 이안 피트-왓슨Ian Pitt-Watson도 이에 동의한다.

> 우리가 설교할 때 하는 말이 우리의 일부분이 되려면 생각하는 것과 기도하는 것이 거의 차이가 없는 그러한 특별한 생각을 많이 했을 때만이 가능하다. 생각은 자연스럽게 기도가 되고 기도는 사고가 된다. 간혹 설교 준비에서 경건의 요소가 "하나님, 저에게 설교를 주세요"라는 주제와 별 차이가 없는 것으로 전락할 수 있다. 오히려 1514년도의 기도서를 가지고 기도하는 것이 나을 것이다.
>
> 하나님, 나의 머리와 나의 이해가 되소서.
> 하나님, 나의 눈과 나의 시선이 되소서.
> 하나님, 나의 입과 나의 언어가 되소서.
> 하나님, 나의 마음과 나의 생각이 되소서.[33]

깊은 설교자들은 사무엘상 1장에서 한나가 성전에서 무엇을 하고 있었는지 이해한다. 한나는 경건한 여인이었다. 견디기 힘든 가정생활의 괴로움으로 인해 어찌할 바를 모를 때, 엘리가 당시 이스라엘의 대제사장으로 성전에 왔다. 한나는 하나님께 부르짖었다. 그녀는 하나님께 무

---

[32] E. M. Bounds, *Powerful and Prayerful Pulpits* (Grand Rapids: Baker, 1993), 19-20.
[33] I. Pitt-Watson, *A Primer for Preachers* (Grand Rapids: Baker, 1986), 73.

엇을 해야 할지, 어떻게 이 불가능한 집안 사정을 극복할지 여쭙고 간구하였다. 엘리는 한나의 입술이 움직였지만 말을 하지 않았기 때문에 그녀가 술 취한 줄로 생각했다. 한나는 그에게 자신이 취한 것이 아니라 고통 가운데 하나님께 부르짖는 것이라고 설명해야 했다.

깊이 설교하길 원하는 사람은 한나가 그녀의 어려운 상황을 두고 기도한 것처럼 그들의 성경 아이디어를 가지고 기도하는 것을 배울 것이다. 중얼거리며 기도하고, 묵상하며 중보하며, 외부적인 것에 대한 염려 없이 은혜의 보좌로 담대하게 나아간다. 또한 하나님의 말씀을 듣기에 갈급하다. 이런 절박감은 금식으로 연결된다.

4) 금식

금식은 먹는 주제보다 인기가 훨씬 덜하다. 사람들을 뷔페식탁에 줄 서게 하는 것이 당신과 하루 금식을 함께 하게 하는 것보다 훨씬 쉽다. 금식은 오늘날 힘든 설득 작업이다. 심지어 설교자들에게도 그렇다.

오늘날 하나님의 백성이 금식을 하지 않는 이유 중 하나는-배고픔 이외에-하나님이 우리에게 요구하지 않으시기 때문이다. 성경은 우리에게 금식하도록 강요하지 않는다. 구약에서 하나님은 이스라엘 백성에게 단지 일 년에 한 번 속죄의 날에 금식하도록 요구하셨다. 그리고 신약은 금식하라는 명령을 한 번도 포함하지 않는다. 단 한 번도.

하나님이 그의 백성에게 금식에 대해 자유함을 주시는 반면에 성경은 금식하는 경건한 남녀들의 모범을 많이 보여주고 있다. 왜? 금식은 무엇인가?

금식은 다이어트가 아니다. 성경적인 제니 크레이그Jenny Craig의 체중감

량제도가 아니다. 또한 의도적이고 불쾌한 그리스도인 고행의 한 형태도 아니다. 하나님은 그의 자녀들의 쓸데없는 고통을 기뻐하지 않으신다.

금식은 어쩔 수 없는 상황에 대한 우리의 반사적인 반응으로 먹는 것을 중단하고 위기 가운데 도움을 줄 수 있는 사람을 찾는 것을 동시에 포함한다. 우리를 금식하게 만드는 상황들은 전기회로가 갑작스런 전기 충격을 경험하는 것과 비슷히디. 이것이 당신의 집에서 발생했을 때 무슨 일이 일어나는가? 전기 패널의 회로 차단기가 딱 부러지고 전기는 즉시 끊긴다. 차단기가 당신에게 이 문제를 해결해 줄 전기 기사를 찾을 시간을 준다.

마찬가지로 당신의 삶에서 압도적인 스트레스의 충격을 경험하게 되면 당신 몸의 배고픔 "차단기"가 부러지고 음식에 대한 욕구가 마비된다. 정상적으로 음식을 만들고 먹고 하는 시간을 당신의 문제를 도울 수 있는 사람과 보내는 데 사용할 수 있다. 이런 일이 당신에게 일어난 적이 있는가? 아마도 금식은 "세상적인" 삶의 위기에 대한 인간의 일반적인 반응일 것이다.

잠시 생각해 보라. 사람들이-심지어 무신론자까지도-그들의 배우자가 말기 암 진단을 받고, 의사가 그에게 시간이 얼마 없다 말하면서 그 사랑하는 사람을 집으로 모셔서 죽음을 맞이해야 한다고 했을 때 어떻게 되는지 잠시 생각해 보라. 이 시점에 건강한 무신론자의 스트레스는 과량으로 치솟는다. 그들은 배우자의 임박한 상실에 대해 당연히 괴로울 것이다. 인생의 스트레스로 휩싸인다. 그래서 그들은 누구에게 향하는가? 그들의 상처받은 영혼을 누가 가장 잘 위로 할 수 있는가? 죽어가는 그들의 배우자이다. 그들은 곧 떠나갈 애인과 매 순간을 보내고 싶어한다.

매 순간이 소중해진다. 일분일초는 다이아몬드가 되어서 단 하나도 손가락 사이로 빠져 나가게 하고 싶어하지 않는다. 사람들이 죽어가는 배우자와 가능한 모든 순간을 함께하는 이유는 그들이 곁을 떠나 간 뒤에는 더 고통스럽기 때문이다. 사람들은 인생의 무엇보다도-음식보다도-그들의 연인의 존재를 원한다. 그래서 자신도 모르게 금식을 한다. 이것은 세상적인 금식이다.

간병인들이 그들이 사랑하는 사람들을 극심으로 보살피다가 먹는 것을 잊는 것은 흔한 일이다. 이것은 잘못된 것이 아니다. 인지상정이다. 사람들은 자신의 자연적인 능력과 정상적인 대응기능 이상인 심한 충격의 사건에 처했을 때 금식한다. 금식은 인생의 과도한 상황 속에서 정상적인 인간의 반응이다. 그러나 하나님의 사람들에게 있어서, 금식은 또한 대단히 영적인 경험일 수 있다.

영적인 금식은 전형적으로 경건한 사람들이 2가지 위기 중 하나에 직면했을 때 일어난다. 그것은 하나님과의 강력한 대면과 인생의 사건들로 인해 압도되었을 때이다. 예를 살펴보자.

(1) 하나님에게 압도되는 심한 충격

- 모세가 십계명을 받기 위해서 하나님과 함께 40일의 친밀한 시간을 보내는 충격적인 상황에 직면했을 때, 그는 40일 동안 먹지 않았다 (출 34:28을 보라). 하나님의 임재하심 가운데 홀로 문명의 도덕적 기초를 받고 있는데 피자 시킬 생각을 누가 하겠는가?
- 사무엘상 6장에서 이스라엘이 블레셋으로부터 언약궤를 되찾아올 때, 하나님의 임재하심의 충격적인 상황을 대면했다. 벧세메스 마을의 몇 사나이들이 언약궤의 뚜껑 밑을 살짝 훔쳐보기로 결정했을 때, 하나님은 그들의 불순종과 무례함으로 인해 70명을 죽이셨

다. 백성들은 부르짖었다. "벧세메스 사람들이 가로되 이 거룩하신 하나님 여호와 앞에 누가 능히 서리요 그를 우리에게서 뉘게로 가시게 할꼬 하고"(삼상 6:20). 하나님의 인격적 속성으로 인해 얼마나 심한 충격을 받았는지 그들은 언약궤를 인근 마을인 기럇 여아림 Kiriath-jearim에 보냈다. 법궤는 그곳에서 20년 동안 있었다. 이스라엘은 하나님의 임재로 인해 마비되었다. 사무엘이 백성을 금식과 참백의 시간으로 인도했을 때에야 관계가 회복되었다.

◆ "사울이 주의 제자들을 대하여 여전히 위협과 살기"가 등등하였지만(행 9:1을 보라) 부활하신 그리스도가 나타나셔서 "나는 네가 핍박하는 예수다"라며 길을 가로막으셨을 때, 사울은 3일 동안 아무것도 먹지도 마시지도 않았다(행 9:1-9을 보라). 예수님의 개인적인 나타남은 바울의 영적 세계관을 샅샅이 깨뜨렸기 때문에 음식은 그의 주된 관심이 아니었다.

◆ 안나는 경건한 여성 예언자였다. "과부 된 지 팔십사 년이라 이 사람이 성전을 떠나지 아니하고 주야에 금식하며 기도함으로 섬기더니"(눅 2:37). 그녀의 하나님과의 경험은 너무나도 강력했기 때문에 금식으로 연결되었다.

(2) 인생의 압력으로 인한 심한 충격

◆ 이스라엘이 베냐민 지파의 역겨운 성범죄에 대해 알게 되었을 때 그들의 형제들에게 법적인 군사 행동을 취해야 할지 울며 금식했다(삿 20:26을 보라).

◆ 모압, 암몬과 마온이 군사력을 연합하여 공격을 준비하고 여호사밧이 "큰 무리가 바다 저편 아람에서 왕을 치러 오는데"(대하 20:2)라

고 들었을 때 "여호사밧이 두려워하여 여호와께로 낯을 향하여 간구하고 온 유다 백성에게 금식하라 공포하매 유다 사람이 여호와께 도우심을 구하려 하여 유다 모든 성읍에서 모여와서 여호와께 간구"(대하 20:3-4)했다.

◆ 유대 공동체가 "모든 유다인을 노소나 어린 아이나 부녀를 무론하고 죽이고 도륙하고 진멸하고 또 그 재산을 탈취하라"(에 3:13; 4:3)라는 하만의 계획을 알게 되었을 때 그들은 금식으로 대응했다.

◆ 니느웨가 요나로부터 하나님이 그들을 40일 뒤에 멸하신다는 말을 듣고 그들은 "하나님을 믿고 금식을 선포하고 무론 대소하고 굵은 베"(욘 3:5)를 입었다. 하나님의 전멸의 위협은 민족의 관심을 여호와께 집중하는 무언가가 있다.

◆ 에스라가 바벨론으로부터 예루살렘으로 돌아가기 위해서 5,000명의 이스라엘 백성을 이끌 준비를 했을 때 그는 금식을 선포했다(스 8:21, 23을 보라).

◆ 사울이 길보아산에서 자신의 검에 엎드려 죽었을 때 그의 길르앗 야베스Gilead Jabesh 친족들이 그의 시신을 블레셋 도시의 벽에 걸려지는 굴욕으로부터 구해내고 7일 동안 금식했다. 이 전사들은 사울의 죽음의 비극으로 인해 너무 심한 충격을 받은 나머지 적절한 반응은 금식밖에 없었다(삼상 31:13을 보라).

◆ 다윗은 밧세바와의 부정한 관계로 태어난 아이가 아팠을 때 금식했다. 하나님이 당신의 아기를 병으로 치시면 당신은 누구에게 갈 수 있는가?(삼하 12:15-17을 보라) 다윗은 아이의 병의 원천으로 갈 수밖에 없었다. 그는 그의 자식의 목숨을 간청하기 위해 하나님께 간다. 당신 자식의 목숨이 달려 있는데 누가 음식에 신경 쓰겠는가?

- ◆ 예수님이 사역을 시작하기 전에 성령은 그를 광야로 이끄셨고 그곳에서 40일을 금식하셨다(눅 4:1-2을 보라). 예수님은 모든 인간의 영적인 운명이 그가 시작할 사역에 달려 있다는 것을 아셨다. 그는 그의 사역을 하늘의 아버지와 온전히 함께함으로 그리고 의지함으로 해야 한다는 것을 아셨다. 그래서 그는 금식으로 시작했다.
- ◆ 성령이 초대 교회에 첫 번째 기독교의 선교적인 사명을 위하여 정해지지 않은 기간 동안 알려지지 않은 장소로 바울과 바나바를 보내라고 하셨을 때 그들은 금식했다(행 13:2-3을 보라). 이 신비의 과제가 포함하는 압도적으로 많은 변수들은 그들을 불안에 떨게 했을 것이다. 그들은 그런 애매한 사역 프로젝트를 어떻게 준비할 수 있었을까? 성령의 명령의 본질은 그들을 금식으로 이끌었다.

금식 그 자체로는 금식은 하나님과의 친밀함의 실질적인 증거는 아니다. 누가복음 18장에서 예수님은 바리새인과 세리의 비유를 말씀하셨다. 지금은 잘 알려진, 스스로 의롭다고 기도한 바리새인은 성전에 서서 하나님과 인류 앞에서 자신의 "일주일에 두 번"(눅 18:12) 금식을 자랑했다. 그리고 죄인으로서 성전을 떠났다. 바울은 골로새서 2:23에서 규정에 대해 경고한다.

> 이런 것들은 자의적 숭배와 겸손과 몸을 괴롭게 하는 데 지혜 있는 모양이나 오직 육체 좇는 것을 금하는 데는 유익이 조금도 없느니라(골 2:23).

하지만 금식을 종교 역사의 유물로 무시하는 것은 비극적인 실수가 될 것이다.

예수님은 금식하셨고 제자들이 분명하게 영성수련들을 실천할 것을 기대하셨다. 금식에 대한 그분의 언급은 "너희가 금식한다면" 보다 "너희들이 금식할 때"로 자주 시작한다(마 6:16-17을 보라). 세례요한의 제자들이 예수님이 충분히 금식하지 않으시는 것에 대해 비판했을 때, 그분은 자신의 지상 목회가 끝나면 제자들이 더 많은 금식을 할 것이라고 대답하셨다(마 9:15; 막 2:18-20; 눅 5:33-35을 보라).

예수님은 그분의 제자들이 금식할 것이라고 예상했다. 그런데 우리는 왜 그러지 않는가? 왜 많은 이들이 이 금식에 대해 털옷을 입은 고대 신비주의자들의 독점적인 영역으로 보는가?

가장 좋은 금식은 절박함 가운데 생기는 자발적인 행위다. 하나님에 대한 필요가 너무 커서 사람들이 밥 먹는 것을 잊을 극적인 위기의 시간에 실행된다. 진실한 금식은 마음에서 우러나오는 자발적인 반응이다. 금식은 강요할 수도 위조할 수도 없다. 금식은 상처 깊은 상황에 대한 우리 영혼의 본능적인 반응이다.

하나님만이 만족시킬 수 있는 너무도 간절한 영적 상태—그의 임재가 그 무엇보다도, 음식보다도 필요할 때—를 대면할 때 우리는 금식한다.

설교자들은 매주 혹은 매달 금식해야 한다고 의무감을 느끼지 않아도 된다. 우리는 하나님의 호의를 받기 위해 금식하는 것이 아니다. 우리는 그분의 임재를 얻기 위해 금식한다.

우리가 하나님이 성경에 쓰신 말씀을 왜 쓰셨는지 이해가 안 될 때, 그분의 진리가 우리에게 무슨 뜻인지 모를 때, 또는 하나님이 우리에게 전하라고 하신 그 회중이 진리를 잘못 이해하려고 할 때 우리는 금식한다.

하나님의 말씀을 충실히 전달하려고 안달할 때 어떻게 해야 할지 모를 때, 어찌할 바를 모를 때, 우리의 모든 기술, 훈련과 경험이 부족할 때, 우리는 금식한다. 받아들이기 힘들 정도로 실패가 확실할 때, 설교를 잘

해야 한다는 막을 수 없는 의무감이 우리의 죄인 된 모습, 스케줄과 사역이라는 고정된 장애물을 만났을 때 우리는 금식한다.

당신의 교단 지도자가 의식적인 금식을 요구하는 지침을 내린다면 이 수련은 힘을 잃게 된다. 사회적인 또는 스케줄상의 의무로 일년에, 일주에 또는 한 달에 정해진 수의 금식을 요구한다면, 이 수련은 약화된다. 무슬림들은 리미단 기간에 29일이나 30일 동안 금식하도록 요구받는나. 그리스도인은 그렇지 않다. 금식에 대한 우리의 부르심은 종교적인 각본이 아니라 우리의 마음으로부터 온다. 하지만 이 소견은 자유로운 만큼 불리하다.

5) 만약 내가 금식하지 않는다면?

기쁜 소식은 그리스도인 설교자로서 당신은 결코 점심을 거르지 않아도 된다. 나쁜 소식은 당신이 금식을 하지 않으면, 불행하게도 당신의 설교사역에 대한 3가지 암시를 단정할 수 있다. 첫 번째 암시는 당신이 하나님과 실제적으로 친밀하지 않다는 것이다. 왜냐하면 금식은 하나님과의 견딜 수 없는 친밀함의 충격에 대한 자동적인 반응이기 때문이다. 금식의 결여는 하나님에 대한 우리의 거리감을 나타낸다.

성경의 하나님이 결코 우리를 압도한 적이 없었다면 얼마나 슬픈 일인가. 우리와 하나님과의 관계에 대한 폐단의 흔적이다. 이것은 우리의 설교와 우리의 회중의 삶에 얼마나 오싹한 영향을 주겠는가.

당신이 그분의 말씀을 연구할 때 한 번도 당신을 압도하신 적이 없다면, 당신은 잘못 연구하고 있는 것이다. 성경 본문의 석의가 정확할 수는 있지만 그것은 또한 냉정하게 과학적이다. 이때 하나님 말씀을 연구하는 당신은 남편으로부터 온 눈물 젖은 편지를 읽는 신부보다는 능숙하게 해부하는 검시관과 같을 것이다.

당신이 설교를 준비하는 동안 무의식적으로 금식하는 자신을 발견하지 않는다면, 당신은 하나님과 "안전한" 거리를 유지하고 있는 것이다. 그분의 거룩한 아름다움을 당신의 개인적인 공간에 침투하지 못하게 하는 것이다. 하나님과 거리감을 두는 것이다. 하나님을 사랑의 대상보다는 통달해야 하는 주제로 축소한 것이다. 하나님은 나비처럼 야생도, 아름답지도, 변덕스럽지도 않으시다. 당신은 하나님을 당신의 신학적인 제도의 격자로 붙잡아서 자연사박물관의 게시판에 꽂았다. 당신은 하나님에 관해서 많은 것을 알고 있지만 그분은 당신을 압도하지 않는다. 하나님이 사람들을 압도하실 때, 그들은 금식한다.

햇빛을 바로 직면하는 사람들만 선글라스를 낀다. 밤에 선글라스를 끼는 사람들은 패션쇼를 하는 것뿐이다. 마찬가지로 하나님의 임재 속에 있는 사람들만이 금식의 정당한 필요를 느낀 것이다. 어떤 다른 이유로 금식하는 사람들은 그저 패션쇼를 할 뿐이다. 그들은 사람들이 자신을 영적으로 보기를 원한다.

금식 부재의 두 번째 암시는 은하수를 능가하는 크기의 자아이다. 한 번 생각해 보라. 사람들은 왜 금식하는가? 금식을 하는 이유 중 하나는 인생의 압도적인 도전에 대한 본능적인 반응이다. 성경은 하나님의 백성이 속수무책이었을 때마다 금식하는 것을 보여준다.

당신이 설교를 준비할 때 결코 금식하지 않는다면 나는 단지 당신이 항상 그 일에 대해 전적으로 자신감 있어 한다고 생각할 수밖에 없다. 매주 당신은 당신 목회의 설교적인 도전들을 충분히 수행하기에 완전히 유능하다고 생각하는 것이다. 금식을 하지 않는 것은 당신의 석의와 설교 실력에 대한 굳건한 믿음의 정확한 칼로리 지표다.

나는 당신이 매주 금식해야 한다고 생각하지 않는다. 설교자들은 목회의 일반적인 요구를 완수하기 위해 필요한 기술을 배울 수 있고 배워야 한다. 하지만 특별히 어려운 본문 때문에 당황하거나 성경 본문의 아이디어를 사람들에게 최선의 방법으로 표현하기 위해서 당혹해 한 적이 있어야 하는 것이 아닌가? 두 손을 올리며 "포기한다! 이런 어려운 상황에서 무슨 말을 해야 할지 모르겠다. 누가 이런 일에 적합하겠는가"라고 말한 적이 있었는가? 없다면 하나님이 그러한 오만한 설교자들로부터 그의 백성을 구원하시기를!

우리가 설교 작업을 충분히 진지하게 여긴다면, 그리고 우리 자신의 석의와 설교 능력을 현실적으로 겸손히 평가하고 있다면, 누가 안 시켜도 금식을 하게 된다. 우리가 "영적" 명성을 얻기 위해서 금식하는 것이 아니다(마 6:16-18을 보라). 하나님의 말씀을 제대로 설교하는 것에 실패한다는 것은 생각조차 하기 싫지만 어떻게 성공해야 할지 모르기 때문에 금식한다. 금식은 이것이 "내 능력 밖에 있고" 이것을 제대로 해낼 수 없다는 자발적인 인식이다. 당신이 결코 금식하지 않는다면 당신은 당신의 영적인 줄 끝에 있어 본 적이 없었던 것이다. 당신이 하나님으로부터 설교에 최고의 은사를 받았든지, 우주만한 자아를 가졌든지 둘 중 하나다. 나는 후자라고 생각한다.

세 번째 암시는 당신의 사역이 하나님의 능력에 완전히 사로잡히지 못했다는 것이다. 다음에 인용된 예들을 보면 거의 모두 하나같이 하나님의 백성이 금식하며 기도할 때 하나님은 극적이고 기적 같은 방법으로 움직이셨다.

- 여호사밧이 하나님께 기도와 금식으로 부르짖었을 때 선지자는 그에게 말했다. "이 큰 무리로 인하여 두려워하거나 놀라지 말라 이 전쟁이 너희에게 속한 것이 아니요 하나님께 속한 것이니라…여호와가 너희와 함께 하리라"(대하 20:15-17). 그리고 하나님은 그분의 말씀을 지키셨다. 적군의 군대들은 서로 싸우기 시작했고 여호사밧의 군대가 전쟁을 하러 나타났을 때는 "유다 사람이 들 망대에 이르러 그 무리를 본즉 땅에 엎드러진 시체뿐이요 하나도 피한 자가"(대하 20:24) 없었다. 하나님은 그들의 기도와 금식에 극적인 방법으로 초자연적인 중재를 하셨다.

- "모든 유다인을 노소나 어린 아이나 부녀를 무론하고 죽이고 도륙하고 진멸하고 또 그 재산을 탈취하라"(에 3:13)라는 하만의 계획은 하만이 소원한대로 성사되지 않았다. 하나님의 백성은 금식했고, 에스더는 행동했으며, "유다인이 칼로 그 모든 대적을 쳐서 도륙하고 진멸하고 자기를 미워하는 자에게 마음대로 행하였다"(에 9:5). 하나님은 그들의 기도와 금식에 극적인 방법으로 초자연적인 중재를 하셨다.

- 니느웨가 그들의 긴박한 멸망의 소식을 듣고 "하나님을 믿고 금식을 선포하고 무론 대소하고 굵은 베를 입은지라"(욘 3:5)라는 반응을 보였다. "하나님이 그들의 행한 것을 감찰하시고 뜻을 돌이키사 그들에게 내리리라 말씀하신 재앙을 내리지 아니하시니라"(욘 3:10).

- 기도와 금식의 결과로 에스라는 5,000명의 이스라엘 포로들을 안전히 바벨론에서 예루살렘까지 인도할 수 있었다. "우리 하나님의 손이 우리를 도우사 대적과 길에 매복한 자의 손에서 건지신지라"(스 8:31). 뿐만 아니라 하나님은 에스라를 온 민족의 중요한 영적 갱

신을 이루기 위해 사용하셨다.

- ◆ 길르앗 야베스 사람들의 금식은 사울의 참상을 변화시키지 않았지만 그날의 황폐함으로부터 이스라엘이 경험한 최고의 왕이 세워졌다. 다윗은 지도자로서의 올바른 위치를 즉시 점유하기 시작했다. 이 용감한 사람들은 자신들의 금식때문에 이러한 더 좋은 미래가 만들어지고 있다는 사실을 알지 못했다.

- ◆ 예수님이 금식으로 시작한 사역은 그분이 십자가 위에서 "다 이루었다!"(요 19:30)라고 선언했을 때 온전히 성공적이었다(눅 4:1-2을 보라). 하나님의 능력으로 말미암아 삼위일체 하나님이 그분의 사역의 모든 목적을 이루셨던 것이다.

- ◆ 바울과 바나바 또한 그들의 선교 여행을 잘 해냈다. 바보 섬의 총독은 기적 후에 개종했다(행 13:12을 보라). 바울의 첫 설교 그 다음 주에 비시디안 안디옥에서 "온 성이 거의 다 하나님 말씀을 듣고자 하여 모이니"(행 13:44) "주의 말씀이 그 지방에 두루 퍼지"(행 13:49)게 되었다. 이고니온에서 바울과 바나바가 "유대인의 회당에 들어가 말하니 유대와 헬라의 허다한 무리가"(행 14:1) 믿었다. 루스드라에서 바울은 전 도시의 관심을 끄는 놀라운 기적을 행했다(행 14:8-18을 보라). 더베에서 그들은 "복음을 그 성에서 전하여 많은 사람을 제자로"(행 14:21을 보라) 삼았다. 그리고 나서 바울과 바나바는 루스드라, 이고니온, 안디옥으로 돌아갔고 "각 교회에서 장로들을 택하여 금식 기도하며 저희를 그 믿은 바 주께 부탁"(행 14:23을 보라)했다. 누가 봐도 기독교의 첫 선교 여행은 어마어마한 성공이었다. 이것은 처음부터 끝까지 금식으로 이루어졌다.

금식으로 하나님이 항상 우리가 원하는 대로 우리의 기도에 응답해 주신다고 보장할 수 없다. 예를 들어, 하나님은 다윗이 간절한 기도와 금식으로 하나님께 간구했음에도 불구하고 밧세바와의 사이에서 가진 혼외자식을 살려달라는 기도를 순순히 들어 주지 않으셨다.

그러나 하나님이 금식을 통해 고조된 기도에 자주 반응하신다는 것은 의심의 여지가 없다. 성경을 살펴보면 금식하는 사람들은 흔히 하나님의 위대한 행하심을 경험한 것을 보여준다. 하나님의 사람들이 금식하며 기도할 때, 하나님은 자주 명백한 초자연적 능력으로 반응하신다.

금식은 아질산 시스템이 도로를 달리고 있는 자동차에 하듯이 하나님의 백성에게 작용한다. 통근용 자동차에 아질산 시스템을 설치한다면 차의 마력을 50, 75, 또는 100hp까지 올릴 수 있다.[34] 거리의 경주자들은 이 비법을 수년 동안 사용했다. 밸브 하나를 열면 트렁크에 설치된 철깡통 안에 들어 있는 아질산 가스가 자동차의 연료시스템에 들어가게 된다는 것을 안다. 그 결과는 즉각적이고 숨 막히는 힘의 흔들림이다. 아질산 "주스"는 그들이 보통 져야 하는 경주를 이기게 해준다. 개조되지 않은 자동차를 운전하는 사람들이 결코 상상하거나 경험할 수 없는 힘에 접근하게 된다.

거리 경주차들은 그들의 아질산 가스를 항상 사용하지 않지만-예를 들어, 출근할 때-고압력 경주 상황일 경우에는 비밀 무기가 트렁크에 있다는 것을 위안 삼는다. "주스를 틀고" 승리를 향해 질주할 수 있다. 금식은 사역에서 똑같은 영향을 준다.

우리가 금식할 때 우리는 하나님의 무제한적인 자원 밸브를 열게 된다. 우리가 보통 실패하는 것을 성공할 수 있도록 하나님께 초자연적인

---

34 *Chevy Rumble*(February 2006): 84; http://www.zex.com/(accessed 10/27/08)

능력을 목회에 허락하시고 놀라운 방법으로 간섭해 달라고 요구하는 것이다. 우리는 금식하지 않는 사람들이 전혀 상상할 수 없고 결코 경험할 수 없는 능력에 접근한다.

설교자들이 매주 금식하지는 않지만-위태롭고 강압적인 상황들과 마주치고, 경주를 이길 힘이 없다는 것을 알 때-그들은 능력의 비밀 원천이 있다. 금식을 통해 그들의 하나님께 "주스를 틀어달라"고 간구할 수 있다. 그들은 하나님께 승리를 향한 초자연적인 힘을 주시길 간구할 수 있다. 그리고 하나님은 흔히 그의 백성들이 금식하고 기도할 때 반응하신다.

금식은 당신이 강대상에서 실패할 수밖에 없는 것을 성공으로 이끈다.

3. 당신의 설교 파트너

설교 준비는 원래 외로운 작업이 아니다. 하나님은 "혼자 해라" 하고 우리에게 명령하지 않으신다. 하나님은 우리가 그분을 설교 과정에 참여시켜 주길 간절히 원하시고 그분의 말씀을 주야로 묵상하면서 그분께 지속적인 대화식 기도로 다가가길 원하신다. 그리고 석의나 설교의 벽에 부딪칠 때 우리는 금식하며 간절하게 부르짖을 수 있다. 그분은 우리의 설교에 큰 영향을 미친다. 얼마나 큰 영향을 미치는가?

아름다운 정원이 당신의 집 바로 뒤에 있다고 상상하라. 그것은 훌륭하게 가꾸어져 있다. 지구의 가장 아름다운 식물들의 다양한 품종들로 가득하다. 보이는 것과 향기나는 것이 너무나 천상의 것과 같아서, 그것을 어우르게 한 기술에 감탄하고 그 아름다움을 누리며 수 시간 그곳을 거닌다. 그곳에서 정말 많은 시간을 보냈기 때문에 정원을 쉽게 다닐 수 있다. 어떤 사람은 당신을 정원의 전문가라고 부른다. 당신은 그 정원의 안내도 해준다.

하지만 하루는 그 정원을 가꾼 식물학자가 당신에게 와서 이렇게 말한다고 상상해보자.

> 나의 손을 잡고 나와 함께 걷자. 나는 너에게 나의 정원의 모든 신비로운 것을 보여 주기 원한다. 내가 무엇을 그리고 왜 심었는지 네가 이해하기를 원한다. 여기 있는 식물들을 왜 골랐는지 그리고 내가 왜 그렇게 심었는지를. 그리고 내가 각각의 식물들의 독특한 특성을 설명해 주겠다. 너는 정원에 익숙한 만큼 나의 정원을 이해한다. 하지만 내가 완전한 이해를 하도록 도와주겠다. 네가 보았지만 전혀 알아채지 못한 것들을 보여주겠다. 나의 정원의 그 눈부신 아름다움을 네게 보여주게 해 달라.

이것이 성령이 우리에게 하기를 원하시는 것이다. 그분은 그분의 위대한 성경의 정원을 자랑하기 원하신다. 그분은 그분이 쓴 것을 누구보다도 잘 이해하신다. 안내를 받을 때 그분과 함께 걸음을 맞추며 우리가 해야 할 일은 묵상과 기도와 특별한 도움이 필요할 때 금식하는 것뿐이다. 하나님과 깊어지라. 그리고 그분이 당신을 그분의 정원 깊숙이 데려가시게 하라. 그래서 다른 사람들에게 하나님이 당신에게 드러내신 것을 보여 주라.

> 세상은 바쁜 사람이 더 필요하지 않다. 아마도 더 지적인 사람도 더 필요 없다. 필요한 사람은 "깊은 사람"이다. 그들이 어느 지점에 있는지 알기 위해서 고독이 필요한 줄 아는, 그들의 언어에 의미가 있으려면 침묵이, 그들의 행위가 영향력이 있으려면 숙고가, 세상을 현실 그대로 보려면

묵상이, 하나님을 의식하려면, "그분을 영원히 알기"[35] 위해서는 기도가 필요한 줄 아는 사람들이다.

---

[35] D. Postema, *Space for God: The Study and Practice of Prayer and Spirituality*, 3rd ed. (Bible Way; Grand Rapids: CRC Publications, 1997), 18

제 8 장

"골방 작업"을 시작하라

당신은 설교를 어디서 얻는가? 우리 중 너무 많은 사람들이 설교학적인 패스트푸드 중독자다. 우리 생활이 과잉 스케줄로 꽉 차 있어 진수성찬을 준비하기보다 우리 성도들의 접시 위에 영적인 팝타트(아침식사용으로 토스터에 1분간 데워서 먹는 간편식품 -역주)를 던진다. 우리는 영적인 골방보다 인터넷 와이파이 접속을 더 좋아한다.

왜 "목적이 이끄는" 시리즈를 사지 않는가? 로고스 소프트웨어를 작동시키고 본문 안내로 들어가 SermonCentral.com 링크를

나의 지혜는 대부분 인터넷 검색으로부터 옵니다.

손쉽게 누르면 되지 않는가? 계속해서 PowerPoint.com으로 들어가면 그래픽도 스스로 만들 필요 없다! "진수성찬 설교를 요리하기 위해 시간을 사용하는 사람은 바보 같다." "내가 할 일은 로그온 하는 것 뿐이다. 내가 절약할 수 있는 시간을 생각해 봐!"라고 우리는 스스로 자신에게 말한다.

그러나 설교는 식사와 같다. 좋은 품질은 노력을 요구한다. 한 엄마가 자식들에게 지피 땅콩버터와 켈로그의 팝타트만 먹인다면 그 엄마를 어떻게 묘사하겠는가? 태만하다. 당신과 나는 아이들이 그들의 잠재성을 충분히 이끌어내려면 집에서 손수 만든 영양 있는 제대로 된 식사가 필요한 것을 안다.

당신은 회중들에게 인터넷에서 건진 지혜로 만든 음식을 계속 제공하는 목사를 어떻게 표현하겠는가? 태만하다. 팝타트 설교는 쉽지만 그것은 영적 성장을 저해한다.

당신이 인터넷으로부터 고를 수 있는 영적 불량식품은 패스트푸드점의 드라이브 창구에서 구할 수 있는 것과 유사하다. 불량식품은 당신에게 진짜 필요한 영양을 채우지 못한 채 배만 부르게 한다. 불량식품 설교는 영혼에 영양을 주지 못하고 머리만 채운다.

위대한 설교는 위대한 음식과 같지, 텍사스의 노천채굴이나 중국 공장의 조립라인에서 굴러 떨어지거나 패스트푸드점 계산대로 미끄러져 나오는 것과 같지 않다. 고급 음식은 골방에서의 수많은 시간을 통해 만들어진다. 그리고 묵상과 기도와 금식은 최고의 설교 요리사에 의해 사용되는 조리 도구이다.

1. 골방 작업을 시작하다

하지만 우리가 골방에서 정확히 무엇을 해야 하는가? 묵상과 기도와 금식의 중요성을 아는 것은 그것을 가지고 무엇을 해야 하는지를 아는 것과 같지 않다. 우리는 무엇에 관해서 기도하고 묵상하는가?

나는 당신이 5가지 다른 질문들을 해보면서 5가지 다른 관점을 가지고 당신의 성경 단락의 아이디어를 고려하기를 제안한다. 각 질문은 당신에게 각기 다른 방식으로 도전을 줄 것이다. 또한 각 질문은 당신을 성경 본문과 그것이 포함하는 아이디어 속으로 더 깊이 들어가게 할 것이다.

이 시점에서는 아직 설교를 쓰는 게 아니라는 것을 유념하라. 5가지 질문은 골방 작업의 내용이다. 그것들은 당신이 골방에서 묵상하고 기도해야 할 것들이다. 5가지 질문은 하나님과 함께하는 시간에 집중력과 목적을 줄 것이다.

1) 설교학적인 것에 대해 아직 생각하지 말기 바란다

몇 개의 포인트가 있을지 그것이 무엇이 될지 걱정하지 마라. 서론 또는 결론 때문에 안달하면서 집중력을 잃지 마라. 고의적으로 그 질문들을 머리에서 밀어내라. 그것들은 아직은 아니지만 결국에는 해결될 것이다. 골방 작업의 유일한 목적은 성령이 당신을 본문에 대한 더 풍성한 이해로 이끄시도록 허락하는 것이다. 여유를 가지라. 하나님과 함께 할 수 있는 기회를 즐기라. 묵상하고 기도하라. 듣고 배우라.

나는 성령께서 당신에게 보이신 것을 기억할 수 있도록 이 5가지 질문을 새 공책을 펼쳐놓고 물어볼 것을 제안한다.

머리에 떠오르는 모든 질문과 통찰뿐만 아니라 성령께서 이 과정 내내 보이신 모든 통찰과 답을 꼭 적어라. 기술적으로 좀 더 능숙한 사람들은 공책과 펜 대신 디지털 음성 녹음기를 선호할 수도 있다. 어떤 방법이든 당신이 선호하는 것을 선택하라.

2) 당신이 기억할 것이라고 생각하지 마라

그렇지 않을 것이다. 우리 머리는 해변의 체판 같아서 통찰은 모래알처럼 너무도 쉽게 구멍 사이로 흘러 내려가 흔적도 없이 사라진다.

5가지 질문의 요약은 부록에 포함되어 있다. 그러나 질문 1을 보면서 다음 과를 시작하자.

2. 뒤로 보라

당신의 골방에서 물어 볼 첫 번째 질문은 "왜 이 석의적 아이디어가 원 수신자에게 필연적이었는가?" 성경 본문에 정확하게 진술된 석의적 아이디어가 있는지 보라. 공책 첫 페이지 맨 위에 그것을 써라.

모든 아이디어처럼 이것은 주요소와 보충요소, 질문과 답 형식으로 진술되어야 한다. 그것은 석의적이기 때문에 영감 있는 성경 저자가 그의 원 회중에게 소통했던 것에 대한 정확하고 구체적인 묘사여야 한다.

적혀진 이 석의적 아이디어로 시작하는 것은 필수적이다. 글쓰기는 사고를 명확하게 해 준다. 정말 인정하기 부끄럽지만, 교통이 정체되거나 회의가 지루할 때 머릿속에 아이디어가 떠오르면 나는 그것에 더 집중했던 적이 많았다. 하지만 나의 골방에 도착했을 때, 이전에 너무나도 명백했던 생각이 애완견 대회에서 고양이가 도망치듯이 재빨리 사라졌다. 나의 현재 모토는 이것이다. "적혀 있지 않으면 없는 거나 마찬가지다." 성경 본문의 문법적·역사적 연구로부터 얻어낸 석의적 아이디어로 시작하라. 골방 작업은 말씀 연구를 증대시킨다. 그것은 대체될 수 없다.

여기에 당신이 설교할 본문에 대해 원저자가 전달한 것을 정말 이해했는지 확인할 수 있는 본문에 대한 몇몇 보충 질문들이 있다.

질문 1 왜 이 석의적 아이디어가 원 수신자에게 필연적이었는가?

① 성경의 저자는 누구에게 이 메시지를 전달했는가?
② 무슨 문제를 다루었는가?
③ 왜 그들은 그것을 들을 필요가 있었는가? 얼마나 긴급했나? 왜?

여기서 당신의 목적은 그 문제가 원 수신자의 삶에서 구체적으로 무엇이었는지 결정하는 것이다. 이 성경적 사실이 요구하는 상황을 마음에 그려 보아라. 당신의 머릿속에서 그것을 보라. 당신이 보는 문제가 실제적인 것임을 분명히 하라. 당신의 머릿속에서 실제적이지 않다면, 왜인지를 물어라. 어떤 추가적인 정보가 그것을 구체적으로 만들기 위해 필요한가? 석의인가? 문화인가? 당신이 필요한 것을 찾으라.

④ 원 수신자들의 선행 역사가 이 가르침이 이 시간에 필요했던 이유를 설명하는 데 도움이 되는가?

⑤ 이 가르침의 필요를 품거나 가속화하기 위한 문화적인 요소들이 있었는가? 어째서 원 수신자의 마음은 이 방향으로 흘러가기가 그렇게 쉬웠는가? 왜 하나님은 그들에게 이 아이디어가 구체적으로 필요하다고 생각하셨는가?

⑥ 이 성경 진리에 대한 원 수신자의 감정적 반응은 어떠했다고 생각하는가? 처음 들었을 때 그들의 본능적인 반응은 어떠했는가? 왜 그렇게 생각하는가?

⑦ 이 메시지의 원 수신자는 그것을 어떻게 했는가? 그들은 이 말씀을 주의했는가 아니면 모른 체했는가? 우리는 아는가?

⑧ 이 진실은 원 수신자의 삶을 어떻게 변화시켰는가 또는 어떻게 변화시킬 수 있었겠는가?

해돈 W. 로빈슨Haddon W. Robinson은 "성경 속에 있기 때문에 그것이 진리인 것이 아니다. 그것이 진리이기 때문에 성경에 있다"라고 말한다. 다른 말로 하면, 성경의 진리는 삶의 진리이다. 그리고 그것을 순종하거나 불순종 하는 결정은 우리의 삶이 번성할 것인지 허둥거릴 것인지 결정한다. 이것을 유념하며 두 시나리오를 전개할 수 있다.

ⓐ 원 수신자들이 이 본문의 진리에 완전히 반응했다면 그들의 삶이 어떠했을까?
ⓑ 원 수신자들이 이 진리를 모른 체하거나 무시했다면 그들의 삶이 어떠했을까?

⑨ 이 원칙이 성경에 언급되어 있는 유일한 때인가? 성경 역사 내내 이

이슈와 투쟁한 다른 사람들이 있는가? 누가? 언제? 왜? 어떤 결과가 있었는가?

⑩ 무슨 비유가 이 본문의 의미를 가장 잘 포착하는가?

1) 이야기를 이해하라

이 도입 질문들을 하는 목적은 당신이 전에 경험했던 것보다 성경 본문에 더 깊이 들어가게 하기 위함이다. 나는 당신이 성경 본문의 문법 이상을 이해하기 원한다. 그것은 당신의 노트북 소프트웨어가 해결할 수 있다. 성령이 내주하시는 사람으로서 당신은 본문 속으로 더 깊이-더욱 멀리-들어 갈 수 있고 또한 가야 한다. 나는 당신이 원 문맥으로 되돌아가 추상적인 그 아이디어를 구체적인 것으로 만들기를 원한다. 다른 말로 하면, 하나님이 원 저자에게 영감을 주셔서 그 본문의 석의적 아이디어를 발전시키고 전달하게 하신 원 회중의 당시 실제 상황을 당신이 이해하기를 원한다. 구체화는 효과적인 설교의 중요한 요소이다.

얕은 설교자는 너무 추상적인 말씀의 진리를 말하기 때문에 그들은 본질적으로 의미가 없다. 그들은 예를 들어, "거룩함의 중요성"에 대해 말하지만 거룩함이 실제로 어떻게 생겼는지 보여주지 않는다. 그들의 회중은 진리를 듣지만 무엇을 해야 할지 전혀 모른다. 그것은 그들에게 상관없는 것이 된다.

우리가 추상적으로 설교할 때 우리 말은 연못에 튕기는 돌처럼 회중의 삶에 가볍게 튀면서 스쳐 지나간다. 하나님이 의도한 첨벙거림을 만들기 위해서 진리는 사람들의 일상생활 속으로 뛰어들 필요가 있다. 예수님은 설교를 통해 이것을 하셨다.

산상설교를 듣는 많은 이들은 "너희 의가 서기관과 바리새인보다"(마 5:20) 더 의로워야 한다고 예수님이 말씀하셨을 때 그들은 별로 기분 나빠하지 않았을 것이라고 생각된다. 하지만 예수님이 구체적인 예를 드시며 이러한 의가 실질적으로 어떻게 생겼는지 말씀하셨을 때 그들 얼굴에 나타났을 놀라는 표정을 상상해 보라. 예수님이 살인을 성내는 것과(마 5:22을 보라) 간음을 욕망의 눈빛과 이웃 사랑을 원수 사랑과 동일시하시고(마 5:28을 보라), 핍박하는 자들을 위해 기도하라고 하셨을 때 말이다(마 5:44을 보라).

하나님의 아이디어를 당신 회중의 삶에서 벗어난 궤도에 놓지 마라. 그 진리를 현실로 만들어라. 그것을 그들의 삶의 한복판에 착륙시켜라.

2) 진열된 진리

당신이 설교할 그 본문의 아이디어는 더 큰 이야기 속의 한 부분이라는 것을 이해하면, 내가 제안한 질문들은 당신이 석의적 아이디어를 구체적으로 이해하는 데 도움이 될 것이다. 모든 성경의 부분은 그 배경에 이야기가 있고 그것은 본질적으로 구체적이다. 이야기는 진리를 토론하지 않는다. 그것은 진리를 드러낸다. 사도 바울은 이것을 알았다.

예를 들어, 로마서 3장에서 사도 바울은 믿음을 통한 의라는 추상적인 개념을 논한다. 그러나 로마서 4장에서 그는 우리에게 믿음을 통한 의를 보여 주기 위해 아브라함의 이야기를 사용한다.

> 그가 백세나 되어 자기 몸의 죽은 것 같음과 사라의 태의 죽은 것 같음을 알고도 믿음이 약하여지지 아니하고 믿음이 없어 하나님의 약속을 의심치

않고 믿음에 견고하여져서 하나님께 영광을 돌리며 약속하신 그것을 또한 능히 이루실 줄을 확신하였으니 그러므로 이것을 저에게 의로 여기셨느니라 저에게 의로 여기셨다 기록된 것은 아브라함만 위한 것이 아니요 의로 여기심을 받을 우리도 위함이니 곧 예수 우리 주를 죽은 자 가운데서 살리신 이를 믿는 자니라 예수는 우리 범죄함을 위하여 내어줌이 되고 또한 우리를 의롭다 하심을 위하여 살아나셨느니라(롬 4:19-25).

바울은 이야기를 사용하여 실제 삶에 그 추상적인 진리를 뿌리 내린다. 아브라함의 이야기에 들어서면서 우리는 이신칭의 교리가 역사하는 것을 본다. 이야기는 본질적으로 구체적이다. 구체화는 현실화다.

나는 석의적 아이디어를 위하여 이야기를 창조하라고 하는 것이 아니다. 이 질문들을 사용하여 원 회중의 이야기를 재창조함으로써 그들이 이 진리를 받아들여야 했던 이유를 밝히라는 것이다. 본문의 고대 이야기를 발굴할 때 당신은 아이디어의 중요성을 발견할 것이다. 그 이야기는 당신에게 언제 그리고 왜 그 진리가 경건한 삶에 그렇게 중요한지를 보여 줄 것이다.

이야기를 발견하는 것의 이차적인 혜택은 그 이야기가 고대 독자들의 이야기와 당신이 연설할 현대 회중의 이야기 사이의 유사점을 발견할 수 있도록 도와준다는 것이다. 설교에서 이 유사점들을 알고 보여줄 때 당신은 회중과 성경 본문 사이를 연결시켜 주는 것이다. 당신은 더 효과적으로 설교할 것이다.

그러나 나는 당신이 석의적 아이디어의 원래 이야기를 발견하는 것보다 더 나아가기를 원한다. 구체적으로 석의적 아이디어를 확실히 이해하기 위해서 당신이 그것을 가지고 또 다른 작업을 하기 바란다. 은유를 만들기를 원한다.

3. 보고 배워라

은유들은 깊은 설교를 위해서 중요하다. 본문을 은유로 만들 수 없다면 그것을 설교할 만큼 본문을 이해하지 못한 것이다. 본문의 아이디어를 은유 안에 넣지 못한다면 그것을 사실상 이해하지 못한 것이다. 그리고 설교하기 위한 준비가 분명히 되어 있지 않다.

명사는 사람, 장소, 또는 물건을 언급할 때 사용하는 단어이다. 날마다 명사를 보고 만진다. 아침식사를 할 때 명사에 앉는다. 명사를 당신의 시리얼 그릇에 붓는다. 명사를 몰고 일터로 향한다. 당신의 배우자와 개는 명사다. 당신이 점심에 먹으려고 하는 샌드위치도 마찬가지다. 우리는 명사를 이해한다. 삶의 조경 위에 볼록 튀어 나온 것들이다.

은유는 우리가 이미 이해하고 있는 구체적인 명사로 추상적인 개념들을 깨닫게 해준다. 그 둘 사이의 비슷한 점이나 유사한 점을 제시한다. "은유"라는 단어는 "옮기다"라는 의미의 헬라어 단어 메타페레인 Metapherein으로부터 왔다.[1] 은유는 우리가 모르는 것을 아는 것으로 바꿔준다. 은유는 같지 않은 물체나 아이디어 두 가지를 비교하고 그것들 사이에 존재하는 유사성을 강조한다. "은유의 본질은 어떤 한 가지를 다른 것을 통해 이해하고 경험하는 것이다."[2] 그리고 은유는 일상생활의 구체적인 것들을 통해 만질 수 없고 복합적이고 관계적인 부분들을 설명해 주기 때문에 생생하게 기억에 남는다.[3] 다음을 고려하라.

---

1 Merriam-Webster, Inc, *Merriam-Webster's Collegiate Dictionary*, 11th ed. (Springfield, MA: Merriam-Webster, Inc., 2003)
2 G. Lakoff and M. Johnson, *Metaphors We live by* (Chicago: University of Chicago Press, 2003), 5
3 J. Lawley and P. Tompkins, *Metaphors in Mind: Transformation through Symbolic Modelling* (London: Developing Company Press, 2000), 9.

> 자신의 조상을 잊는 것은
> 원천이 없는 시내와 같고
> 뿌리 없는 나무와 같다.
> 중국 속담[4]

여기서 한 가족의 가치(구체적인 개념)는 우리가 아는 명사인 시내와 뿌리와 동일시된다. 저자는 우리 조상이 우리 삶에 있어서 근간이라는 교훈을 생생하게 기억하도록 시냇물의 원천과 나무의 뿌리에 비유한다. 우리의 조상을 잊는 것은 우리의 삶을 가능케 한 근원을 잊는 것이다. 은유는 흥미로운 것 외에 교육적으로도 가치가 있다.

은유는 배우는 과정에서 대단히 효과적인 교육 도구이다. 왜냐하면 은유는 사람들이 배우는 방식과 완전히 맞아 떨어지기 때문이다. 로우리Lawley와 톰킨스Tompkins가 지적하듯이 태어나서 죽을 때까지 우리 모두는 세상이 어떻게 돌아가는지에 대한 정신적 모델을 만든다.[5] 이 정신적 모델을 인생의 진리를 관찰하면서 창조한다. 이 "진리들"은 우리의 삶을 세우는데 사용하는 근본적인 가정이 된다. 그것들은 지적으로 무너뜨릴 수 없다. 우리가 삶에서 배우는 모든 것은 이미 존재하는 이러한 가정 위에 세워진다.

버만Berman과 브라운Brown은 이렇게 말한다.

> 우리가 그 무엇이든 배울 수 있는 이유는 은유적 연관성을 지을 수 있는 우리의 능력 때문이다. 어떠한 새로운 것이 우리가 이전에 했던 것과

---

4 E. Sommer with D. Weiss, *Metaphors Dictionary* (Canton, MI: Visible Ink Press, 2001), 19.
5 Lawley and Tompkins, *Metaphors in Mind*, 21-22.

비슷하면, 우리는 첫 상황에서 알게 된 것 가지고 새로운 상황으로 우리의 지식을 옮긴다.[6]

초등학교 때 더하기를 어떻게 배웠는지 기억하는가? 선생님은 아마도 당신이 사과 3개를 가지고 있는데 어머니가 사과 1개를 더 주신다면 당신이 가진 사과가 몇 개인지 물어보셨을 것이다. 사과 3개 더하기 사과 1개는 사과 4개라고 배웠다. 왜 그런 방식으로 배웠는가? 당신이 이미 사과에 대해 알고 있었고 당신의 어머니가 당신에게 물건들은 주신다는 것도 알았기 때문이다. 선생님이 하신 것은 당신이 이미 아는 것 위에 축적하시는 것이었다. 좋은 선생님들은 의도적으로 그들의 새로운 자료를 우리 안에 존재하는 정신적 모델에 접목시킨다.

정신적 모델을 세우는 것은 아파트 건물을 세우는 것과 유사하다. 건설업자는 높은 건물을 지을 때 펜트하우스부터 짓기 시작하지 않는다. 그것은 불가능하다. 우스운 일이다. 왜? 왜냐하면 펜트하우스는 건물의 맨 위에 있기 때문이다. 펜트하우스는 그 아래에 있는 아파트와 어느 정

---

6 M. Berman and D. Brown, *The Power of Metaphor: Story Telling and Guided Journeys for Teachers, Trainers and Therapists* (Williston, VT: Crown House Publishing, 2000), 3-4.

도 별도라고 볼 수는 있지만 공중에 떠 있을 수는 없다. 아래에 있는 아파트들과 단단히 붙어 있어야만 한다. 아파트 층층마다 그 이전에 지어진 것에 놓여진다. 지식을 쌓는 것도 이와 같다. 학과에 선수과목이 있는 이유가 바로 이것이다. 교육자들은 학과에서 사용하는 자료들을 당신이 알지 못하면 수업에 성공할 수 없다는 것을 안다.

우리가 배운 모든 것은 우리가 아는 것의 확장이다. 새로운 정보를 배우는 것은 확장 사다리를 사용하는 것과 같다. 사다리를 사용하기 위해선 먼저 사다리를 현재 서 있는 단단한 땅 위에 세워 놓는다. 다음은 사다리를 가고 싶은 곳을 향해 앞으로 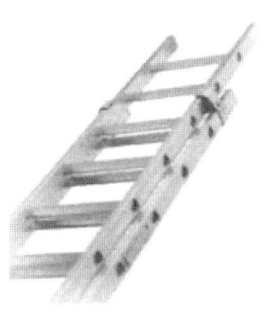 그리고 위로 늘어뜨린다. 은유도 똑같은 방식으로 작동한다. 은유는 당신의 지식 위에 함께 서서 당신이 그 다음 지적 단계로 기어올라 갈 수 있도록 도와준다.

당신은 내가 방금 사용한 은유들을 알아챘는가? 1학년 수학, 펜트하우스 아파트, 그리고 확장 사다리. 이것들을 한데 묶는 유일한 것은 이것들이 당신 삶의 일부분이라는 것이다.

당신은 아이들이 사과를 사용해 더하기를 배우고 펜트하우스 아파트는 공중에 떠있을 수 없고 사다리를 어떻게 사용한다는 것을 이해한다. 이미 알고 있는 것의 요소들을 가지고 우리는 배우려고 하는 것들에 관련시키면서 배운다. 그렇기 때문에 하나님은 은유를 성경 전체 속에 아낌없이 뿌려 놓으셨다.

현대주의와 조직신학의 발흥은 사람들로 하여금 성경을 명제와 추상으로 보도록 했다. 신학자들은 그들의 이론들을 더 자세히 진술하고 여러 신앙 제도의 영향을 탐험하기 위해 셀 수 없는 시간을 소비하고 수많은 갤런의 잉크를 쏟았다. 그러나 추상적인 것에 대한 현대적인 경향은 성경 그 자체와 현저하게 대조된다.

성경은 "대체로 이미지로 말한다…이야기, 비유, 선지자들의 설교, 지혜자들의 소견, 다가올 시대의 그림, 지난 일들에 대한 해석 모두 경험에서 비롯된 이미지로 표현되었다. 추상적인 기술적 언어에서 비롯된 것은 별로 없다."[7] 거대하고 굉장한 『성경 이미지 사전』*Dictionary of Biblical Imagery*(CLC 역간)[8]을 한 눈에 봐도 구체적인 소통에 대한 하나님의 사랑을 확신할 수 있을 것이다.

예수님은 누구신가? 신학도서관에 가면 이 간단한 질문을 답하기 위해 바쳐진 수천 권의 무겁고 복잡한 책들을 찾을 수 있다. 하지만 예수님은 일상의 것들을 사용해 사람들에게 자신이 누구인지 말씀해 주셨다.

나는 생수다.
나는 생명의 떡이다.
나는 세상의 빛이다.
나는 선한 목자다.
나는 포도나무다.[9]

예수님은 은유를 서술어로 사용하셨다. 왜냐하면 은유의 거대한 교육적 가치 때문이다. 예수님은 은유가 사람들이 그분을 이해하는 데 도움이 될 것을 아셨고, 그것을 자신을 알리는 데만 한정하지 않으셨다. 예수님에게는 어떤 시간이든 은유를 사용하기 좋은 시간이었다. 사실, 예수

---

7 J. A. Fischer, *How to Read the Bible* (Englewood Cliffs, NJ: Prentice-Hall, 1981), 39

8 L. Ryken, et al., *Dictionary of Biblical Imagery* (Downers Grove, IL: InterVarsity Press, 1998)

9 요 4:10; 7:38 ; 비교, 요 6:35; 8:12; 10:11,14; 15:5

님은 설교하실 때 결혼식에서 쌀을 아낌없이 뿌리듯이 은유를 사용하셨다. 그 정도로 예수님은 은유의 가치를 확신하셨다.

4. 예수님처럼 설교하라

마태복음 5-7장의 산상설교는 예수님이 설교하셨던 방식을 보게 해준다. 은유가 이 설교적 걸작에서 누리는 현저함을 생각해 보라.

예수님은 "심령이 가난한 자"와 "의에 주리고 목마른 자"(마 5:3, 6)를 칭찬하셨다. 예수님은 제자들에게 "소금"과 "빛"이라고 부르셨고 그들에게 "땅의 보물" 대신 "하늘의 보물"(마 5:13-14; 6:19-20)을 쌓도록 강력히 권고하셨다. 예수님은 "눈은 몸의 등불"이고 재물도 우리의 "주인"(마 6:22, 24)이 되기를 원한다고 말씀하셨다. 예수님은 우리에게 걱정하지 말라고 하셨다. 왜냐하면 하나님이 들의 백합화를 입히신다면 하나님은 당연히 우리도 보살피시기 때문이다. 예수님은 우리에게 질문하신다. "어찌하여 형제의 눈 속에 있는 티는 보고 네 눈 속에 있는 들보는 깨닫지 못하느냐?" 그리고 우리에게 "돼지 앞에 진주"(마 7:3, 6)를 던지지 말 것을 권하신다. 기도의 주제에 대해서는 우리에게 구하라, 찾으라, 그리고 두드리라고 하셨다. 왜냐하면 "너희 중에 자기 아들이 빵을 달라고 하는데 돌을 주고, 생선을 달라고 하는데 뱀을 줄 자가 어디 있겠느냐?"(마 7:9-10) 그리고 우리가 주의해야 할 것은 "좁은 문으로 들어가라. 멸망에 이르는 문은 넓고 그 길이 넓적해서 그리로 들어가는 자들이 많으나"(마 7:13)라고 경고하시면서 거짓선지자들을 조심해야 한다고 하신다. 그들은 "양의 옷을 입은" 사나운 늑대다(마 7:15을 보라). 그들을 확인할 수 있는 오직 한 방법은 그들의 열매를 통해서이다. 왜냐하면 "좋은 나무는 모두 좋은 열매를 맺고 나쁜 나무는 나쁜 열매를 맺는다"(마 7:17). 그리고 무엇을 하든지, 예수님의 가르침에 실족하지 말아야 한다. "그러므로 누구든지 나의 이 말을 듣고 행하는 자는 그 집을 반석 위에 지은 지혜로운 사람 같으리니 비가 내리고 창수가 나고 바람이 불어 그 집에 부딪치되 무너지지 아니하리니 이는 주추를 반석 위에 놓은 까닭이오…나의 이 말을 듣고 행하지 아니하는 자는 그 집을 모래 위에 지은 어리석은 사람 같으리니"(마 7:24, 26).

마태의 설교는 다음과 같은 말로 끝난다. "무리들이 그분의 가르치심에 놀랐으니, 그분의 가르치심이 권세 있는 분같고 서기관들과 같지 않으셨기 때문이다"(마 7:28, 29을 보라). 여기서 "권세"로 번역된 헬라어는 헬라어로 에쿠시아exousia로서, 동일하게 "자유, 능력, 권세, 권능"[10]으로 번역되기도 한다. 그렇다. 예수님은 권세를 갖고 설교하셨다.

하지만 이 설교에서 예수님은 엄청난 수사적 자유, 재능, 능력을 보여주셨다. 그의 직설적이고, 확실하고, 뚜렷하게 전달하는 솜씨는 최고였다. 어째서 예수님은 이토록 효과적인 설교자였나?

예수님의 설교적 성공의 중대한 이유는 그의 아낌없는 은유의 사용 때문이었다. 은유 사용에 숙달되신 예수님은 세기를 뛰어넘는 설교를 하셨다.

당신의 은유 사용을 예수님과 비교해 보라. 우리는 우리 구세주만큼 깊이 설교하지 못하더라도, 그에게서 배울 수 있다. 보다 나아질 수 있다.

---

10 H. R. Balz and G. Schneider, *Exegetical Dictionary of the New Testament* (Grand Rapids: Eerdmans, 1990-c1993), S. 2:9.

5. 보기보다 어렵다

우리 스승님이 은유를 수월하게 사용하시는 것 때문에 은유를 통달하는 게 쉽다는 어리석은 생각을 하지 마라. 그렇지 않다. 흔히 전문가들이 하는 것은 쉬워 보인다. 당신이 해보려고 할 때까지는 그렇다. 타이거 우즈Tiger Woods는 골프가 쉬운 것처럼 보이게 하지만 골프 치는 나의 친구들은 타이거가 보여주는 것보다 경기가 어렵다고 한다. 그들은 수억 달러의 상금을 벌면서 프로 순회를 하는 게 아니다. 밥 빌라Bob Villa는 TV에서 가구 만들기를 쉬워 보이게 하지만 내가 책장을 만들 때는 제대로 안 된다.

좋은 은유는 단순하고, 단순한 것은 쉬워 보인다. 하지만 그렇지 않다. 바보들이 복잡한 면이 많고, 오히려 천재들이 단순하다. 복잡하고 추상적인 아이디어를 쉽게 접근할 수 있는 은유로 압축하는 것은 중요한 도전이다. 아리스토텔레스Aristotle에게 물어라. 그가 『시학』Poetics에 적었다.

> 여태껏 가장 위대한 것은 은유의 능숙함을 갖는 것이다. 이것만은 다른 사람에 의해 주어질 수 없다. 천재성의 증거다. 좋은 은유를 만든다는 것은 유사함을 보는 눈이 있다는 것이다.[11]

은유를 효과적으로 만든다는 것은 그것을 어렵게 만든다는 것이다. "은유는 알 수 없는 것과 일상적인 것 가운데 서서, 가장 많은 지식을 제공한다."[12] 은유는 "비유법" 이상이다. 그것은 우리가 현실을 인식하는 데 중심이 된다. 은유는 다음의 지적인 단계에 도달하기 위해 필요한 정

---

11 Aristotle, *Poetics* 9.4.
12 M. Danesi, *Poetic Logic: The Role of Metaphor in Thought, Language, and Culture* (Madison, WI: Atwood Publications, 2004), 9.

신적 발판이다. 그것은 소통과 가르침의 중요한 요소이다.

당신은 성경을 효과적으로 설교하기 위해서 은유를 잘 사용하는 법을 배워야 한다. 은유를 개발하고 사용하는 능력을 개발하지 않으면 깊은 설교자가 될 수 없다. 깊은 설교자들은 이것을 항상 알고 있었다.

6. 스승들이 통달한 것

토론토대학에서 기호학과 소통이론 교수인 마셀 다네시Marcel Danesi는 다음과 같이 말했다. "성 토마스 아퀴나스는…성경 저자들은 "영적 진리"를 "물질의 형상"으로 나타냈다고 말했다. 왜냐하면 이것이 인간이 진리를 이해할 수 있는 유일한 방법이었기 때문이다. 그에게 은유는 인지의 도구였다…(아퀴나스 자신이 그런 말을 했다).

> 성경이 하나님 그리고 영적 진리를 물질적인 것과 비교하는 방식으로 제시하는 것은 적절하다. 왜냐하면 하나님은 모든 것을 자연적인 능력에 따라 공급하시기 때문이다. 사람이 지적인 진리를 감각적인 것으로부터 얻는 것은 자연스러운 것이다. 왜냐하면 우리의 모든 지식은 감각에서 비롯되기 때문이다. 그러므로 성경은 영적 진리들을 적절하게도 물질적인 것의 형상을 통해 가르친다"[13]

역대 가장 위대한 설교가 중 한 명인 찰스 해돈 스펄전Charles Haddon Spurgeon은 은유의 대가였다. 리차드 리처Richard Lischer는 "스펄전은 자신의 은유 만드는 은사-창문의 이미지-를 통해 설교 예화의 기능을 설명한다. 그는 설교당 은유 8개의 한도를 제시했지만 그 법칙을 그는 무수히

---

13 M. Danesi, *Poetic Logic: The Role of Metaphor in Thought, Language, and Culture*, 14

어졌다"¹⁴라고 한다. 스펄전의 많은 설교들을 읽어봤다면 고장난 수도꼭지에서 물이 쏟아지듯 그의 입술에서 은유가 흘러내린 것을 알 것이다. 설교자로서 스펄전이 성공한 이유 중 하나는 그가 은유를 사용해 회중이 그의 말을 볼 수 있게끔 도와준 것이다.

조나단 에드워즈Jonathan Edwards의 가장 유명한 설교 "진노하신 하나님의 손안에 있는 죄인들"은 은유들로 가득 차 있다. 그 설교가 회중들에게 그토록 엄청난 영향을 끼친 이유 중 하나는 에드워즈의 능력 있는 은유 사용이다. 다음의 발췌문을 생각해 보라.

> 하나님은 언제라도 악한 자들을 지옥에 던져버릴 수 있는 무한한 능력이 있으시다. 하나님이 일어서시면 인간의 능력은 더 이상 힘을 쓸 수 없다. 가장 강한 자도 하나님을 대항할 능력이 없으며, 하나님의 손에서 건져낼 자는 없다. 하나님은 패역한 자들을 지옥에 던져버릴 수 있으실 뿐만 아니라 아주 쉽게 그 일을 몹시 수월하게 하실 수 있다. 간혹가다 세상의 왕자가 추종자들과 함께 요새를 구축하고 세력을 강화한 반역자를 진압하기 위해 수많은 어려움을 겪는다. 하지만 하나님은 그렇지 않으시다. 하나님의 능력으로부터 피할 수 있는 요새나 방어진지는 없다. 무수한 하나님의 대적들이 손에 손 잡고, 연합하고 결합한다고 할지라도 그들은 쉽게 산산조각이 난다. 그들은 회오리바람 앞의 힘 없는 겨의 큰 무더기 같으며 강렬한 불길 앞에 놓인 다량의 마른 그루터기와도 같다. 땅바닥에 기어가는 벌레를 밟아 뭉개버리는 것이 쉬운 것처럼, 또 매달려 있는 가느다란 실밥을 자르거나 태워버리는 것이 쉬운 것처럼, 하나님은 원하시기만 하면 그렇게 그분의 적을 지옥으로 쉽게 던져버릴 수 있으시다. 우리가 무엇이관대 그분의 꾸짖음에 땅이 진동하고 그 앞에서 바위가 내동댕이쳐지는 앞에 설 수 있다고 생각하는가?¹⁵

---

14 R. Lischer, *The Company of Preachers: Wisdom on Preaching, Augustine to the Present* (Grand Rapids: Eerdmans, 2002), 316
15 http://www.ccel.org/ccel/edwards/sermons.sinners.html (accessed 11/10/08)

이 설교에서 에드워즈는 건전한 신학을 능력 있는 은유와 함께 결합한다. 이 능력 있는 조합은 설교가 사람들의 마음속으로 깊이 파고 들 수 있도록 도왔다. 불량한 민족을 하나님께 돌아가도록 도왔다.

깊은 설교자들은 항상 은유의 능력을 인정했고 여전히 인정하고 있다.

7. 은유 만들기

학생들이 은유에 관해서 묻는 흔한 질문은 "그 책을 어디서 살 수 있습니까?"이다. 물론 답은 그런 책이 없다는 것이다. 그리고 만약에 그런 책이 있다면 그것을 사지 말아야 한다.

사전에 만들어진 은유를 당신의 강단에서 사용하는 것은 감자를 멕시코에서 아이다호까지 부치는 것과 같은 이치다. 사전에 만들어진 은유는 아이다호의 식당에 도착한 감자와 마찬가지로 부적절한 것으로 회중에게 도착할 것이다. 최고의 은유는 항상 현지에서 자라며 회중의 삶으로부터 나온다. 그리고 그것은 당신이 말할 정확한 상황을 위해 언제나 신선하게 수확되어야 한다.

"살림의 여왕" 마사 스튜어트Martha Stewart처럼 들릴 위험을 감수하고 말하건대, 최고는 언제나 직접 만들어진다. 이제 당신만의 은유를 어떻게 창조할 수 있는지를 보여 주겠다. 당신이 효과적인 은유를 창조하기 위해 기억해야 할 3가지 과업이 있다.

① 유사점을 찾으라.
② 적절한 감정에 호소하라.
③ 길이를 결정하라.

1) 유사점을 찾으라

은유의 가장 기본적인 요소는 우리가 본 것과 같이 실제적인 것과 추상적인 것, 당신이 알고 있는 것과 알지 못하는 것, 회중의 삶과 성경 본문의 아이디어 사이의 유사점을 말해 주는 것이다. 설교를 위해 은유를 창조하기 위해서 당신은 2가지 방법 중 하나로 시작할 수 있다. 성경 본문의 아이디어에서 시작해서 세상에서 은유를 찾든지, 아니면 세상에서 본 아이디어에서 시작해서 그 아이디어를 성경 본문 속에서 찾는 것이다.

은유는 "어떤 것이 성경 안에 있기 때문에 진리가 아니라, 그것이 진리이기 때문에 성경 안에 있다"는 이유 때문에 가능하다. 성경이 현실에 진실하기 때문에 당신은 현실이 성경의 진리와 일치할 것을 기대할 수 있다.

은유를 사용할 때, 나는 2가지 방법 모두 쓴다. 나는 세상-광고 게시판 위에서, 자동차 범퍼에 붙인 광고, 뉴욕타임즈 닷컴 또는 로이터스 닷컴, 어디에서나-속에서 자주 진리를 본다. 정말 흥미진진하다. 그런 일이 있을 때 나는 먼저 그 순간을 포착한다. 웹 페이지는 노트북에 저장하기 쉽고, 광고 게시판 자동차 범퍼 광고는 핸드폰으로 자주 찍는다. 이것이 가능하지 않으면, 나는 즉시 나의 아이폰에 메모해 둔다. 나는 예외 없이 잊어버리기 때문에 나중 시간에 은유를 기억하려고 노력하지 않는다.

세상에서 진리를 포착했을 때, 나는 똑같은 주요소와 보충요소를 포함하는 성경 본문을 찾아 나선다. 때때로 어떤 본문은 갑자기 생각난다. 다른 때는 머리를 쥐어짜고 성경 소프트웨어를 샅샅이 뒤져야 한다. 그러나 그 둘이 일치 되었을 때, 나는 유사성을 발견한 것이다.

하지만, 설교 준비를 할 때 성경 본문의 아이디어로 시작한 뒤 세상 속에서 동일한 아이디어를 찾기 시작한다. 우리의 머리가 돌아가는 방식

때문에 이 방법으로는 시간을 두고 이미지를 찾는 것이 최선이다. 이에 대해 설명하겠다.

당신은 차를 사는 과정을 경험해 본 적이 있는가? 나는 있다. 지난 여름 나의 오랜 된 F 150 트럭은 수명을 다했기 때문에 새로운 차를 찾아야 했다. 차 쇼핑을 시작했을 때, 처음에는 또 다른 F 150을 살 것을 고려했다. 그 시점에, 아주 이상한 일이 벌어졌다. 갑자기 수많은 F 150들이 보이기 시작했다. 그것은 내가 가는 모든 곳에 있는 것 같았다. 나는 의식적으로 그것들을 찾은 것이 아니다. 단지 그것들이 여기저기서 나타나는 것처럼 보였다. 그러다 내가 생각하고 있던 것이 눈에 띄었다.

그리고 나서 F 150에서 포드 무스탕으로 축소하는 것을 생각하기 시작했다. 똑같은 일이 다시 벌어졌다. 무스탕을 생각하기 시작했을 때부터 정지신호등에 설 때마다 무스탕이 보이는 것 같았다. 그러다 내가 생각하던 것이 눈에 띄었다.

하지만 캘리포니아의 기름 값이 갤런당 5달러로 치솟았을 때 생각을 바꾸었다. 누가 그런 목마른 차의 기름 탱크를 채울 여유가 있는가? 미니 쿠퍼는 어떨까? 당신이 맞췄다. 운전하고 돌아다닐 때 내가 가는 모든 곳마다 미니 쿠퍼가 나의 주의를 끌었다. 이 한 아이디어를 고려하면, 주위 모든 곳에서 그 아이디어를 보기 시작한다. 당신은 자신의 생각하는 것을 생활 속에서 주목한다.

본문의 핵심 아이디어를 발견한 후 당신은 일상생활에서도 그 아이디어가 "불쑥불쑥" 보이기 시작할 것이다. 그러니 당신 주위에 일어나는 상황들을 반드시 주의하도록 하라.

어떤 사람들은 세계를 순항하고도 거의 아무것도 보지 못한다. 다른 사람들은 집 근처 가게에 가더라도 세계를 본다. 평범한 일에 주의하라.

무슨 일이 왜 일어나는지 생각해 보라. 나는 인터넷으로 신문을 자주 본다. 타임지와 내셔널 지오그래픽을 읽는다. 지역 서점에 가서 흥미 있어 보이는 책을 고른다. 당신이 이렇게 한다면-그리고 아이디어를 발견한 때와 설교를 할 때 사이에 시간을 둔다면-설교를 위한 은유를 찾는 데 아무 문제없을 것이다.

그나저나 은유를 찾는 것은 영성수련을 실행할 때 제일 잘 된다. 질문 1에 대해서 지속적으로 묵상하고 기도하라. "왜 이 석의적 아이디어가 원 수신자에게 필요했을까?"

설교할 아이디어에 관해서-며칠이고-하나님과 나 자신과 지속적으로 대화하고 있는 것을 발견한다. "하나님, 여기 본문에서 무슨 말씀을 하셨습니까? 왜 그것이 그렇게 중요했습니까? 그 아이디어는 무엇처럼 생겼습니까? 그것을 삶 속 어디서 볼 수 있습니까?" 이러한 하나님과의 대화 과정 속에서 하나님이 내게 최선의 은유를 주신다. 아무 일도 일어나지 않는다면, 금식하면서 하나님께 부르짖어야 한다.

한 번은 좀처럼 충분하지 않다. 은유에 관한 한 하나로는 충분하지 않다는 것을 유념해라. 당신의 초점을 제대로 표현하도록 도와주는 은유가 여러 개 필요하다. 진리가 우리 머리와 마음속으로 깊이 스며들기 위해서 시간이 걸린다. 한 아이디어에 서로 다른 은유들로 여러 겹으로 씌우면 사람들로 하여금 당신의 초점을 곰곰이 생각하도록 만든다. 한 아이디어에 더 오래 머물수록 그 아이디어는 그들의 삶을 더 깊이 파고들 것이고 당신의 설교는 그들에게 더 깊은 영향을 줄 수 있다.

은유를 여러 겹으로 쓰는 기술은 내가 발견한 것이 아니다. 그것은 예수님이 하신 것이다. 하나의 초점을 위하여 여러 개의 은유를 썼을 때, 당신은 예수님의 뒤를 따르는 것이다.

누가복음 15장에서 예수님은 바리새인과 율법선생들에게 왜 자신이 세리와 같은 비난할 만한 죄인들을 환영하고 함께 식사하는지 설명하시려 했다. 쉬운 일이 아니다! 이런 이유 때문에, 예수님은 그 초점을 위해 은유 하나로 만족하지 않으신다.

- ◆ 예수님은 잃어버린 양의 비유를 말씀하시면서 시작한다. 목자가 사라진 양 한 마리를 구하려고 이상 없는 아흔 아홉 마리의 양을 두고 가는 이야기를 하신다. 모든 사람은 잃어버린 양이 집에 돌아오는 것을 보고 매우 기뻐했다. 그래서 양이 돌아왔을 때 파티가 벌어졌다.
- ◆ 그리고 나서 예수님은 열 개의 소중한 은화 중 한 개를 잃어버린 여자에 관한 이야기를 하신다. 그것을 잃어버린 것에 대한 그녀의 걱정이-그녀가 다른 것을 많이 가지고 있었는데도 불구하고-얼마나 대단했나 하면 그것을 찾기 위해서 집안을 발칵 뒤집었다. 그녀의 친구들과 이웃들은 은화 1개를 되찾은 것을 축하하면서 함께 기뻐했다.
- ◆ 그리고 나서 예수님은 소원해진 두 아들을 가진 아버지의 이야기를 하신다. 막내 아들은 한동안 어리석은 선택을 한 후에 집으로 돌아왔다. 그때 그의 아버지의 기쁨이 얼마나 대단했던지 그의 아버지는 엄청난 파티를 열었다.

이 이야기들은 모두 똑같은 초점을 가지고 있다. 각 이야기마다 소중한 것을 잃었고 되찾았다. 그리고 각 경우에 적절한 반응은 흥에 겨워 어쩔 줄 모르며 축하하는 것이다. 예수님이 바리새인들에게 하시는 말씀은 잃어버렸던 사람들이 돌아올 때 그들의 반응이 분노와 못마땅함이 되면 안 된다는 것이었다. 불량한 사람들의 뜻밖의 회개에 열광의 기쁨 이외에 다른 어떤 반응을 보일 수 있다는 말인가? 이에 반감을 나타낸 그들은 파티에 참석하기를 거부하며 아버지를 공개적으로 곤란하게 한 큰형만큼이나 수치스러웠다.

이 본문에서 예수님은 세상이 볼 수 있는 화목에 대한 최고의 그림 세 개를 주신다. 하나의 초점을 주장하기 위해 이미지 세 개가 겹쳤다. 복합적인 은유들은 최대의 효과를 낸다.

다수의 은유를 발견하기 위해서는 금요일 오후에 석의적 아이디어를 찾아선 안 된다. 당신의 설교 스케줄을 앞당겨야 한다. 미리 계획하라. 체계적으로 움직여라. 우선순위를 정하라. 묵상하고, 기도하고, 금식하면서 성령이 당신의 설교를 도우시도록 하라. 마지막 순간에 당신만의 힘으로 다 하려고 하지 마라.

하지만 효과적이기 위해서, 은유는 본문의 아이디어와의 인식적인 유사성 이상이 필요하다. 은유는 또한 당신이 설교하는 본문과 동일한 감정을 나누는 것이 필요하다.

2) 적절한 감정에 호소하라

설교자는 말씀의 아이디어에 대해 세 가지 일만 할 수 있다고 한다. 그것은 설명, 증명, 그리고 적용이다. 이와 관련해서 세 가지 기능적 질문을 할 수 있다. 즉 "이 아이디어는 무슨 의미가 있는가?" "이 아이디어가 진리인지 어떻게 아는가?" "그것의 차이는 무엇인가?" 모든 성경적인 설교는 어느 정도 이 3가지 기능적 질문 모두를 다루어야 하지만, 효과적인 설교는 이 세 질문 중 하나에만 주로 초점을 맞춘다.

이 질문들이 도움이 되긴 하지만, 네 번째 기능적 질문을 제안한다. 그것은 "본문은 나에게 어떤 느낌을 주는가?"이다. 성경의 아이디어를 설명하고, 증명하고, 적용한 것에 덧붙여서 성경적인 설교자는 그들의 회중이 감정적으로 성경 본문의 느낌과 공감하게 하는 것이 반드시 필요하다. 때때로 설교자는 성경의 아이디어에 관한 회중의 느낌을 변화시키는 데 집중해야 한다. 감정도 중요하다.

"교회가 시대에 20년 뒤떨어져 있다"는 비난은 빈번하다. 하지만 감정의 역할을 인정하고 활용하는 것에 있어서 설교학은 더욱 뒤떨어져 있다.

벤자민 블룸Benjamin Bloom이 『교육목표 분류학』Taxonomy of Educational Objectives을 출판한 지 30년도 넘었다. 거기에서 그는 학습범위를 인지적, 정신운동적, 감정적 범주로 나누었다. 블룸에 의하면, 효과적인 교사들은 주제를 이해시키기 위해서 그것을 지적, 기술적, 그리고 정서적인 차원에서 다루어야 할 필요성 알고 학습계획안을 작성한다고 한다. 효과적인 배움을 위해서 세 가지 요소 모두가 다뤄질 필요가 있다. 고등학교 농구 코치가 그의 신입생 팀에게 승리하는 법을 가르칠 때 이것이 어떻게 나타나는지 생각해 보자.

효과적이기 위해서 코치는 먼저 인지적 학습을 시행한다. 그는 농구 게임의 이론을 설명하기 위해서 칠판을 사용할 것이다. 각 선수는 각 위치가 무엇인지와 게임에 들어갔을 때 그들의 위치상의 목적이 무엇인지를 배울 것이다. 그들은 게임 이론과 지역 수비가 효과적인 이유를 배울 것이다. 좋은 코칭은 내용을 가르치는 것을 포함하지만 거기서 멈추지 않는다.

좋은 코치는 또한 정신운동의 기술을 발전시키기 위해서 선수들을 코트로 올릴 것이다. 농구 선수가 그들이 무엇을 해야 하는지 머리로 아는 것으로 충분하지 않다는 것을 그들은 안다. 그들은 또한 게임 계획을 실행하기 위해서 필요한 기술들을 발달시켜야 한다. 좋은 코치는 끊임없는 기술 훈련을 시킬 것이다. 왜냐하면 게임의 정신운동 요소 없이는 어떤 게임에도 승리할 수 없기 때문이다.

하지만 좋은 코치들이 활용하는 세 번째 학습 범위는 정서다. 훌륭한 코치는 이론과 기술 이상을 준다. 그들은 선수들에게 게임에 대한 사랑을 심어준다. 경기하는 방법에 대한 자부심을 계발한다. 이것을 하기 위해서 선수들에게 경기 당일에 넥타이를 매도록 한다. 그들은 선수들에게 코트 중앙에 모이게 해서 원을 만들어 손을 잡고 팀 구호를 외치도록 가르친다. 그들의 감정을 고조시켜 경기에 나갔을 때 "기퍼를 위하여 한 번 더 승리"Win one for the Gipper를 하고 싶게 만든다. 이 모든 것의 초점은 무엇인가? 위대한 코치는 승리하기 위해서 팀에게 지식과 기술 이상이 필요하다는 것을 안다. 선수들은 승리를 위한 자신감이 충만한 상태로 코트에 나가야 한다. 그들이 "혼신을 다하여" 경기하게 해야 한다. 대부분의 설교자들은 고등학교 농구 코치들로부터 몇 가지를 배울 필요가 있다.

우리가 설교하는 대상의 사람들은 인식적인 기계가 아니다. 연구자들은 아주 오래전부터 가르치는 것에 대해 사람들이 가지는 감정과 그들이 가르침으로부터 배우는 것은 상관관계가 있다는 것을 알고 있다. 주제와 관련된 개인의 감정적인 과거 경험들은 그들이 가르침을 받아들일 것인가에 깊은 영향을 미칠 것이다.[16] 예를 들어, 만약 회중의 한 청소년이 성적 행위에 재미가 들렸다면 당신이 데살로니가전서 4장을 석의한 것만으로는 여자 친구와 자는 것을 그만두게 하지 못한다. 혼전 성관계

---

16 A. Bandura, "Human Agency in Social Cognitive Theory," *American Psychologist*, 44.9 (1989): 1, 175-84.

를 반대하는 설교를 하지 말라는 것이 아니다. 하지만 당신의 설교가 그의 행위를 변화시키려면 혼전 성관계가 잘못되었다고 말해주는 것만이 아니라 그의 죄에 대한 그의 감정도 변화시켜야 한다.[17] 그는 컴퓨터가 아니다. 데이터만으로 그의 행동을 변화시키지 못할 것이다. 그러나 만약 당신이 그 주제에 관해서 그의 감정을 변화시킬 수 있다면 그가 거룩함을 선택할 가능성은 더 커질 것이다.[18]

그 데이터가 아무리 가치 있다 해도 설교자로서 우리의 목적은 단순히 성경의 데이터를 다운로드 하는 것일 수 없다. 정보만으로는 충분히 변화시킬 수 없다. 설교에 있어서 유명한 TV드라마 "수사망"Dragnet의 주인공 조 프라이데이Joe Friday는 틀렸다. 설교할 때 우리는 "단지 사실" 이상을 제시해야 한다. 적절한 감정도 전달해야 한다. 왜냐하면 메마른 태도로 가르치는 것은 비효과적이고 우리가 섬기는 하나님께 엄청난 위해를 가하는 것이기 때문이다.

설교자들인 우리의 목적은 하나님에 관한 정보를 소통하는 것뿐만 아니라 사람들이 하나님과 사랑에 빠지도록 인도하는 것이다. 하나님에 대한 인식적인 반응으로는 부족하다. 우리의 감정을 온전히 사용하지 않고는 하나님을 제대로 알 수 없다. 앨리스 매튜스Alice Mathews는 이렇게 설명한다.

> "안다"는 것은 하나님의 교리에 대한 추상적인 지식이 아니다. 그것은 하나님과의 개인적인 관계이다. 사실을 안다라는 의미의 프랑스 동사 사부아르savoir와 사람을 안다라는 의미의 코네트르connaitre의 차이다.

---

17 A. R. Damasio, *Descartes' Error: Emotion, Reason, and the Human Brain* (New York: Penguin Books, 2005)
18 "인지 음의 유사"(Cognitive Assonance)는 의사 결정에 있어서 감정의 역할을 언급하는 데 흔히 사용되는 단어다.

영성은 인식적인 것보다 못한 것이 아니라 인식적인 것 이상이다. 살아 있는 하나님과의 관계의 성장이다.[19]

(1) 본문은 어떤 태도를 요구하는가?

모든 성경 본문은 분위기를 가지고 있다. 시편 150편처럼 어떤 본문은 찬양으로 넘친다. 예수님이 바리새인을 혹평하는 마태복음 23장과 같이 어떤 본문들은 분노와 정죄로 가득 차 있다. 또 다른 본문들은 사울 왕이 자살하는 사무엘상 31장처럼 그냥 노골적으로 우울하다.

성경적인 설교자로서 책임을 완수하기 위해서 당신은 원 저자의 의미와 감정 모두 반드시 유지해야 한다. 설명, 증명, 그리고 적용이 분명히 중요하지만 각 경우에 적절한 감정적 음표를 연주해 주지 않는다면 실패할 수 있다. 네 번째 기능적인 질문, "나는 이 본문에 관해서 어떻게 느껴야 하는가?"를 모른 체 할 수 없다.

당신의 설교에 대한 사람들의 느낌을 좌우하는 많은 방법들이 있다. 예를 들어, 당신 목소리 톤 또는 당신의 제스처가 당신 설교의 감정을 만드는 데 도움이 된다. 또한 당신이 선택한 은유도 그럴 것이다. 은유는 분위기와 의미를 동시에 소통하기 때문에 강력하다. 얼마나 강력한지 가끔 본문에 대한 정통적인 강해도 이단으로 변화시킬 수 있다. 어째서 그런지 보여주겠다.

(2) 은유가 피해가 될 때

로마서 9장에서 예정론에 대해 설교한다고 가정하고 다음의 본문에 중점을 둔다고 하자.

---

19 A. Mathews, *Preaching that Speaks to Women* (Grand Rapids: Baker, 2003), 95

> 그 자식들이 아직 나지도 아니하고 무슨 선이나 악을 행하지 아니한 때에 택하심을 따라 되는 하나님의 뜻이 행위로 말미암지 않고 오직 부르시는 이에세로 말미암아 서세 하려 하사 리브가에게 이르시되 큰 사가 어린 사를 섬기리라 하셨나니 기록된 바 내가 야곱은 사랑하고 에서는 미워하였다 하심과 같으니라 그런즉 우리가 무슨 말 하리요 하나님께 불의가 있느뇨 그럴 수 없느니라 모세에게 이르시되 내가 긍휼히 여길 자를 긍휼히 여기고 불쌍히 여길 자를 불쌍히 여기리라 하셨으니(롬 9:11-15).

이 본문의 의미는 분명하다. 바울은 우리의 구원이 하나님의 신성한 선택의 문제이고 우리 중에 하나님의 주권적인 호의를 얻거나 받을만한 일을 한 사람은 아무도 없다는 것을 말하고 있다. 우리는 전적으로 하나님의 은혜에 빚졌다. 그러나 나의 은유의 분위기가 본문의 의미를 약화시킨다면? 추한 은유로 아름다운 아이디어를 파괴할 수 있을까? 그렇다! 가정 하에 내가 다음과 같이 제안했다고 하자.

> 예정은 로또 복권을 땅에서 줍는 것과 같다. 그리고 이 복권은 쓰레기는커녕, 거주하는 주의 파워볼 로또를 이길 수 있는 숫자를 가지고 있다는 걸 발견 했다. 2억 9천 6백만 달러의 가치가 있다. 이제 당신이 상상할 수 있는 것 이상으로 부자가 되었다.
>
> 보라, 당신은 복권을 사지 않았다. 당신은 그것을 얻을 일도 받을 만한 일도 하지 않았다. 그러나 하나님은 당신이 영적인 왕처럼 살기 위해 필요한 복권을 제공하셨다. 이제, 죄악된 상태에서 여전히 꼼짝 못하는 사람들이 당신을 모시고 다닐 때 그들처럼 살지 않아도 되는 것에 대해 하나님께 감사하라! 당신은 영적인 잭팟이 터졌다.

예정론은 아름답고, 이해하기 어렵고, 겸허하게 만드는 진리의 말씀이다. 그러나 이 은유가 예정을 바리새인적인 의로움의 태도로 얼룩지게 했다. 석의가 옳았을지라도 은유가 하나님의 백성을 잘못 이끌 수 있다.

성경 본문의 감정을 확대할 수 있는 은유들만 반드시 고르도록 하라. 너무나도 많은 설교자들은 그들의 메시지를 가지고 초보 엄마들이 아이들에게 100% 순 유기농 음식만 먹이길 원하는 것과 같이 애쓴다. 이런 설교자는 수많은 시간을 사용해 원어의 부스러기로 설교 요리를 하고 그런 다음 결국에는 음식 전체에 잘못된 감정을 섞어서 감염시킨다.

(3) 은유가 도움이 될 때

나는 최근에 요한계시록 2-3장에 있는 일곱 교회에 대한 시리즈 설교를 했다. 두아디라 교회에게 보낸 말씀에 도달했을 때 매우 엄숙한 본문을 발견했다. 여기서 예수님은 "순한 예수님, 온화하고 온순한" 분으로 묘사되지 않았다! 여기서 예수님은 "그 눈이 불꽃같고 그 발이 빛난 주석과 같은" 분으로 묘사되었다!(계 2:18을 보라) 예수님은 왜 이토록 화가 나셨나? 왜냐하면 이단과 맞서 싸웠던 이전의 교회들과는 달리 두아디라는 "자칭 선지자라 하는 여자 이세벨을 용납"했기 때문이다(계 2:20을 보라). 두아디라교회를 다른 교회들과 구별되게 한 것은 이 교회가 거짓 가르침과 그것이 낳은 죄를 허용한 것이었다. 그들은 그것과 살아가는 것을 꺼리지 않았다. 그들은 죄가 그렇게 심각하다고 생각하지 않았다. 그들은 그것을 간과했다.

예수님은 이 경우 관용이 잘못된 것임을 분명히 하신다. 그분이 말씀하신다.

> 볼지어다 내가 그를 침상에 던질 터이요 또 그로 더불어 간음하는 자들도 만일 그의 행위를 회개치 아니하면 큰 환난 가운데 던지고 또 내가

사망으로 그의 자녀를 죽이리니 모든 교회가 나는 사람의 뜻과 마음을
살피는 자인 줄 알지라 내가 너희 각 사람의 행위대로 갚아주리라(계 2:22-23).

이것은 기분 좋은 본문이 아니다. 이단을 모른 체하는 선택의 결과는 죽음이라는 분명한 진술이다. 당신은 이것을 보여주는 은유를 어떻게 찾을 것인가?

나는 잘못된 행동을 관용한 결과는 항상 잘못된 행동의 증가인 것을 먼저 보여줬다. 관용은 이단 죄를 줄이기 위한 효과적인 전략이 아니다.

- 교통경찰이 속도위반을 관용하기로 결정한다면 무슨 일이 일어날까?
  → 속도위반이 더하면 더했지 덜하지 않을 것이다.
- 국경 공무원이 불법 이민을 관용하기로 결정한다면 무슨 일이 일어날까?
  → 불법 이민이 더하면 더했지 덜하지 않을 것이다.
- 학교 선생님이 커닝을 허용하기로 결정한다면 무슨 일이 일어날까?
  → 커닝이 더하면 더했지 덜 하지 않을 것이다.
- 당신과 내가 죄를 허용하기로 결정한다면 무슨 일이 일어날까?
  → 죄가 더하면 더했지 덜하지 않을 것이다.

이 모든 은유들은 내가 찾는 부정적인 분위기를 가지고 있었다. 이 짧은 은유들의 반복은 아이디어를 회중의 머릿속으로 더 깊이 들어가게 했다. 다음, 나는 본문의 감정을 고조시킬 연장된 은유로 전환했다. 사람들이 "그의 자녀를 죽일 것이다"라는 말의 분위기를 느끼기를 원했다. 이 감정과 죄의 관용은 죽음을 가져온다는 아이디어를 전달하기 위해 나는 다음 은유를 사용했다.

당신의 서른 살 생일에 건강검진을 위해 의사한테 갔다고 치자. 그리고 의사가 당신의 식습관에 대해 물었다. 당신이 잘못하고 있는 것을 알고 인정했으나 당신이 불량식품을 사랑한다고 그에게 고백했다. 밸류 메뉴(저질 식품), 더블 치즈버거, 소스에 듬뿍 젖은 프렌치 프라이가 당신이 제일 좋아하고 가장 자주 먹는 식사다.

의사는 이것이 문제라고 말한다. 이러한 음식은 콜레스테롤이 포함되어 있고 동맥을 막히게 하고 있다고 설명한다. "이것에 대처해야 할 필요가 있다"라고 의사는 말한다. "당신은 정크푸드를 먹는 것을 멈춰야 한다."

그러나 당신이 의사의 지시를 무시한다고 가정하자. 당신의 치즈버거, 소스와 감자 튀김을 관용하기로 결정했다고 가정하자. 당신이 그렇게 사는 것을 감수하기로 결정했다고 하자. 그것이 별로 심각하지 않다고 결정했다고 하자. 당신의 식생활을 간과하기로 결정했다고 가정하자.

무슨 일이 일어날 거라고 생각하는가? 가정할 필요도 없이 확실히 알고 있다. 어느 하루 당신은 맥도날드의 바닥에 쓰러져 참을 수 없는 고통으로 인해 당신의 심장을 쥐어뜯을 것이다. 하늘만큼 높은 콜레스테롤 수치를 허용하는 것은 사형선고다.

죄를 묵인하는 것은 이와 같다. 죄의 삯은 시간당 32불과 401K가 아니다. 죄는 결코 지불하지 않는다. 절대로. 그리고 당신이 그것을 허용하기를 선택한다면, 그것이 당신을 죽일 때까지 축적될 것이다. 죄를 허용하는 사람은 그것에 의해 죽임을 당할 것이다.

적절한 은유를 만드는 것은 성경 본문과 당신의 회중이 살고 있는 "현실 세상"과의 유사점을 찾는 것이다. 또한 그 은유에 의해 창조된 분위기와 본문의 분위기를 조심스레 맞추어야 한다. 그러나 아직 마지막으로 결정해야 할 것이 남아있다.

3) 길이를 결정하라

이미 눈치챘겠지만 은유는 길이에 있어서 아주 다양하다. "너는 세상의 소금이라" 같은 몇몇 단어로 된 은유에서 예수님의 탕자 예화나 다윗이 우리아를 살인한 뒤 나단이 전했던 양 훔치는 이야기 같은 확장된 유사성까지 범위가 다양하다. 심지어 장편 스토리들도 은유라고 볼 수 있다. 버만Berman과 브라운Brown은 이렇게 말한다.

> 이야기는…은유의 "아하"가 있는 곳이다…이야기는 회중이 그것에 연관이 되고 그 속의 행동과 그들 자신의 삶 사이에 유사점을 찾는다면 은유라고 부를 수 있다. 한 폭의 그림이 천 마디 말의 가치라면 은유 하나는 아마도 1,000점의 그림의 가치라고 할 수 있다.[20]

"구체적이고 서술적인 사례들은 본질적으로 은유적 전략들이다. 그것들은 효과적인 설명전략이다. 왜냐하면 세상을 "보이게" 만들어 주기 때문이다."[21]

은유는 사람들 머리에 그림을 그리는 것으로 시작하지만 더 나아가 사람들이 자신을 그 그림 속에서 볼 수-경험할 수-있게 해준다.

사람들이 자신을 이해하도록 돕는 이야기들은 은유라고 볼 수 있다. 이 확장된 은유들은 학습의 영향력 있는 도구로 사용할 수 있다. 이것은 우리 아이들의 책에 분명하게 나타난다. 우리 아이들이 새로운 음식을 시도하도록 가르치기 위해 닥터 수스Seuss의 초록 계란과 햄을 읽어 준다.

---

20 Berman and Brown, *The Power of Metaphor*, 4..
21 Danesi, *Poetic Logic*, 9..

그들이 좀 더 성장하면 예수 그리스도 죽음과 부활의 중대성을 이해하도록 그들에게 C.S. 루이스C.S.Lewis의 『사자, 마녀, 옷장』The Lion, the Witch and Wardrobe을 읽게 한다.

은유의 길이가 어느 정도 되어야 하는지를 어떻게 결정하나? 당신이 기억해야 할 두 요소가 있다.

① 은유가 길면 길수록, 그것의 강조는 더 커질 것이다. 당신이 은유를 개발하기 위해 10분을 사용한다면, 그 은유의 요점이 당신 메시지의 주 요점인 것을 확실히 하라. 안 그러면 그 확장된 은유가 본문의 주요 아이디어로부터 멀어지게 될 것이다. 태양계를 생각해 보라. 행성들이 태양 주위를 도는 이유는 태양이 그들보다 더 크기 때문이다. 태양의 거대한 질량은 강력한 중력을 창조하고 행성들은 그것이 끌어당기는 힘을 피할 수 없다. 은유의 규모가 커질수록 그것은 당신의 설교에 비슷한 영향을 미친다. 은유가 더 커질수록 그 영향은 더 커진다.

② 은유가 길면 길수록, 그것의 감정적 영향은 더 커져야 한다. 예수님이 누가복음 15장에서 사용했던 3가지 은유를 기억하는가? 잃어버린 양, 잃어버린 동전, 그리고 잃어버린 아들. 마지막 은유는 가장 길다. 다른 것들을 왜소하게 보이게 한다. 네다섯 배나 길다! 그러나 그것이 또한 가장 감정적인 것을 주목하라. 어떤 부모든 자식을 잃는 것이 동물 또는 동전을 잃는 것보다 훨씬 더 슬픈 것이라고 말해 줄 것이다.

당신의 은유를 더 키워서 중요한 요점을 만들기로 결정한다면, 그것의 감정적인 강도도 반드시 높여야 한다. 상당한 열정이 없다면 매우 큰 은유는 매우 지루할 수 있다. 큰 은유는 쉽게 나빠질 수 있다.

태양계를 기억하는가? 태양은 거대한 질량 때문에 우주를 지배한다. 하지만 또한 굉장한 강도로 타고 있다. 그리고 그 궤도의 모든 행성들은 그것이 발생하는 빛과 열로 인해 혜택을 본다. 예수님의 가장 큰 은유-잃어버린 아들-또한 엄청난 강도로 탄다. 그리고 그 열정은 둘러싸고 있는 본문에 유익한 조명을 제공한다.

깊은 설교자는 말씀의 진리에 관해서 생각만 하지 않는다. 그들은 그것을 본다. 본문의 의미를 분석하고 요약한 후 그들은 그것을 시각화 한다. 그들은 진리를 은유 안에 둔다.[22]

우리는 "골방 작업"을 뒤를 돌아보며 시작한다. 석의적으로 그리고 기도하는 심정으로 질문한다. 하나님은 이 본문에서 무엇을 소통하셨는가? 왜 이 석의적 아이디어가 원 수신자에게 필수적이었는가? 이 중요한 질문은 다음과 같이 될 때까지 해답이 없다.

- ◆ 당신은 진리의 이야기를 안다.
- ◆ 당신은 은유로 진리를 전달할 수 있다.

이것이 된 후에만 두 번째 질문으로 넘어 갈 수 있다.

---

22 부록에 확장된 은유의 예가 두 개 포함되어 있다.

제 9 장

"골방 작업"을 계속하라

전 세계는 무대요, 남녀는 모두 배우다.
그들만의 입장과 퇴장이 있다.
그리고 사람은 그의 일생에서 많은 역할을 한다.[1]

셰익스피어가 옳았다면 당신과 나는 성경 이야기 속의 주인공이 아니다. 주인공은 하나님이시다. 그분이 연기하신다. 그분이 결과를 결정한다. 하나님은 지구상의 최고 쇼에서 경쟁자가 없는 스타이시다—이것이 놀라운 사실이 아닌 것은 그분이 또한 극장을 창조하셨기 때문이다.

성경은 하나님에 관한 것이다. 하나님이 그분 자신을, 그리고 우리는 그분께 어떻게 반응하며 살아야 하는지 보여주기 위해 성경을 쓰셨다. 성경의 진리를 연구할 때 그분의 인격의 여러 방면을 다양한 관점에서 보지만 우리는 항상 하나님 그분을 보는 것이다. 성경은 하나님에 의하여 그리고 하나님에 관하여 쓰였다.

---

[1] W. Shakespeare, *As You Like it*, Act 2, Scene 7.

디모데후서 3:16에서 우리는 모든 성경은 "하나님의 감동으로 된" 것이라고 배운다. "하나님의 감동으로 된"이라는 문장은 헬라어 테오프뉴스토스theopneustos로부터 오는 형용사이다. 하나님은 당신이 설교할 책을 숨으로 내쉬셨다. 이 매우 드문 단어를 사용하여 바울은 성경이 다른 모든 책들과 매우 다르다고 말하고 있다. 다른 저자들은 그들의 책을 종이에 쓰거나 키보드를 치면서 썼다. 그러나 성경은 손으로 쓴 외부적인 기록이 아니다. 그것은 하나님으로부터 나왔다. 그분의 인격 깊은 곳에서 탄생했다. 성경 말씀과 거기 포함된 아이디어들은 그분 존재의 본질로부터 나온다.

"하나님의 감동으로 된" 말씀의 근원이 암시하는 것 중 하나는 말씀 속 아이디어들이 하나님의 인격에서 나온다는 것이다. 영감은 성경의 진리를 하나님의 성품에 뿌리 내리게 한다. 그 내용은 하나님의 본질, 그분의 인격 때문에 가능하고 그것에 근거를 둔다. 성경의 모든 자연스러운 단락은 하나님의 도덕적 DNA가 함유되어 있다.

"하나님의 감동으로 된" 성경의 이러한 본성은 설교자들이 TV에서 그토록 인기 있는 CSI 범죄 드라마에서 실행하는 것처럼 조사를 시작할 수 있다는 의미를 준다. 말씀의 아이디어들을 가지고 그것들을 발생시키신 하나님께로 가서 도덕적인 DNA를 추적할 수 있다. 성경의 모든 진리는 그것을 내쉬어 존재하게 하신 하나님의 인격의 구체적인 측면과 짝을 맞출 수 있다. 하나님의 거룩하심이 이 아이디어를 요구했는가? 아니면 그의 자비? 혹은 그의 사랑? 하나님의 인격의 어떠한 요소가 당신이 석의하는 본문의 진리가 쓰이도록 요구했는가? 왜인가?

성경 본문에서 찾은 아이디어를 되돌아 본 뒤, 그것을 완전히 다른 과정에서 관찰할 수 있다. 뒤로 돌아본 후에는 위로 보라.

1. 위로 보라

당신의 골방에서 두 번째로 묵상하고 기도하면서 물어볼 질문은 "이 본문에서 하나님이 자신에 관해서 무엇을 나타내시는가?"이다. 이 질문을 공책의 새로운 면 맨 위에 적으라.

질문 2 하나님은 이 본문에서 그 자신에 관하여 무엇을 나타내고 계신가?

하나님의 명령은 결코 인위적이거나 임의적이지 않다. 그것은 당신이 발견한 아이디어의 원 수신자의 상황으로 흘러내리는 그분의 도덕적 인격의 불가피하고 논리적인 흐름이다.

석의의 결과로 발견한 아이디어를 살필 때, 당신은 원 회중이 대면했던 구체적인 상황에 대한 하나님의 인격적인 반응을 보고 있는 것이다. 석의적 아이디어는 그들의 특정한 상황에 대한 하나님의 자연스러운 반응이다. 그분의 도덕적 인격이 그것을 필요케 했다.

① 이 본문은 하나님의 성품에 관해서 무엇을 보여주고 있는가? 하나님의 어떠한 속성으로부터 이 아이디어가 나오는가?

아무도 이유 없는 행동은 하지 않는다. 당신이 하루 동안 하기로 선택한 일은 당신의 마음 깊은 곳으로부터 나온다. 당신의 행동은 당신 가치관의 표현이다. 모든 사람이 그렇다. 법적 정신이상자만이 완전히 비합리적인 행동을 한다. 나머지는 우리가 누구인지 그리고 우리가 어떻게 행동하는지 사이에 인과 관계가 있다.

만약 당신이 결혼했다면, 당신은 성격과 행동 사이에 존재하는 관계-그 사람이 누구인지와 그가 어떻게 행동하는지-를 이해하게 되었을 것이다. 바로 이런 일치 때문에 우리가 가장 잘 아는 사람들의 행동을 올바르게 예측할 수 있다.

성경 구절을 인용하듯 당신의 아내가 "정결함은 거룩함 다음이다"라고 한다면 토요일-지금과 영원히-은 당신이 집을 청소하고 먼지 터는 날이라는 것을 알 수 있다. 그녀의 원칙은 결코 바뀌지 않을 것이다(그럴 수 없다). 왜냐하면 그녀가 누구인가에 뿌리박혀 있기 때문이다.

만약 당신 남편의 굳은 확신이 그의 가장 중요한 직무가 가족을 부양하는 것이라면, 그가 아주 늦은 시간을, 심지어 공휴일에도, 오피스에서 보낼 것을 알 수 있다. 그 어떤 구걸과 애원도 그의 스케줄을 바꾸지 못한다. 왜냐하면 그의 행동은 그의 가치관에 뿌리박혀 있기 때문이다.

모든 사람-심지어 하나님도-의 행동은 그의 또는 그녀의 성품에 뿌리박혀 있다. 그러므로 여기서 당신 과제는 하나님의 인격과 그분의 계시 사이의 인과 관계를 정립하는 것이다. 하나님의 성품의 어떤 것이 이 진리를 내쉬도록 했을까? 본문의 진리가 원 회중의 상황에 반응했던 하나님의 유일한 방법이었던 이유는 무엇인가? 이 진리가 하나님의 성품에 어떻게 뿌리박고 있는가?

가끔 하나님의 성품과 성경 본문의 관계는 본문 속에서 분명하게 나타난다. 예를 들어, 두 번째 계명에, "너는 너를 위하여…어떤 형상도 만들지 말며, 그것들에게 절하지 말며 그것들을 섬기지 말라"라는 말씀을 볼 수 있다.

왜? "나 여호와 너의 하나님은 질투하는 하나님이니"(출 20:4-5). 여기서 하나님의 명령은 그의 질투심에 연결되어 있다. 질투심이 무엇인가? 사랑의 불성실함에 대한 정당한 반응이다. 질투심은 하나님이 이스라엘에게 베푸신 열정적인 언약적 헌신의 타당한 결과물이다. 질투심은 사랑으로 힘입지 않고는 불탈 수 없다. 사랑이 클수록 질투심은 더 강하다. 이 명령에서 분명한 것은 하나님은 그의 백성을 대단히 사랑하신다는 것이다. 그의 아내를 진정으로 사랑하는 남편이라면 그녀의 애정을 다른 사람과 나누고 싶어하지 않는다.

하지만 주로 하나님의 성품과 하나님의 진리의 관계는 내재되어 있다. 모든 다이아몬드가 표면에 있는 것은 아니다. 대부분은 파묻혀 있다. 우리는 본문과 문맥을 파헤치며 그 단계를 찾을 것을 요구한다. 첫 번째 계명을 예로 들자.

"너는 나 외에는 다른 신들을 네 앞에 두지 말라"(출 20:3). 이 계명을 별도로 봤을 때는 무례하고 편협한 것처럼 보인다. "하나님은 사랑을 강요할 수 없다는 것을 모르시나?" 어떤 하나님이 우리 애정을 강압하려고 하시겠는가?

당신 자신에게 다음을 질문하라.

② 이 본문의 진리가 왜 신학적으로 필수적인가? 하나님은 왜 그분의 백성에게 이것을 요구하실까? 또는 그분의 백성에게 이렇게 하실까? 하나님이 비합리적이거나 불공평하신가? 하나님은 당신의 최선의 이익을 마음에 두고 계신가? 그것을 어떻게 아는가?

여기서 솔직해지는 것이 아주 중요하다. 상투적인 문구를 사용하고 싶은 유혹에 넘어가지 마라. "하나님 언어"를 사용하도록 자신을 놔두지 마라. 당신은 할 수 있다-그리고 그래야만 한다-하나님과 솔직해질 수 있다. 어려운 본문과 당신이 설교할 아이디어를 필요하게 만든 하나님의 성품과 씨름하면서 신학적인 정통성에 대해 염려하지 마라.

당신이 무슨 말을 해도 하나님께 충격을 주거나 놀라게 할 수 없다. 그분은 당신과 당신이 생각하고 있는 모든 것을 아신다. 뿐만 아니라 당신이 그러한 심각한 질문을 던진 유일한 사람이 아니다.

다윗이 "하나님이여 나의 근심하는 소리를 들으시고"(시 64:1)라고 말할 수 있다면 당신이 머릿속에 있는 것을 왜 말 못하는가? 아삽은 다음과 같이 썼다.

> 볼지어다 이들은 악인이라 항상 평안하고 재물은 더 하도다 내가 내 마음을 정히 하며 내 손을 씻어 무죄하다 한 것이 실로 헛되도다(시 73:12-13).

시편 작가는 시편을 깊은 의심 가운데 종료하지 않는다. 하지만 회의의 길을 걸어 가봐야 완전한 확신으로 "하나님께 가까이 함이 내게 복이라 내가 주 여호와를 나의 피난처로 삼아 주의 모든 행사를 전파하리이다"(시 73:28)라고 말할 수 있다.

정통에 도전하는 솔직한 질문들은 죄가 아니고 죄를 범하는 것도 아니다. 사실 당신과 다른 사람들 속에 있는 죄악된 행위들은 그것의 신학적 핵심을 이해하기 전까지 싸울 수도, 고칠 수도 없다.

"하나님이 말씀하셨고, 내가 믿고, 그리고 그것으로 되었다!"라고 말할 수 있는 것이 아니다. 깊은 설교자는 이유를 알 필요가 있다. 하나님의 성품을 그분의 말씀과 행동에서 보려고 최대한 노력한다. 하나님은 분명히 말씀하셨다.

> "여호와의 말씀에 내 생각은 너희 생각과 다르며
> 내 길은 너희 길과 달라서
> 하늘이 땅보다 높음 같이
> 내 길은 너희 길보다 높으며
> 내 생각은 너희 생각보다 높으니라"(사 55:8-9).

깊은 설교자는 사람의 관점에서 때때로 설명할 수 없는 하나님을 이해하려고 최대한 노력한다. 아무도 하나님을 완전히 이해한 적이 없었고, 많은 사람들이 욥과 같이 하나님의 행동과 하나님의 성품을 조화시키기 위해 열렬히 씨름했다. 하지만 하나님은 우리의 어려운 질문들을 환영하신다. 하나님이 욥에게 두 번 말씀하셨다.

> 너는 대장부처럼 허리를 묶고
> 내가 네게 묻는 것을 대답할지니라(욥 38:3; 40:7).

하나님은 건강한 토론과 솔직한 신학적 조사를 환영하고 격려하고 참여하신다. C. S. 루이스C. S. Lewis도 다음과 같이 하나님에 대한 어려운 질문을 던질 것을 권한다.

우리의 종교가 객관적인 것이라면, 우리는 난해하거나 역겨운 요소들에서 절대로 눈을 돌리면 안 된다. 왜냐하면 그 난해하고 역겨운 것들이 바로 우

리가 아직 알지 못하고 알아야만 하는 것을 감추고 있을 것이기 때문이다.[2]

여기서 하나님의 임재 가운데 시간을 보내라. 그에게 통찰력을 달라고 부르짖어라. 하나님께 그분을 더 온전히 보여 달라고 간구하라. 그분에 대한 보다 작은 아이디어들을 완전히 없애 달라고 부탁하라. 여기서 당신의 목표는 교회와 동료 그리스도인들의 삶과 말에 전통적으로 표현된 하나님이 아니라 그들을 진실로 있는 그대로 보는 것이다. 하나님은 거룩하시다. 그는 모든 사람과 모든 기관들로부터 분리되었고 분명히 다르시다.

당신과 하나님의 관계가 성장할수록 이 질문에 답하기 쉬워진다는 사실로 힘을 얻어라. 누구-심지어 당신의 배우자도-를 더 잘 알수록 그의 또는 그녀의 행동을 예측하고 설명하기가 쉬워진다. 위로 보는 것이 어려운 건 알지만 우리의 하나님에 대한 지식이 자라기 위한 유일한 방법은 그를 바라보는 것이다.

그나저나, 하나님이 첫째 계명을 왜 주셨는지 아는가? 그 계명은 "나는 너를 애굽 땅 종 되었던 집에서 인도하여 낸 너의 하나님 여호와로라"(출 20:2)라는 진술로 시작한다. 하나님은 꺼려하는 이스라엘로부터 사랑을 강요하지 않으셨다. 반대로 그분은 그들을 자손 대대로 겪은 끔찍한 노예 생활로부터 기적적으로 구원하신 분이 자신이라는 것을 상기시키신다. 그리고 하나님은 이스라엘에게 "절교하고 달아나는 애인"이 아니라고 말씀하신다. 이스라엘이 하나님의 특별한 은혜에 반응하여 하

---

2 C. S. Lewis, *The Weight of Glory and Other Addresses*, 1st HarperCollins ed. (San Francisco: HarperSanFrancisco, 2001), 34.

나님의 특별 지위를 인정해 드리면 하나님은 계속해서 그들의 하나님이 되실 것이다. 이 계명은 강압적이지 않다. 우주에서 최고의 거래다. 이렇게 좋으신 하나님을 따르지 않을 사람이 어디 있겠는가?

2. 안으로 보라

우리는 골방 작업을 뒤로 돌아보며 "하나님이 이 본문에서 무엇을 소통하셨나?"라는 질문을 하며 시작했다. 다음 위로 보며 본문이 하나님에 대해 무엇을 말하는지 보았다. 이제는 안으로 보면서 "이 본문에서 하나님이 나에게 하시는 말씀이 무엇인가?"라는 질문을 할 필요가 있다.

질문 3 이 본문에서 하나님이 나에게 하시는 말씀이 무엇인가?

좋든 싫든 내가 설교하는 것을 실행하려는 특별한 노력을 하지 않는다면, 나는 위선자다. 능숙하게 설교하는 것으로 하나님의 말씀 듣기를 거부하는 것을 보상할 수는 없다.

존 칼빈John. Calvin이 말했다.

> 진실하고 건전한 지혜는 두 부분을 포함한다. 하나님과 우리 자신에 대한 지식이다.[3] 하지만 분명한 것은 먼저 하나님의 얼굴을 바라보고, 그리고 나서 그분을 묵상하는 데서 내려와 자신을 면밀히 살피기 이전에는 절대로 사람은 자신에 대한 정확한 지식을 얻을 수 없다.[4]

---

[3] J. Calvin, *Institutues*, Book One, chapter 1:1, 3
[4] J. Calvin, *Institutues*, Book One, chapter 1:2, 37

진실한 자기인식은 하나님에 대한 지식으로만 가능하며 하나님에 대한 지식은 성경으로부터만 올 수 있다고 말하는 칼빈이 옳다면, 설교자들은 그 누구보다도 더 자기 자신을 알아야 할 것이다. 결국, 우리의 사역은 하나님을 아는 것을 요구하고 우리는 성경을 연구하도록 보수가 주어진다.

하지만 당신 마음의 참된 상태를 아는가? 당신이 구원의 확신이 있는지 묻는 것이 아니라 당신의 모든 삶의 분야가 하나님과 얼마나 친밀한지 묻는 것이다. 다른 사람들한테는 설교하고 자신에게는 그렇게 하지 않기가 너무나도 쉽다. 본문이 우리 삶을 어떻게 다룰 것인가를 묻지 않고 우리 회중에게 어떻게 적용될지 머리를 긁적이며 생각하는 것에 더 유혹이 많다. 하지만 "설교자에게 있어 첫째이며 가장 중요한 과업은 설교가 아니라 자신을 준비하는 것이다."[5]

얄팍한 설교의 주된 원인은 전문성이다. 설교를 주로 직업적 책임으로 여기고 우리의 직업을 다른 사람을 위해 성경 진리를 찾고 전파하는 것으로 본다면, 우리는 평생 피상적인 사역으로 우리 자신을 벌주는 것이다.

필립 브룩스Philips Brooks의 유명한 설교 정의는 "인격을 통한 진리"이지 인격을 비켜서가 아니다. 깊은 설교로 향하는 길은 우리 자신의 마음을 통해서이다. 우리 회중에게 설교하는 하나님의 말씀의 무게 아래 우리 자신의 삶을 의도적으로 내려놓지 않는다면, 우리 설교는 진정성도 없고 관련도 없을 것이다.

당신이 발견한 아이디어가 다른 사람들의 삶에 어떻게 영향을 미쳐야 할지 생각하기 전에, 먼저 그것이 당신의 삶에 어떤 영향을 미쳐야 할지 질문하라. 여기에 도움이 될 질문들이 있다.

---

5 D. M. Lloyd-Jones, *Preaching and Preachers* (Grand Rapids: Zondervan, 1971), 166

어떠한 점에서 나의 삶이 이 책의 원 수신자와 비슷한가?

① 나의 약점이 그들의 약점인가?
② 나의 유혹이 그들의 것인가? 그들처럼 나도 굴복했는가?
③ 그 결과로 나의 삶이 뒤틀렸는가?
④ 어떻게? 어떤 결과가 있었는가?
⑤ 언제 이 죄에 더 빠지기가 쉬웠나?
⑥ 이 문제를 야기하는 어떤 버릇/습관이 내 삶에 존재하는가?
⑦ 나에 대한 무엇이 이 구체적인 적의 공격에 취약하게 하는가(즉 이 죄로 나타나는 근본적인 문제가 무엇인가)?
⑧ 나의 삶과 사역이 이 죄로 인해 어떻게 고통 받았나?
⑨ 다른 사람들은 이것으로 인해 어떻게 영향 받았나?
⑩ 이 유혹을 견딤으로 인해 나의 삶과 사역이 어떻게 강화될 수 있었을까?
⑪ 이 본문의 아이디어가 당신의 삶을 영적으로 어떻게 전진시킬 수 있나?
⑫ 당신이 다른 선택을 했다면 당신과 당신의 사람들이 바로 지금 경험했을 또 다른 현실을 그려보라.

이 질문들을 한참 음미해보라. 이 질문들이 당신의 혼을 파고들도록 하라. 그리스도의 임재를 실행하라. 성령이 당신의 생각을 당신이 맡을 역할과 당신이 나타내는 이미지 뒤에 있는 참된 자신에 대한 지식으로 조명하시도록 하라. 우리의 공적인 모습은 기만적일 수 있다. 우리의 공적인 평판이 우리의 참된 개인적인 이해를 왜곡할 수 있다. 우리 자신의 보도 자료를 믿기 시작할 수 있다.

시편 기자와 함께 하나님께 부르짖으라.

하나님이여 나를 살피사 내 마음을 아시며 나를 시험하사 내 뜻을 아옵소서 내게 무슨 악한 행위가 있나 보시고 나를 영원한 길로 인도하소서(시 139:23-24).

이것은 아마도 성경 전체 중 가장 가슴 저미는 말일 수도 있다. 이 두 구절에 정말 많은 것이 함유되어 있다. 시편 기자가 하나님께 자신을 살펴 달라고, 자기 자신, 자신의 마음의 가장 깊은 곳을 봐달라고 구하는 것을 볼 수 있다. 시편 기자는 왜 이것을 구할까? 그리고 왜 우리가 그것을 구할까? 이유는 간단하다. 하나님만큼 우리 자신의 마음을 잘 알 수 없기 때문이다. 그는 우리 안에 거하시고, 모든 생각을 아시고, 모든 감정을 인식하시고 우리보다 우리를 더 잘 이해하신다. 언제든지 우리 마음 깊은 곳에서 무엇이 불경스러운지 찾아내서 제거해 줄 누군가 필요하다면 그는 바로 하나님이시다.

3. 적용하는 법

나의 삶에 항상 도움이 된 도구는 『내 마음 그리스도의 집』My Heart, Christ's home이라는 책이다.[6] 이 소책자에서 로버트 보이드 멍어Robert Boyed Munger는 집의 은유를 사용하여 우리 마음에 대한 이해를 도와준다. 이야기는 저자가 예수님을 그의 마음에 초대하면서 시작된다. "주님, 나의 이 마음이 당신 것이 되길 원합니다." 멍어는 그의 새로운 구세주에게 말한다. "당신이 여기에 자리잡고 온전히 거하시길 원합니다…당신이 더 편하시도록 이 집의 특성들을 둘러보면서 보여드리겠습니다.[7]

멍어가 주님과 그의 마음의 순회를 그의 생각을 대표하는 서재에 들어가면서 시작한다. 그들이 걸어 들어가며, 예수님은

---

[6] R. B. Munger, *My Heart, Christ's Home*, 2nd rev. ed. (Downers Grove, IL: InterVarsity Press, 1992)
[7] Ibid., 10, 11

책장의 책들, 책상 위의 잡지들, 벽에 걸린 그림들을 둘러 보셨다. 그의 시선을 따라가며 나는 불편해졌다. 이상하게도 나는 이 방에 대해 나쁜 감정을 느낀 적이 없었지만 지금 그가 거기서 나와 함께 이것들을 바라볼 때에 나는 민망했다. 책장에 있는 책들 중 몇몇은 그가 보시기엔 그의 눈이 너무 순결했다.[8]

거기서 그들은 다른 방으로 간다.

- ◆ 식당-식욕과 욕구의 방
- ◆ 거실-예수님과 대화와 교제하기에 좋은 조용하고 한적한 곳
- ◆ 작업실-하나님의 나라를 위한 것들이 제작되는 곳
- ◆ 오락실-내가 가서 휴식하고 재미있게 노는 곳
- ◆ 침실-나의 결혼 생활의 축제가 있는 곳
- ◆ 가족실-하나님의 가족과의 관계가 계발되고 풍요롭게 되는 곳
- ◆ 부엌-다른 사람들과 함께 하나님의 가족을 섬기는 곳
- ◆ 복도 벽장-우리의 숨겨진 죄를 덮으려고 노력하는 곳

멍어는 예수님과 방에서 방으로 걸으며 그의 구세주의 눈으로 그의 삶의 선택들을 바라보도록 압박받는다. 그 순회는 그리스도의 주되심을 인정하는 헌신에 비추어 내린 선택들에 대해 포괄적인 검토를 하도록 강요한다.

이 소책자는 단순한 은유로 본문의 아이디어를 삶에 적용하는 직설적인 방법론을 제공한다. 내 삶의 어떤 방들이 이 진리 때문에 영향을 받는가? 예수님이 나의 삶의 이 구석을 들여다보시고 내가 하고 있는 것을 보시면 어떻게 여기실까, 민망해 하실까?『내 마음 그리스도의 집』은 당

---
[8] Ibid., 11

신이 다른 사람들에게 적용하려 했던 진리를 당신 자신의 삶에 적용하도록 도와줄 수 있다.

하지만 왜 혼자서 다 하려고 하는가? 우리 모두는 약점이 있고 개인의 죄 때문에 우리 삶의 일부를 못 본 척하고 얼버무리고 넘어가길 원한다. 하지만 서로 돌보는 성도들의 소그룹에 참여하면 서로의 성화의 여정에 도움을 주는 혜택을 누릴 수 있다. 그리스도를 밝히는 당신의 헌신을 나눌 수 있는 동일한 마음을 가진 사람들을 찾거나 모임을 만드는 것은 당신에게 큰 도움이 될 것이다. 그들이 당신이 설교할 아이디어의 빛 아래서 당신이 자신을 볼 수 있도록 도와 줄 수 있다.

홀로 또는 다른 사람들의 도움으로 당신 자신에게 물어야 할 주요 질문은 "이 진리를 나의 삶에 근본적으로 적용하는 것을 막는 것이 무엇인가?"이다. 알면서도 왜 이것을 실행하기를 거부하는가? 왜 그것은 내 삶을 이토록 사로잡고 있는가?

하나님께 고백과 회개로 부르짖는 시간을 가져라. 하나님께 이 부분에서 적의 전략을 발견할 수 있는 통찰력을 구하라. 그리고 마귀의 공격을 맞설 힘을 달라고 간청하라.

성경에 의하면 성경 지식의 목표는 언제나 삶의 혁신이다. 성경 정보의 목적은 도덕적 변화다. 그렇기 때문에 바울은 골로새 성도들에게 편지했다.

> 이로써 우리도 들은 날부터 너희를 위하여 기도하기를 그치지 아니하고 구하노니 너희로 하여금 모든 신령한 지혜와 총명에 하나님의 뜻을 아는 것으로 채우게 하시고 주께 합당히 행하여 범사에 기쁘시게 하고 모든 선한 일에 열매를 맺게 하시며 하나님을 아는 것에 자라게 하시고(골 1:9-10).

무엇을 하든지, 자신이 실행하지 않고는 다른 사람들에게 거룩함을 설교하지 마라. 우리는 설교 위에 서는 것이 너무 쉽다. 우리 자신은 죄의 악취 가운데 서 있으면서 다른 사람들에게는 거룩함에 대해 강의하고 싶어 하는 것이 우리의 옛 본성이다. 우리 자신의 눈 속 들보는 간과하면서 우리 형제의 눈의 티를 발견하라고, 위선적으로 사역하라고 격려한다. 이러한 사역의 함정은 우리가 설교할 진리를 데리고 먼저 우리 자신의 마음의 순회를 할 때 모면할 수 있다.

4. 성경이 설교자에게 해야 할 것

우리가 설교하는 진리를 우리 삶에 올바르게 적용하고 있는지 알 수 있는가? 그렇다. 당신이 설교하는 것을 당신이 실행하고 있는지를 보여 주는 간단하면서도 신뢰할만한 시험-100% 신뢰도의 확실한 시험-이 있음을 말해 줄 수 있어 기쁘다.

당신이 하나님의 말씀을 본 후 거울을 얼마나 열심히 쳐다보는지에 대해 당신이 다른 사람들에게 당신의 영적 삶을 묘사하는 방법을 들어봄으로써 정확히 평가할 수 있다. 소그룹에 있을 때, 당신은 무엇을 시인하는가? 영적인 결점을 인정하는가? 많은 사람들은 안 그런다. 많은 이들은 다른 사람들이나 육체의 질병만을 위한 기도를 지속적으로 부탁하면서 그들 자신의 영적 상태로부터 관심을 돌린다.

하지만 당신 자신의 영혼의 상태를 다룰 때는 어떠한가? 정말로 어둡고 개인적인 일들에 대해 눈물로 고백하는가? 아니면 당신의 장점을 약점으로 "고백"하는 데 전문인가? 안전하게 가기 위해 "나의 문제는 기도를 너무 많이 하는 것입니다. 나를 위해 기도해 주세요." 또는 "매일 3시간의 큐티가 끝나면 하나님의 깊은 일들에 대한 생각을 멈출 수가 없어요." 같은 말을 하는가? 이것은 진실된 고백이 아니다. 형편없이 위장된 자랑이다.

이것의 원칙이 여기에 있다. 당신이 더 영적이라고 생각할수록 사실은 하나님으로부터 더 멀리 있는 것이다.

생각해 보라. 신약에서 최고의 영적 명성을 누렸던 사람들은 바리새인들이었다. 그들은 솔직히 자신들이 영적 엘리트이고 모든 사람들보다 영적으로 우수하다고 여겼다. 그들 자신의 의에 대한 확고한 자신감과 도덕적 우월성은 다른 모든 사람들에게 심판을 설교하는 자신감을 주었다. 하지만 예수님은 바리새인들의 자신 있는, 영적 자기 평가는 끔찍하게도 틀렸다고 선포하셨다. 그들은 그들의 마음과 완전히 동떨어져 있었다. 하나님은 그들의 거룩함을 기뻐하지 않으셨다. 그들의 경건해 보이는 삶은 텅 빈 무덤이었다. 그들의 마음은 속속들이 썩은 것이었다.

이제 사도 바울을 생각해 보라. 그의 생애 끝에 그가 사역훈련을 시키고 있는 디모데라는 젊은 설교자에게 편지하며 이렇게 고백했다.

> 미쁘다 모든 사람이 받을 만한 이 말이여 그리스도 예수께서 죄인을 구원하시려고 세상에 임하셨다 하였도다 죄인 중에 내가 괴수니라(딤전 1:15).

바울이 죄인 중에 괴수라고? 나는 그 진술을 읽어도 믿을 수가 없었다. 그게 어떻게 사실일 수가 있는가? 가룟유다는? 히틀러는? 이 세상의 최고의 교회 개척자, 탁월한 설교자, 그리고 존경받는 사도인 바울이 어떻게 그렇게 너무나도 충격적인 고백을 할 수 있는가? 하지만 그가 그랬다. 그리고 한번만 한 것도 아니다. 그는 로마의 전 교회에도 고백했다.

> 우리가 율법은 신령한 줄 알거니와 나는 육신에 속하여 죄 아래 팔렸도다 나의 행하는 것을 내가 알지 못하노니 곧 원하는 이것은 행하지 아니하고 도리어 미워하는 그것을 함이라 만일 내가 원치 아니하는 그것을 하면 내가 이로 율법의 선한 것을 시인하노니 이제는 이것을 행하는 자가 내가 아니요 내 속에 거하는 죄니라 내 속 곧 내 육신에 선한 것이 거하지 아니하는 줄을 아노니 원함은 내게 있으나 선을 행하는 것은 없노라 내가 원하는 바 선은 하지 아니하고 도리어 원치 아니하는 바 악은 행하는도다 만일 내가 원치 아니하는 그것을 하면 이를 행하는 자가 내가 아니요 내 속에 거하는 죄니라 그러므로 내가 한 법을 깨달았노니 곧 선을 행하기 원하는 나에게 악이 함께 있는 것이로다 내 속 사람으로는 하나님의 법을 즐거워하되 내 지체 속에서 한 다른 법이 내 마음의 법과 싸워 내 지체 속에 있는 죄의 법 아래로 나를 사로잡아 오는 것을 보는도다 오호라 나는 곤고한 사람이로다 이 사망의 몸에서 누가 나를 건져내랴(롬 7:14-24).

나는 바울이 여기에서 말한 것을 회중에게 이야기하는 목사를 단 한 명도 알지 못한다. 바울은 자신을 육신적이고 죄의 능력 아래 팔렸다고 한다!

그러나, 사도 바울이 하나님과 친밀한 관계를 누린 것은 명백한 사실이다. 바울의 사역은 부활하신 그리스도의 직접적인 임명으로 주어졌을 뿐만 아니라 하나님과의 경험들은 실제로 이 세상의 것 이상이었다. 바울은 그러한 체험을 고린도후서 12장에 틀림없이 묘사하고 있다.

> 내가 그리스도 안에 있는 한 사람을 아노니 십사 년 전에 그가 셋째 하늘에 이끌려 간 자라 (그가 몸 안에 있었는지 몸 밖에 있었는지 나는 모르거니와 하나님은

아시느니라) 내가 이런 사람을 아노니 (그가 몸 안에 있었는지 몸 밖에 있었는지 나는 모르거니와 하나님은 아시느니라) 그가 낙원으로 이끌려 가서 말할 수 없는 말을 들었으니 사람이 가히 이르지 못할 말이로다(고후 12:2-4).

하지만 그 구절 바로 다음에 바울이 "약한 것들 외에는" 자신에 대해 자랑하지 않겠다고 말하는 것은 우연이 아니다(고후 12:5을 보라). 만약 그 누가 화려한 최고의 영적 이미지를 보여 줄 수 있었다면, 바울이었다. 하지만 그는 그러지 않았다. 그는 자신의 약점을 자랑하기를 선택했다! 바울은 왜 그의 죄에 그토록 집착했을까? 하나님과 너무나 친밀했기 때문이다.

하나님은 빛이시기 때문에 그의 거룩한 빛에 가까이 갈수록 우리 죄는 우리에게 더욱 분명해진다. 하나님께 가까이 갈수록 우리 자신의 부정을 더 잘 깨닫게 된다. 그렇기 때문에 당신이 더 영적이라고 생각할수록 사실은 하나님으로부터 더 멀리 떨어져 있는 것이다. 하나님의 빛으로부터 멀리 있는 사람들만이 그들이 영적으로 내놓을만하다고 생각한다. 하나님의 거룩하신 빛에 다가가면 당신의 의는 아주 지저분한 누더기라는 것을 깨닫는다.

5. 자신을 알라

우리 자신의 타락에 대한 더 큰 인식과 하나님의 은혜에의 온전한 의지로 인도하지 않는 설교는 깊은 설교가 아니다.

매주 하나님의 거룩한 말씀을 연구하며 우리는 우리 죄에 대한 더 큰 인식에 사로잡혀야 한다. 이것이 일어나지 않으면, 우리는 바리새인들과 같이, 우리의 의에 대한 위태로운 자신감을 키우고 있는 것이다. 우리가 설교하는 하나님으로부터 떠나는 것이다. 위선을 향해 걸어가는 것이고, 심지어 우리 회중을-1세기 바리새인들이 그랬던 것처럼-끔직한 여정으로 인도하는 것이다. 예수님은 그들에게 말씀하셨다.

> 화 있을진저 외식하는 서기관들과 바리새인들이여 너희는 교인 하나를 얻기 위하여 바다와 육지를 두루 다니다가 생기면 너희보다 배나 더 지옥 자식이 되게 하는도다(마 23:15).

좋든 싫든 우리는 우리와 같은 종류를 복제할 것이다. 우리 사역 아래 있는 사람들은 우리의 영적 DNA를 받는다. 일리온 존스Illion Jones는 "설교는 설교하는 사람으로부터 분리될 수 없다. 그가 누구이고, 그가 무엇을 하고, 그가 무엇을 생각하고, 그가 무엇을 느끼는지에 따라 형성된다"라고 썼다.[9] 리차드 백스터Richard Baxter는 『참된 목자』The Reformed Pastor라는 그의 대표작에서 목사들에게 간청한다.

> 당신이 연구한 설교를 자신에게 설교하라. 다른 사람들에게 설교하기 이전에… 당신의 사고가 천상의 거룩한 틀에 거하면 당신의 사람들이 그 열매에 참여할 가능성이 높다…당신이 하나님과 함께 한 것을 그들이 느낄 가능성이 높다…당신의 마음에 가장 많이 있는 것이 그들의 귀에 가장 많이 남는 것일 가능성이 높다…나는 고백한다…나의 양떼들에게 나의 영혼의 온도 변화를 나타낸다. 나의 마음이 냉담해지면, 나의 설교도 냉담하다. 그리고 혼란스러우면, 나의 설교도 그러할 것이다. 그래서 내가 나의 회중에게서 자주 목격한 것은, 내가 한동안 설교에 냉담해지면 그들도 따라서 차가워지고, 그들로부터 나오는 기도들도 나의 설교와 같아진다.[10]

---

9 I. T. Jones, *Principles and Practice of Preaching* (New York: Abingdon, 1956), 49.
10 R. Baxter, *The Reformed Pastor* (Richmond: John Knox Press, 1956), 33.

우리 사역의 추수가 그리스도와 같도록 보장할 수 있는 유일한 방법은 매주 하나님의 말씀을 우리 삶에 근본적으로 적용하는 것이다. 우리가 설교하는 것을 실천하기 위해 우리 자신을 하나님과 우리 회중에게 헌신해야 한다. 하나님께 그분의 거룩하심으로 우리 삶에 역사하시길 간청해야 한다. 그렇게 하지 않는다면 죄를 선택하는 것이다. 그리고 당신과 나는 그 끔직한 선택의 결과를 알고 있다.

이사야는 우리에게 말한다.

> 여호와의 손이 짧아 구원치 못하심도 아니요 귀가 둔하여 듣지 못하심도 아니라 오직 너희 죄악이 너희와 너희 하나님 사이를 내었고 너희 죄가 그 얼굴을 가리워서 너희를 듣지 않으시게 함이니(사 59:1-2).

죄는 우리를 우리가 섬기려고 하는 하나님으로부터 소원하게 만들어서 우리의 사역을 파괴한다.

하나님의 말씀의 진리를 다루면서 그것으로 가슴이 찔리지 않는다면 우리는 두려워해야 한다. 매우 두려워하라. 잠언 28:9은 말한다.

> 사람이 귀를 돌이키고 율법을 듣지 아니하면 그의 기도도 가증하니라 (잠 28:9).

하나님은 거룩하지 않은 그릇은 사용하지 않으신다. 우리가 하나님이 밝히 보여주신 뜻에 싫다고 말하기를 선택하면 하나님은 다른 사람을 사용하실 것이다. 우리는 하나님의 영원하신 목적을 막을 수 없고, 방관자로서 주저앉아 있게 된다.

"자신을 알라"라는 격언이 강단 안에서보다 밖에서 더 잘 알려졌다는 것은 비극적이다. 깊은 설교는 성경을 깊이 살피는 것뿐 아니라 우리 자신의 영혼의 상태를 깊이 살필 것을 요구한다. 그러면 우리는 하나님의 말씀을 우리 삶에 가차 없는 엄격함으로 적용하게 된다. 로버트 머레이 맥체인Robert Murray McCheyne이라는 19세기의 위대한 스코틀랜드인 설교자는 선포했다. "나의 사람들의 가장 큰 필요는 나의 인격의 성결이다."[11] 지금도 그렇다.

그 어떠한 설교적 역량도 하나님이 우리에게 말씀하시는 것에 대한 불순종을 보상할 수 없다.

6. 밖으로 보라

우리가 설교할 본문의 아이디어를 뒤로, 위로, 그리고 안으로 보았다면 이제 밖으로 볼 때가 되었다. 그리고 "이 본문을 통해 하나님이 이루고자 하시는 것이 무엇인가?"라고 질문한다.

질문 4 이 본문을 통해 하나님이 이루고자 하시는 것이 무엇인가?

하나님이 본문의 아이디어가 당신 자신의 삶에서 어떻게 영향을 미치길 원하시는지 먼저 살핀 후에 이제 그 아이디어가 다른 사람들의 삶에는 어떤 영향을 주어야 할지 생각하기 시작해야 한다.

당신이 설교가 회중의 삶에 실제적으로 어떠한 영향을 미쳐야 한다는 생각에 동의한다고 본다. 설교를 듣는 사람들의 삶에 구체적인 목적을

---

11 T. Sargent, *The Sacred Anointing: The Preaching of Dr. Martyn Lloyd-Johns*, 1st U.S. ed. (Wheaton, IL: Crossway, 1994), 128.

이루는 설교만이 성공적이다. 하나님의 말씀을 충실히 설교한 후 우리 회중의 삶에 보여지는 결과가 있어야 한다. 하지만 나도 아는 것은 모든 사람이 나에게 동의하지 않는다는 것이다. 너무나 흔히 설교는 TV의 스테인드글라스식 역사 채널로 되어 버렸다.

나의 친구들 가운데는 역사 채널을 정말 즐겨 보는 친구들이 있다. 여러 편을 시청하면서 여기서 배우는 사소한 정보에 대해 신기해 한다. "타이타닉이 침몰한 진짜 이유," "챌린저 우주비행선의 비극이 불가피했던 이유," "제2차 세계대전 때 히틀러가 자국 군대의 노력을 어떻게 방해했는가?"와 같은 에피소드의 순위는 많은 사람들이 흔히 잊혀진 역사의 신기한 사실들에 대해 배우는 것을 좋아한다는 것을 보여준다. 인류는 사소한 것에 대해 큰 흥미를 가지는 것 같다. 특히 다른 사람들이 범한 실수를 포함한다면 말이다. 다른 사람들의 실수에 손가락질하는 것을 재밌어 한다.

하지만 이것은 설교가 아니다. 설교자로서 우리의 목표는 단순히 다니엘 또는 다윗의 영웅적 행위에 대해 흐뭇해 한다든지 또한 나봇의 어리석음, 사울의 교만, 그리고 젊은 부자 청년의 물질주의에 대해 흥분하는 것이 아니다. 우리의 목표는 신성한 역사를 소통하는 것이 아니라 신성한 역사를 사용하여 삶을 변화시키는 진리를 소통하는 것이다. 설교자들은 사소한 것들을 지나 변화로 가야 한다. 그러할 때, 우리는 역사상 최고의 설교자들의 발자취를 따라간다.

성경에 기록된 모든 설교는 구체적인 행동의 반응을 요구한다. 누구도 단지 회중의 성경 교리에 대한 인지적 이해만을 증가시키기 위해 설교하지 않는다. 성경에 기록된 모든 설교는 변화를 목적으로 되었다. 구체적인 행동의 목적을 이루기 위해 설교되었다. 이제 물어야 할 질문은,

"당신의 설교의 결과로 하나님이 당신의 회중의 삶에 어떻게 역사하시길 원하는가?"이다.

당신 본문의 진리가 당신 회중의 삶과 그들이 살고 있는 세상에서 무엇을 이루기 원하는지 질문할 필요가 있다. 이 막대한 능력이 당신한테 달려 있다. 설교자로서 한 손에는 성경을 그리고 다른 손에는 사람들의 삶의 방향의 제어장치를 잡을 것이다. 당신 말이 사람들의 삶의 방향을 계획하는 데 도움을 줄 것이다. 그럼 그들의 삶이 어느 방향으로 가야 하는가?

이것이 바로 꿈을 꾸고 더 낫고 더 밝은 내일을 구상하는 지점이다. 본문의 아이디어를 당신의 설교를 듣는 사람들이 완벽히 시행한다면 어떤 모습일까? 이 아이디어가 온전히 진행된다면 회중의 삶이 다음 화요일 아침에는 어떻게 달라져 있을까? 본문에 들어 있는 하나님의 안건이 온전히 이루어진다면 어떤 모습일까?

시작하기 좋은 시점은 원 저자가 그 진리를 처음에 어떻게 적용했는지 살펴보는 것이다. 이 진리가 원래의 문맥에서 사람들에게 원래 어떻게 적용되었는지 알면 원 회중과 당신의 회중 사이에 존재하는 유사점들을 찾을 수 있고 그것이 적용의 시발점이 될 것이다.

여기에 당신 회중과 원 수신자 사이의 공통점과 차이점에 초점을 맞출 수 있도록 도와줄만한 여러 질문들이 있다.

① 당신이 인도하는 사람들이 원 수신자와 어떤 방면으로 비슷한가? 존재 할만한 유사점들을 고려하라. 다음과 같은 요소들을 고려하라.

ⓐ 사회경제적으로-가난한가 아니면 풍족한가?
ⓑ 사회적으로-안락한 가정인가 아니면 과부/고아인가?

ⓒ 도덕적으로–음란에 둘러싸인 삶을 사는가? 부요한가? 쾌락을 즐기는가?
ⓓ 정치적으로–당신의 나라는 하나님의 인도하심/지도를 따르려는 사람이 지도하는가, 아니면 불신자가 지도하는가?
ⓔ 영적으로–그들이 하나님과 동행한 기간은? 그들이 누리고 있는 영적 유산은? 그들의 영적 열정의 온도는?(예, 차가움, 미지근함, 또는 펄펄 끓음가)

이제 청중이 본문의 아이디어를 얼마나 수용할 것인지 시간을 두고 생각하라.

① 청중이 이 본문의 가르침과 조화되어 살기 원할 것 같다고 생각하는가? 왜 그런가 또는 왜 안 그런가? 그들의 반대 이유는 무엇인가?
② 우리가 이 본문처럼 살 때, 방해하는 것이 무엇인가? 조직적이고 집단적인 장애물이 있는가?

당신 회중에서 한 그룹을 모집해 "사전 피드백"을 얻을 것을 제안한다. 주로 피드백은 설교 후에 받는 것으로 생각하지만 그 시기는 재고해야 한다. 설교 후 피드백에 대한 좋은 소식은 본문을 더 효과적으로 설교할 방법을 배웠다는 것이다. 나쁜 소식은 설교가 끝났다는 것이다. 그 정보를 사용하기에는 너무 늦었다. 이런 이유로 나는 설교하기 전에 피드백을 받을 것을 제안한다.

그룹에게 당신 설교를 도와줄 수 있는지 물어보라. 5-6명이 좋다. 다만 그 그룹이 당신 회중들의 횡단면을 보여주도록 하라. 여기에 회중들의 주요 그룹들이 대표되지 않으면 그들의 목소리를 들을 수 없다. 예를 들어, 만약 당신 교회에 여성도들이 대다수라면 그들이 당신 피드백 그룹에 비례해서 대표되도록 분명히 하라. 만약 당신 교회에 독신자, 최근에 이혼한 사람들이 있다면 그들을 토론에 초청하라. 여기서의 원칙은 배타적이기보다 포괄적인 것이다. 당신 회중의 다양성을 말하고자 할 때 그들을 경청하는 것이 도움이 될 것이다.

사람을 모을 때, 그들에게 당신이 설교할 것에 대한 그들의 유일한 관점에 관심이 있다고 말하라. 그리고 당신이 다룰 본문을 그들에게 여유 있게 보여 주어라. 본문의 아이디어가 무엇인지 그리고 왜 석의적으로 당신의 생각이 그러한지 설명하라. 이것이 중요한 이유는 이 모임의 목적은 사람들이 "이 본문이 나에게 무슨 의미가 있는가"를 말하는 것이 아니다. 나는 한데 고인 무지를 촉진하려는 것이 아니다. 성경의 모든 자연스러운 단락은 원 저자가 의도한 정해진 단 하나의 의미가 있다. 이것은 의견일치가 아니라 석의로 결정된다.

참석자들에게 본문의 석의적 아이디어를 간단하게 설명한 후 이 진리가 그들의 삶에 어떻게 구체적으로 영향을 주는지에 대해 이야기하도록 초청하라. 중년의 실직한 자동차업체 근로자에게 말라기 3장의 십일조에 대한 교훈이 어떻게 들리는지 또는 지루해하는 젊은 부유층 주부들이 지상명령에 어떻게 반응하는지 또는 소수민족 강간 피해자가 마태복음 18장의 용서할 줄 모르는 종의 비유와 어떻게 상호작용하는지 들어 보라. 나이가 다르고, 인종, 문화, 세계관, 성, 직업, 수입과 교육 수준, 가정환경 그리고 영적 헌신과 성숙의 수준이 다른 사람들이 당신의 본문 아이디어와 어떻게 상호작용하는지 알 필요가 있다. 하나님의 아이디어를 성도들의 관점에서 볼 수 있기 위해서 이 사람들이 필요하다.

여기 당신의 그룹과 만날 때 도움이 될 질문들이 있다.

- ◆ 이 아이디어가 당신을 이끄는가, 아니면 밀어내는가? 자극하는가, 아니면

두렵게 하는가? 왜 그런가?
- 이 아이디어가 허튼소리 같은가, 아니면 상식 같은가? 탁월하게 실용적인가, 아니면 가망 없이 이상적인가? 왜 그런가?
- 만약 당신이 하나님을 쳐다보고 이 아이디어에 대한 당신의 생각을 말한다면 뭐라고 말할 것인가? 무슨 말을 하기가 두렵겠는가?
- 회중석에 앉아 있는 사람들에게 이 아이디어에 대해 말한다면, 뭐라고 말할 것인가? 누구에게 말할 것인가? 왜 그런가?
- 일반 지역사회의 어떤 사람들이 이 진리를 반드시 들어야 하나? 왜 그런가?
- 일반 지역사회의 어떤 사람들이 이 아이디어에 대해 격렬한 반대 또는 찬성을 하겠는가? 왜 그런가?
- 만약 당신이 오늘 이 진리를 아주 진지하게 받아들일 결정을 한다면 당신의 삶에 어떤 변화가 있겠는가? 왜 그런가?

당신과 당신의 그룹 모두 이 경험을 즐길 것을 내가 보장한다! 누구든지 이야기를 들어주면 좋아한다. 누구든지 들어주고 귀중하게 여겨 주는 것을 좋아한다. 그리고 논의에 참여한 사람들은 그들이 논의한 본문에 대한 설교를 듣고 싶어하지 않을 것이라고 생각할 수 있겠지만 오히려 그 반대다. "사전 피드백" 그룹은 당신의 메시지를 간절히 듣기 원할 것이고 그룹에서 언급된 것이 당신의 설교에 어떤 영향을 주었는지 알고 싶어 한다.

당신 그룹의 구성을 정기적으로 바꿀 것을 제안한다. 이것은 각양각색의 사람들로부터 의미 있는 수확을 얻기 위해서다. 또한 좀 더 많은 사람들에게 성경 본문의 핵심을 어떻게 볼 수 있는지 간접적으로 가르칠 수 있다.

그룹의 구성원을 바꾸는 것은 고집 센 사람들이 당신의 강단을 차지하려는 것을 방지하기 위해 필요하다. 당신은 이 사람들의 이야기를 듣고 싶은 것이지 당신의 사역을 그들에게 항복하려는 것이 아니다!

① 당신의 회중 중 누가 이 본문에 순종하며 살았는가?(구체적인 사람들을 생각하라)
② 당신의 회중 중 누가 이 본문에 불순종하며 살았는가?(다시 구체적인 사람들을 생각하라)

이 두 질문의 요점은 강단에서 이름을 언급하지 말라는 것이다. 하지만 어떤 특정한 진리를 실행하는 것이 어떤 사람들에게는 어렵고 다른 사람들에게는 그렇지 않은 이유를 생각해 보는 것이 좋다. 이것은 삶의 과정으로 인한 문제인가? 의문의 행동에 대한 유전적 소인이 있는가? 행동의 차이가 자기 훈련 때문이라고 볼 수 있는가? 교육? 배우자의 지원?

이 두 질문들에 답하는 것은 본문과 그 아이디어를 이해하는 데 큰 기여를 할 수 있다. 시간을 사용할 만한 가치가 있다.

③ 이 진리가 당신과 당신의 청중이 살고 섬기는 지역사회와 당신의 청중들을 어떻게 변화시킬 수 있는가? 이 본문의 진리를 수용함으로 나타 나는 파급효과는 무엇인가?

여기서 꿈을 크게 꿀 수 있다! 이 아이디어가 믿음의 공동체 밖에서 입양된다면 어떻게 되겠는가? 이 아이디어가 당신의 나라, 자치구, 그리고 지역사회에 총동원으로 입양된다면 어떤 차이가 있겠는가? 개인과 기업의 운명이 어떻게 더 좋아지겠는가?

선교학자들은 세속적인 사람들의 삶 속에 하나님의 진리가 만드는 변화를 "구속적 들어 올림"이라고 부른다. "성경에 있기 때문에 그 어떤 것이 진리가 아니라 그것이 진리이기 때문에 성경에 있다"는 것 때문에 당신이 석의하고 골방에서 묵상하고 있는 성경 진리는 모든 사람들의 삶을 개선할 것이다. 하나님의 가족 안에 있는 사람들과 밖에 있는 사람들의 삶도 개선될 것이다.

예를 들어, 바울은 에베소서 5:18에 "술 취하지 말라 이는 방탕한 것이니 오직 성령의 충만을 받으라"라고 한다. 술취하지 말라는 명령은 교회에 다니는 그리스도인들에게 명백히 써 보내졌다. 하지만 그리스도인이 아닌 사람들이 이 말씀을 들으면 유익한가? 물론이다! 술 취하지 않으면 그들은 바보같고 위험한, 또는 해로운 행동들-그들의 돈, 그들의 직업, 그들의 가족, 그리고 심지어 그들의 삶을 앗아갈 수 있는 행동들-을 할 가능성이 훨씬 작아진다. 성경에 포함된 이 아이디어들을 적용하는 모든 사람들은 유익을 본다. 모두가 그렇다.

이것이 진실이라면 당신이 살고 있는 세속적인 지역사회는 이 진리로 인해 어떻게 변화될 수 있을까? 당신은 상상할 수 있는가? 세상에게 보여주기 위해 이 진리를 생활화하는 놀라운 유익에 대한 영상을 찍는다면 영화의 줄거리는 무엇이 될 것인가? 출연자는 누구인가? 결말은 어떻게 될 것인가?

7. 앞으로 보라

당신이 설교할 아이디어를 뒤로, 위로, 안으로, 그리고 밖으로 보는 골방 작업에 시간을 투자했다면 이제 앞으로 바라보며, "이 본문에서 내가 얻은 진보를 효력 없게 만들 수 있는 것은 무엇인가?"라고 질문할 때이다.

질문 5 이 본문에서 내가 얻은 진보를 효력 없게 할 수 있는 것은 무엇인가?

『속 손자병법』The Lost Art of War에서 손자Sun Wu는 시대를 초월하고 가장 위대한 군사 전략 중 하나를 "전쟁은 속임수의 통로다"라는 말로 언급했다. 그의 후손 손자는 이것을 그의 지도자들에게 이렇게 권면하면서 설명하였다.

> 그들이 당신의 의지가 부족하다고 생각하게 하라. 능력이 부족한 것처럼 가장하라. 그리고 패배자의 태도를 가진 것처럼 보여라. 그리하여 그들을 오만과 나태함으로 유혹하고 그들이 사실을 인식하지 못하도록 확실히 하라. 그런 뒤, 이것을 기초로 하여, 그들이 준비되어 있지 않을 때 쳐라. 그들이 방어하지 않는 곳을 공격하라. 태만해진 자들을 압박하라. 그리고 불확실하고 혼란스러워하는 자들을 공격하라.[12]

수세기 동안 지혜로운 용사들은 적군이 실제보다 더 앞질러가고 더 성취했다고 생각하도록 했다. 적군이 자신들의 결의의 맹렬함을 과소평가하도록 조장하며, 그 과정에서 "그들을 오만과 나태함으로 유혹한다."

당신과 내가 군화를 신고 있지는 않지만 우리도 아직은 사나운 영적 전투의 용사라는 것을 기억하는 것이 현명하다. 바울은 우리에게 상기시킨다.

---

12 B. Sun and T. F. Cleary, *The Lost Art of War*, 1st ed. (San Francisco: HarperSanFrancisco, 1996), 143

> 우리의 씨름은 혈과 육에 대한 것이 아니요 정사와 권세와 이 어두움의
> 세상 주관자들과 하늘에 있는 악의 영들에게 대함이라(엡 6:12).

우리의 사역은 영적 전쟁터에서 일어나는 것이고 우리의 적은 바보가 아니다. 우리가 『속 손자병법』을 읽을 수 있다면 사탄도 그럴 수 있다. 사탄은 속임수를 사용해 우리가 경비를 소홀히 하게 할 수 있다. 우리를 태만해지도록 속여서 그의 다음 공격에 준비되지 못하게 할 수 있다.

당신이 목적을 모두 성취하는 설교를 한다면 사탄은 아무것도 하지 않고 가만히 서 있을 것만 같은가? 당신이 방금 취한 영적 영토를 아무런 도전 없이 즐기도록 가만히 앉아 있을 것 같은가? 난 그렇게 생각하지 않는다. 반격을 대비하라.

반격은 공격자를 상대로 방어부대가 사용하는 전쟁전략이다. 반격에 착수하는 목적은 적의 승리를 역전시키기 위해서다. 사탄에게 속지 말라. 내일 아침이 채 오기도 전에 사탄은 당신의 설교 때문에 잃었던 땅을 되찾으려고 악랄한 반격을 착수할 것이다. 사탄은 당신의 메시지로 인해 경건해진 모든 것을 취소하려는 악랄한 반격을 착수할 것이다.

경계가 곧 경비이다. 그러므로 자신에게 질문하라. 만약 당신이 사랑의 하나님의 최대의 적이라면 어떻게 반격하겠는가? 전쟁터의 적을 패배시키기 위해서는 당신과 대치하고 있는 적의 장군보다 생각이 앞서야 한다. 사탄처럼 악해지라는 것은 아니다. 다만 더 약삭빠를 필요가 있다는 말이다. 그리고 이것은 쉽지 않다.

루시퍼는 많은 속성이 있지만 절대로 우둔하지 않다. 지옥은 사탄보다 더 똑똑하다고 생각했던 사람들로 가득 차 있다. 심지어 바울도 "뱀이 그 간계로 하와를 미혹케 한 것 같이"(고후 11:3)라고 지적했듯이 사탄의

영리함에 대해 인상 깊었던 것 같다. 그러나 사탄의 지적 능력이 주는 도전에도 불구하고 예수님은 우리들이 악한 자의 지적 도전에 맞서기 원하신다. 예수님은 제자들에게 말씀하신다.

> 보라 내가 너희를 보냄이 양을 이리 가운데 보냄과 같도다 그러므로 너희는 뱀 같이 지혜롭고 비둘기 같이 순결하라(마 10:16).

이것을 어떻게 할 수 있는가? 사탄의 다음 단계를 어떻게 알아낼 수 있는가? 그의 전략적 계획을 어떻게 알아 볼 수 있는가? 하나님이 우리에게 주신 머리를 열심히 돌리고, 골방 작업을 하면서 하나님께 통찰력과 답을 달라고 부르짖는 것이다. 필요하면 금식도 하라. 하지만 하나님의 말씀을 설교할 때 비추는 빛을 사탄이 밀어내려고 결정한 것에 대해 부주의하면 안 된다.

여기에 도움이 될 질문들이 있다.

① 어떠한 방법을 통해 사탄이 반격할 가능성이 높은가?

ⓐ 거짓말을 할 것인가?(그는 거짓의 아버지다 - 요 8:44)
ⓑ 낙심을 사용할 것인가?
ⓒ 분열을 일으키려고 노력함으로 그의 뜻을 펼칠 것인가?
ⓓ 이전부터 존재하던 상황 또는 상태를 이용하려고 할 것인가?

② 어떠한 상황이 이 진리에 지속적으로 순종하는 것을 어렵게 하는가?(예, 갑작스런 독신〈이혼/사망〉, 경제적인 불경기/실직, 건강의 손실)

③ 어떤 연령대(예, 어린이, 청소년, 대학생, 신혼부부, 중년, 최근에 은퇴, 노인)가 이 진

리의 적용을 가장 어려워하겠는가? 왜 그런가? 이 진리에 대해 심하게 몸부림치지 않을 사람들이 그러할 사람들을 어떻게 도울 수 있겠는가?

8. 왜 해야만 하는가?

골방 작업은 어려운 일이다. 성경 본문이나 핵심 아이디어를 가능한 모든 각도에서 살피는 일은 거대한 양의 시간과 에너지를 투자할 것을 요구한다. 정신적으로, 영적으로, 지적으로 그리고 개인적으로 골방 작업은 당신이 착수할 수 있는 가장 도전적인 일 중에 하나다. 하지만 당신의 갈망이 깊은 설교를 지속적으로 하는 것이라면 당신은 이 부담을 끊임없이 안고 있을 것이다. 왜 해야만 하는가? 답은 우리의 골방에서 묵상하고 기도할 때 성령께서 우리 곁으로 오시기 때문이다. 그가 우리의 조언자, 우리의 스승이 되어 주신다. 그와 같은 스승은 없다!

> 오직 하나님이 성령으로 이것을 우리에게 보이셨으니 성령은 모든 것 곧 하나님의 깊은 것이라도 통달하시느니라 사람의 사정을 사람의 속에 있는 영 외에는 누가 알리요 이와 같이 하나님의 사정도 하나님의 영 외에는 아무도 알지 못하느니라(고전 2:10-11).

이와 같이 하나님을 친밀하게 아는 사람은 없다. 나 또한 당신도. 성령만이 하나님의 깊은 것을 아실 수 있다. 성령은 깊은 설교의 비밀이시다. 그분의 도우심만으로 삶에 영원한 영향을 미치는 설교를 전할 수 있는 소망을 가질 수 있다. 그분이 우리의 생각을 조명하시지 않는 한 우리가 강대상에서 서 있는 시간은 피상과 부적절의 그늘 안에서 더듬거리며 보낼 것이다. 하나님 말씀의 다이아몬드를 가지고 구슬치기를 하는 죄를 범하는 것이다.

당신에게 신학훈련, 전문서적, 멋진 소프트웨어 프로그램들 너머로 나아가길 도전한다. 석의가 끝난 후 그것들을 제쳐놓고 스타벅스 커피 이상의 영감을 찾도록 감히 권한다. 골방의 고독에 들어가 하나님이 하시는 말씀을 묵상하고 기도해 보라. 성령께 당신의 마음과 생각을 밝혀달라고 간청하라. 모든 영적 지혜로 채워질 수 있도록 그리스도의 생각을 구하라. 성령께 하나님 말씀의 위엄을 너무나도 능력 있게 그리고 개인적으로 이해하게 해 달라고 간구하라. 그래서 당신이 설교할 때 사람들이 하나님의 말씀을 듣고, 하나님의 얼굴을 보고, 하나님의 임재를 느끼고, 하나님의 뜻을 기쁘게 따를 수 있도록 하라. 그에게 깊은 설교를 할 수 있게 도와달라고 간구하라.

하나님이 이 기도를 처음으로 응답하시는 순간 당신은 골방 작업을 위해 사용한 시간이 보람 있는 시간이라는 것을 알 것이다. 이 세상에서 하나님의 성령께 사용되어 하나님 말씀을 소통하여 하나님 백성의 삶들을 그리스도의 형상으로 다시 만드는 것보다 더 달콤한 것은 없다. 아무것도.

DEEP PREACHING

제 10 장

깊은 설교하기

　추수감사절의 이른 아침, 나는 음식으로 둘러 싸인 식탁 앞에 앉아 있다. 오늘의 이 전통 축제를 기대하며 나는 어제 아내와 함께 코스트코Costco, 세이프웨이Safeway, 그리고 한 특제 식품점에서 장을 봤다. 칠면조, 햄, 골드코스트 스타벅스 커피, 마늘이 든 올리브, 노란 감자, 안티파스토(이탈리아식 전채요리), 어린 시금치, 새우, 잣, 위핑크림, 귤 조각, 필라델피아 크림치즈, 발사믹 식초, 코카콜라, 탤리체리 흑후추(그게 뭐든 간에), 그리고 그 이상으로 더 있다. 재료는 절대 부족하지 않다. 다만 그것들을 나의 가족이 즐길 수 있는 식사로 만드는 지식이 부족할 뿐이다! 나는 이 모든 재료를 가지고 무엇을 해야 하는가?

　당신은 "깊은 설교"에 관해서 지금 똑같이 느낄 수 있다. 당신은 설교를 위해 강한 신학적 그리고 개인적인 동기를 가지고 있다. 당신은 또한―힘든 석의 작업을 통해―당신이 설교하려고 의도한 본문의 핵심 아이디어를 발견했다. 그리고 당신은 그 아이디어와 함께 골방에서 많은 시간을 보냈다. 기도, 묵상, 그리고 아마도 금식을 하며 성령과 동행하고 그에게 당신의 마음을 열어 그 아이디어의 의미를 온전히 이해하게 해달라고 간구했다. 이제 당신은 무엇을 해야 하나? 산더미만큼 모은 자료를 가지고 사람들의 삶에 깊은 영향을 미치는 설교를 어떻게 만들 수 있는가?

당신은 지금 깊은 설교의 마지막 단계에 도착했다. 지금은 그 모든 것을 종합해야 할 시간이다. 이제 당신의 석의와 골방 작업의 모든 재료들이 당신의 회중을 위하여 어떻게 합쳐질지 생각하기 시작한다. 그러면 이것을 어떻게 할 것인가? 깊은 설교는 어떻게 생겼는가?

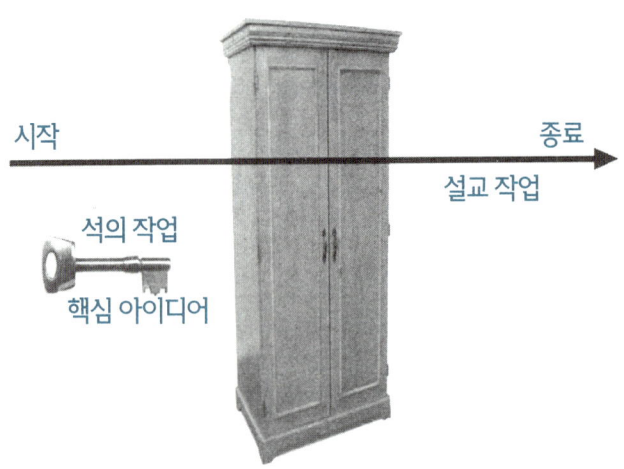

1. 깊은 설교를 발견하는 법

깊은 설교는 당신이 생각하는 것처럼 찾기가 쉽지 않다. 깊은 설교는 깊은 사람과 같다. 그들은 모든 모양, 크기, 색, 그리고 성별의 모습으로 나타난다.

사람을 영적으로 깊이 있게 하는 것은 외모가 아니라 내적으로 그가 누구인가이다. 머리카락, 키, 눈 색깔 또는 옷 스타일 같은 외부에 집중하면서 영적인 사람을 인식하는 것은 불가능하다. 겉으로 보이는 것과 속에서 벌어지는 것 사이에 상호관계는 존재하지 않는다. 설교 형태도 마찬가지라고 말할 수 있다.

"전통적인" 연역적 3단계 설교, 즉 "하고자 하는 말을 하고, 그 말을 해 주고, 그 다음엔 무슨 말을 했는지 말해 주는", 그리고 난 다음 시 한편으로 마무리하는 설교가 꼭 깊다고 할 수 없다. 마찬가지로, 독창적이면서도 친근한 이야기 설교를 아주 극적인 기술을 가지고 전한다고 그것이 자동적으로 깊이가 있거나 얕게 되는 것이 아니다. 깊은 사람들처럼 깊은 설교는 모든 모양과 사이즈로 나타난다. 외적인 것은 상관없다. 안에 있는 것이 더 중요하다.[1]

이것은 깊은 설교에 대한 헌신이 당신의 설교법에 영향을 미치지 않을 것이라는 말이 아니다. 반대로 이런 종류의 설교의 밑바탕에 있는 헌신들이 설교에서 여러 모양으로 드러날 것이다.

깊은 설교는 특별한 내용을 포함하고 특별한 사람들에 의해 전달된다.

---

[1] 깊은 설교는 여러 다른 설교 유형에서 찾을 수 있기 때문에 깊은 설교를 구성하기 위한 설교학적인 오직 한 길을 가르쳐 줄 수 없다. 하지만 당신의 설교학적 능력을 향상시킬 수 있는 몇몇 자원을 제시하겠다. H. W. Ronbinson의 『강해설교』(*Biblical Preaching: the Development and Delivery of Expository Messages*, 2nd ed. 〈Grand Rapids: Baker Academic, 2001〉, CLC 2007)를 읽고, 표시하고, 속으로 소화시키도록 시간을 보내라. 이 책은 복음주의 설교 분야의 현대 고전이다-또한 그럴만한 이유가 있다! 나는 또한 D. R. Sunukjian의 『성경적 설교의 초대』(*Invitation to Biblical Preaching: Proclaiming Truth with Clarity and Relevance*〈Grand Rapids: Kregel, 2007〉, CLC 2009)를 강하게 지지한다. Sunukjian보다 효과적인 설교의 역학을 더 잘 아는 사람을 나는 알지 못한다. 당신이 설교학적 여정 어느 곳에 있든지, Ronbinson과 Sunukjian이 당신이 전진하도록 도울 것이다. 그들은 설교를 이해하고 아주 높은 수준에서 실행한다! 만약에 당신이 내러티브 문학의 독특한 도전에 관심이 특별히 있다면, 나의 책인 『강단의 비타민 일인칭 강해 설교』에서 도움을 받을 수도 있다. 이 책은 일인칭 설교 방식에 초점을 두지만, 내러티브 설교의 모든 유형에도 도움이 될 것이다.

1) 깊은 설교의 내용

(1) 깊은 설교는 성경적이다

설교의 자격을 얻기 위해서는 당신이 설교하고 있는 본문의 진리가 나타나야 한다. 깊은 설교자들이 대면하는 하나의 유혹은 옛 어린이 합창곡의 가사를 남용하고, 석의적인 기준에서 멀리 벗어나 "깊고도 멀리" 가는 것이다. 어떤 "깊은" 설교자들은 성경의 충실함보다 깊다는 인식을 주는 것을 그리고 저자의 의도보다 회중에게 영향 미치는 것을 더 중요하게 여기는 것 같다. 설교자들이 성경 진리에서 "멀리" 벗어났다면, 다음 2가지 경우 중 하나일 가능성이 높다.

설교 내용이 기준에서 멀리 벗어 날 수 있는 한 방법은 성경 본문을 설교자들이 "뜨거운 주제"로 들어 갈 수 있는 출발점으로 사용하는 것이다. 깊이 있어 보이기를 즐겨하는 설교자들은 흔히 현재의 그리고 감정적으로 고조된 이슈들을 다루기 원한다. 그러나 불행하게도, 그들은 이번 달의 이슈가 성경에서 다뤄지고 있는지도 어디에 있는지도 잘 모른다. 그래서 본문을 설교의 도착지보다는 출발점으로 무리하게 사용한다.

설교 준비 시 "이 본문은 나에게…를 상기시킨다"와 같은 접근에 굴복하기 아주 쉽다. 이런 설교들은 입소문을 만들고 무리를 끌어당긴다. 하지만 성경을 발판삼고 별로 관계없는 "뜨거운 주제"로 들어가는 설교자들은 끝내 깊이 있게 여겨지지 않는다. 그들은 라디오 토크 쇼를 흉내 내는 사람처럼 보이기 시작하고 그들과 비슷한 악명을 누리게 된다.

깊은 설교자가 "되고픈" 사람들이 기준에서 멀리 벗어나는 둘째 방법은 이미 우리에게 주신 말씀을 조명하기보다는 "새로운 말씀"(즉 새로운 계시의 영감)을 달라고 성령께 간구하는 것에 그들의 골방 시간을 사용하는 것이다. 성령은, 물론, 추가적인 계시를 위한 기도에 응답하지 않으신다-성경은 완전하다-하지만 어떤 사람들은 자신과 다른 이들에게 성령이 그렇게 하신다는 확신을 주는 데 뛰어나다. 이러한 "내가-복음"Bible-plus 설교자들은 그들의 특별한 지식을 사용해 그들의 설교를 성경적인 정통파 설교자들보다 더 영적인 것처럼 보이게 한다.

유일한 직통 계시를 주장하는 관례는 항상 영적 교만을 불러일으키고 바울이 주장한 대로 말씀은 "하나님의 사람으로 온전케 하며 모든 선한 일을 행하기에 온전케 하려 함"(딤후 3:17)을 위해 충분하다는 사실을 명백히 무시한다. 하지만 이런 식으로 기준에서 멀리 벗어나는 사람들은 흔히 "슈퍼영성"이라는 명성을 얻게 되고 많은 무리들을 그리고 흔히 큰 돈을 끌어들인다.

이 두 길 모두 설교자를 하나님 말씀에서 멀리 떠나게 한다. 그 길로 걷는 사람들은 그들의 설교의 기준을 놓칠 것이다. 하나님이 말씀하지 않으신 것을 하나님의 이름으로 전할 때 그들은 죄를 범할 것이다. 그것은 거짓 예언자의 표다. 그리고 거짓 예언자들은 항상 위험한 만큼 인기가 많았다. 비성경적인 설교를 위한 장은 항상 열려있다!

예수님은 산상설교에서 제자들에게 경고하셨다.

> 거짓 선지자들을 삼가라 양의 옷을 입고 너희에게 나아오나 속에는 노략질하는 이리라(마 7:15).

그리고 제자들은 구세주의 경고를 아주 심각하게 받아들였다. 사도들이 초대 교회에 얼마나 많이 위조 통신원들의 위험에 대해 경고했는지를 보면 신기할 정도다. 그들이 이용하는 강한 어휘 또한 주목할만하다.

설교자들이 설교를 "깊고도 넓게" 할 때 교회의 중대한 위협이 되는 듯하다. 베드로는 이러한 거짓 진리를 전달하는 자들의 고유의 매력과 위험에 대해 경고했다.

> 너희 중에도 거짓 선생들이 있으리라 저희는 멸망케 할 이단을 가만히 끌어들여 자기들을 사신 주를 부인하고 임박한 멸망을 스스로 취하는 자들이라 여럿이 저희 호색하는 것을 좇으리니 이로 인하여 진리의 도가 훼방을 받을 것이요 저희가 탐심을 인하여 지은 말을 가지고 너희로 이를 삼으니 저희 심판은 옛적부터 지체하지 아니하며 저희 멸망은 자지 아니하느니라(벧후 2:1-3).

사도 바울 역시 에베소교회의 장로들에게 다음과 같이 권고했다.

> 너희는 자기를 위하여 또는 온 양떼를 위하여 삼가라 성령이 저들 가운데 너희로 감독자를 삼고 하나님이 자기 피로 사신 교회를 치게 하셨느니라 내가 떠난 후에 흉악한 이리가 너희에게 들어와서 그 양떼를 아끼지 아니하며 또한 너희 중에서도 제자들을 끌어 자기를 좇게 하려고 어그러진 말을 하는 사람들이 일어날 줄을 내가 아노니(행 20:28-30).

그리고 갈라디아에 있는 교회에 바울은 분명한 용어로 편지했다.

> 그리스도의 은혜로 너희를 부르신 이를 이같이 속히 떠나 다른 복음 좇는 것을 내가 이상히 여기노라 다른 복음은 없나니 다만 어떤 사람들이 너희를 요란케 하여 그리스도의 복음을 변하려 함이라 그러나 우리나 혹 하늘로부터 온 천사라도 우리가 너희에게 전한 복음 외에 다른 복음을 전하면 저주를 받을지어다 우리가 전에 말하였거니와 내가 지금 다시

말하노니 만일 누구든지 너희의 받은 것 외에 다른 복음을 전하면 저주를 받을지어다!(갈 1:6-9)

골로새에 있는 교회도 비슷한 경고를 받았다.

누구든지 일부러 겸손함과 천사 숭배함을 인하여 너희 상을 빼앗지 못하게 하라 저가 그 본 것을 의지하여 그 육체의 마음을 좇아 헛되이 과장하고 머리를 붙들지 아니하는지라 온 몸이 머리로 말미암아 마디와 힘줄로 공급함을 얻고 연합하여 하나님이 자라게 하심으로 자라느니라(골 2:18-19).

바울은 어린 디모데에게도 설교를 잘할 것을 격려하며 말했다.

때가 이르리니 사람이 바른 교훈을 받지 아니하며 귀가 가려워서 자기의 사욕을 좇을 스승을 많이 두고 또 그 귀를 진리에서 돌이켜 허탄한 이야기를 좇으리라(딤후 4:3-4).

설교자들이 하나님이 말씀하지 않으신 것을 말하거나 하나님이 추가로 직접적인 계시를 주신 것처럼 할 때 그들은 깊이 들어가는 것이 아니다. 그들은 다른 사람들을 데리고 타락하는 것이다.

메시지 내용이 기준에서 멀어질 때마다 우리는 하나님의 목적을 놓친다. 설교 준비를 하는 동안 하나님의 서명을 위조하는 죄를 범하고 설교를 전할 때 부정하게 수표를 환금하는 것이 된다.

참으로 깊은 설교는 항상 전통적인 영성수련을 통해 성령이 조명하신 석의적으로 유효한 진실을 포함할 것이다. 참으로 깊은 설교자들은 항상 그들의 회중을-성경 본문으로부터 절대로 벗어나지 않는-그 본문의 올바른 의미 속으로 깊이 데려간다.

(2) 깊은 설교는 흥미있다

하나님의 말씀으로 사람들을 지루하게 만드는 것은 죄일 뿐만 아니라 역효과를 낳는다. 당신이 말씀을 전하고자 하는 사람들이 당신의 말을 듣는 것에 흥미가 없다면 소통의 과정은 실패한 것이다. 당신은 당신에게 집중하지 않는 사람들에게 영향을 줄 수 없다.

회중의 관심은 정보 과다에 직면하고 있는 우리 문화 속에서 특히 중요하다. 우리 모두는 자료에 압도당하고 있다. 정보시대는 많은 양의 자료를 끝없이 만들어내며 그 무게 아래 우리를 매장시키려고 위협하고 있다. 사람들이 자신을 방어할 수 있는 유일한 방법은 불필요한 정보는 걸러내고 의미있는 자료만 처리하는 기술을 개발하는 것이다. 노트북처럼 정보시대의 사람들은 그들의 의식 속에 "스팸필터"를 설치했다. 그들은 어떤 무관한 정보를 감지하면, 자동적으로 그것을 "스팸메일"로 여기고 그들의 기억 속에서 삭제시킨다.

우리의 설교가 회중의 삶에 깊은 영향을 미치기 위해서는 이러한 스팸필터를 피해 새로운 길을 찾아야 한다. 깊은 설교는 우리 시대의 가장 희귀한 선물 중 하나가 되어버린 그들의 온전한 집중력을 주고 싶어할 만큼 관심을 사로잡아야 한다. 우리가 관심을 사로잡지 못하면, 우리 회중 중 어떤 이들은 그들의 사고를 일시정지시킬 것이다. 다른 이들은 그들의 블랙베리 폰과 아이폰에 열의를 가지고 이메일을 확인하기 시작할 것이다. 어느 쪽이든 당신의 회중을 잃은 것이고 하나님의 말씀으로 그들의 삶을 만질 수 있는 훌륭한 기회를 잃은 것이다. 더 흥미 있기 위해 당신은 무엇을 할 수 있는가? 당신의 자료를 깔때기처럼 정리하라.

첫째, 대략적으로 말하며 시작하라. 지난주에 그리고 또 다음 주에도 당신 회중의 삶에 영향 미친 이슈들과 관심사에 대해 이야기하라. 당신의 회중이 살고 있는 세속적인 환경 속에서 설교를 시작하는 것이 좋을 것이다. 당신의 것보다는 그들의 염려와 의문과 관심사에 들어감으로 포괄적으로 시작하라. 그들의 "스팸필터"는 "나는 왜 이 설교를 들어야 하는가? 이것은 중요한가? 무슨 상관인가?"라고 묻고 있을 것이다. 그래서 당신은 대답을 가지고 있어야 한다.

당신은 자신의 설교가 긴급성과 중요성을 갖기를 원한다. 사람들은 "나는 이것을 듣는 것이 필요해!"라고 생각할 수 있어야 한다. 당신이 그들에게 이것에 대해 말하지 않는다면 설교를 들을 것이라고 기대할 수 없다.

둘째, 깔때기 밑으로 내려가 근심의 초석이 되는 핵심질문 또는 이슈를 확인하라. 그들이 바로 지금 느끼고 있는 것 뒤에 있는 원동력은 무엇인가? 그것을 분명히 하라. 그것에 이름을 붙여라. 그것을 정의하라. 당신의 목표는 당신이 회중의 근심 배후에 있는 핵심 이슈를 진술할 때 그들이 동의하며 머리를 끄덕이는 것이다. 그들의 이슈를 당신이 이해하고 있다는 것을 그들이 알기 원한다.

셋째, 당신이 설교할 성경 본문을 소개하고 회중에게 왜 이 본문이 방금 확인한 필요를 특별히 적절하게 다루고 있는지 설명하라. 당신은 그들의 이슈를 이해하고 성경은 그들의 이슈를 다룬다. 그들의 불안한 마음의 해답은 정확하게 성경적인 본문에 분명히 뿌리박혀 있어야 한다.

나는 여기서 설교 준비가 회중으로부터 시작해야 한다는 것을 말하는 게 아니다. 오히려 나는 계속적으로 설교 준비는 성경 본문에서 시작하는 것을 제시했다. 그러나 나는 당신이 자료를 정리할 때 머릿속에 당신의 회중을 유념하라고 말하는 것이다.

당신이 성경에 관해서 당신의 회중에게 말하기 시작할 때, 그들로부터 시작하라. 모든 사람은 그들의 삶에 영향을 주는 것에 관심이 있고 집중한다. 당신이 설교하는 본문이 그들의 현실을 어떻게 바꿀 것인지를 당신의 회중에게 보여주면 그들은 당신이 하는 말을 들을 것이다. 그들은 하나님이 그분의 말씀 안에서 무엇을 말씀하시는지 듣기 원할 것이다. 당신은 흥미로울 것이다.

(3) 깊은 설교는 군살이 없다

당신의 목표가 깊이 설교하는 것이라면 살코기를 공급하라. 당신의 본문과 그것의 아이디어에 관해서 아는 모든 것을 전달하려고 노력하지 마라. 그것은 추수감사절의 부엌 조리대 위에 있는 모든 것을 하나의 솥에 쏟아붓고는 그것을 저녁식사라고 부르는 것과 같다.

모든 것을 하나의 설교에 쏟아붓는 것의 결과는—앞에 언급했던 솥의 음식처럼—잘 해도 입맛 떨어지고 최악의 경우는 입에 안 맞는 설교다. 너무 많이 집어넣으면 끝내 엉망인 상황을 만들게 된다. 당신의 설교는 사방으로 그리고 아무데도 가지 못할 것이다.

군살이 없도록 하라. 당신의 메시지에 무엇을 포함할지에 대해 가차 없이 선별하라. 최고의 식사는 오직 최선의 재료만 포함한다. 전해져야 할 말만 하고 더 이상은 삼가라.

당신이 설교할 시간의 길이는 당신이 전달하는 아이디어와 그것이 오는 본문에 따라 달라질 것이다. 예를 들어, 어떤 연장된 내러티브 본문들은 20분짜리 설교에 다 포함할 수 없다. 다룰 자료가 너무 많다! 하지만 설교자들의 유혹은 필요한 시간 이상을 사용하는 것이다.

덧대지 마라. 영적인 것처럼 보이려는 헛수고로 당신의 내용을 부풀리지 마라. 그것은 도살업자가 더 많은 돈을 받고 팔기 위해 닭에 물을 주입해서 무게를 더 나가게 만드는 것과 같다-그리고 마찬가지로 맛없다. 본문의 깊은 진리를 소통하기 위해 필요한 시간을 사용하고 일분도 더 하지 마라.

당신이 방금 시청한 DVD 영화의 마지막에 있는 "보너스 특집"을 본 적이 있는가? 때때로 삭제된 장면들이 포함되어 있다. 이러한 장면들은 영화를 찍을 때 앞뒤가 맞다고 생각했지만 영화의 최종판에는 들어가지 못한 것들이다. 아쉽지만 영화감독은 그것들을 편집실 바닥에 버려두었다. 이 편집된 영화 장면들을 되돌아 보면서 인상 깊었던 것은, 영화가 그러한 장면들이 없었기에 얼마나 더 좋아졌는지 알게 되는 것이다. 편집된 장면들이 없어짐으로 인해 영화는 더욱 탄탄하고 더욱 집중력이 있었다. 때때로 적은 게 많은 것이다.

헐리우드로부터 팁을 얻어라. 당신의 설교가 끝난 후 영화감독이 영화를 편집실의 가차 없는 분위기 속에서 조사하듯 설교를 살피라. 어떤 장면들을 제거해야 하는가? 어떤 내용이 초점을 흐리게 하는가? 어떤 것들이 "샛길"인가?

하나님은 영원하시다. 하지만 우리의 설교는 그러지 않아도 된다. 깊은 설교는 더 긴 설교라고 할 수 없다-그저 영적으로 더 중요한 것이어야 한다.

지방을 잘라내라. 좋은 설교는 군살이 없다.

(4) 깊은 설교는 알아듣기 쉽다

진흙탕을 깊은 것과 혼돈하지 마라. 너무도 많은 설교자들이 이 실수를 범한다. 이것의 한 예는, 2005년에 별세하기 전까지 캘리포니아의 시청자들에게 잘 알려진 TV 설교자의 경우였다. 그는 한 일류대학에서 박사학위를 받았다고 회중에게 말해주고는 여러 칠판 또는 화이트보드를 온갖 정보들로 채웠다. 그는 설교하면서 헬라어, 히브리어, 그리고 아람어의 원어에 대해 법석을 떨고 성경 언어의 뉘앙스와 그것의 해석에 대해 논의했다. 나는 이 TV 설교자가 제시하는 엉켜진 정보를 통해 무엇을 이야기하려는지 전혀 모르겠지만, 그 하얀 보드와 20불짜리 단어들은 매우 인상적으로 보였다! 그가 이 일로 수억 달러를 벌었을지 몰라도 그는 깊은 설교자가 아니었다-그저 진흙투성이였다.

깊은 설교는 알아듣기 쉽고 직접적이다. 그 단순함 속에 깊이가 있다. 깊은 설교는 설교자에게 확산 조명을 비추지 않는다. 하나님의 말씀에 창을 열어 사람들이-일그러지지 않은-하나님의 얼굴을 볼 수 있게 해준다.

명확하고도 깊은 설교의 제일 좋은 예는 예수님으로부터 온다. 예수님의 설교는 당시의 선두적인 랍비들을 인용하는 광범위한 각주를 포함하지 않았다. 또는 구약에 대한 백과사전적 지식을 진열하려고 설교를 이용하지 않으셨다. 예수님은 그분이 아는 모든 것을 말씀해 주지 않으셨다. 그분의 뜻을 명확하게 할 것이 무엇인지 아셨고 그것을 말씀하셨다. 그리고 그 당시의 언어와 일반지식을 사용하셨다. 예수님은 숨이 멎을 만큼 직설적이셨다. 그는 단순하셨기 때문에 명확하셨다.

설교를 끝냈을 때 사람들은 우리가 얼마나 똑똑한지에 대해 놀라워해선 안 된다. 그들은 "물론이지! 그건 당연한 거야!"라고 말해야 한다.

바보들이 복잡한 면이 많고, 오히려 천재들이 단순하다.

(5) 깊은 설교는 매우 시각적이다

사람들은 "무슨 뜻인지 보일 때까지" 당신이 무슨 말을 하는지 이해하지 못한다. 설교하는 진리를 이미지화해야 한다.

설교의 이미지는 컴퓨터 화면의 아이콘과 같다. 컴퓨터 아이콘은 그 내부에 있는 매우 복잡하고 추상적인 컴퓨터 코드를 시각적으로 대표하는 간단한 그림이다. 만약 표면 밑에 있는 프로그램 코드를 볼 수 있다면, 우리는 완전히 헤맬 것이다. 하지만 그럴 필요 없다. 우리가 기억해야 할 것은 오직 시각적인 아이콘이다. 그냥 클릭하고 들어가라!

마찬가지로, 당신이 설교하는 본문의 복잡한 석의적 정보를 이해하기 쉬운 이미지로 요약해야 한다. 본문의 진리를 접촉하기 위해 사용할 수 있는 시각적인 표시를 당신의 회중에게 제시해야 한다.

그렇다고 설교할 때마다 파워 포인트 발표나 영화 장면을 사용해야 되는 것은 아니다. 나는 둘 다 거의 사용하지 않는다! 8장에서 언급했듯이, 은유는 사람들에게 성경 본문의 의미를 보여 줄 수 있는 가장 효과적인 방법 중 하나이다. 은유는 추상적인 진리를 구체적으로 만든다. 복잡한 것을 명확하게 한다. 그것은 사람들이 우리가 무슨 말을 하는지 이해하도록 도와준다.

아마추어 전달자들은 회중의 얼굴에서 잘 모르겠다는 표정을 보면 그들은 "다시 한 번 더 말하겠습니다"라고 한다. 그러나 효과적인 설교자들은 그러한 표정을 보고 "제가 예를 들겠습니다"라는 말로 반응한다. 깊은 설교자들은 성경의 아이디어들을 보여주며 이야기해 준다.

(6) 깊은 설교는 분명한 목적이 있다

성령이 인도하실 때, 당신의 설교는 부적절의 황야에서 떠돌지 않을 것이다. 깊은 설교는 목적지가 있고, 회중의 삶 속에서 성취하려고 의도하는 분명한 행동적 목표가 있다.

밖을 바라보며 골방 작업을 할 때 질문했던 "이 본문에서 하나님은 무엇을 성취하고자 하시는가?"를 되돌아보라. 또한, 당신이 참여했던 "사전 피드백" 토론의 필기를 살펴보라. 이 분야에 당신이 이미 투자한 모든 작업 이후에는 이 설교로 인해 회중의 삶에 하나님이 성취하고자 하시는 가장 중요한 변화를 확인할 수 있어야 한다. 그것이 무엇인가? 분명히 진술하라. 그리고 모든 것이 회중을 분명한 결단의 순간과 최종적인 변화로 인도하도록 당신의 자료를 정리하라.

깊은 설교자들은 성경 진리가 적용되지 않은 채 사람들의 생각의 표면에만 머물도록 하지 않는다. 깊은 설교는 사람들의 삶의 방식을 변화시킨다.

(7) 깊은 설교는 본문의 장르를 반영한다

소통은 말하는 것을 포함할 뿐만 아니라 그 말들을 문학적인 형식으로 정리한다. 단어들을 정렬하는 방식을 장르라고 일컫는다. 시는 한 장르이다. 신문의 사망기사도 한 장르다. 이야기도 그렇다. 박사 논문도 그렇다.

각 문학 장르마다 그만의 유일한 장점과 단점이 있다. 예를 들어, 나는 박사 논문 형식으로 여자 친구에게 사랑을 표현하기로 선택한 사람들을 많이 알지 못한다. 시야말로 로맨틱한 사랑을 표현하는 데 최선의 장르라고 볼 수 있다.

지혜로운 전달자들은 각 장르의 상대적 장단점을 인식하고 그들이 전하고자 하는 아이디어와 그들의 목적을 성취하도록 최대로 도울 수 있는 고유의 장점을 가진 장르와 맞춘다. 예를 들어, "당신을 사랑해요"를 사망기사로 하지 않는다!

하나님은 전문적인 전달자로서 그분의 뜻을 효과적으로 소통하기 위해 성경 본문에 최고의 단어와 최고의 장르를 결합하셨다. 하나님의 말씀과 장르의 결합은 더 이상 개선될 수가 없다. 성경의 영감으로 된 말씀과 장르는 둘이 합쳐서 하나님의 아이디어를 정확히 소통한다. 말과 장르가 소통 과정에 함께 작용한다는 것을 인식하는 것은 설교자에게 큰 유익을 준다.

그것이 의미하는 바는, 성경 본문의 의미를 정확히 재송신하기 위해서 설교자들은 성경 본문의 말씀과 장르 모두 보존해야 한다는 것이다. 만약 설교자들이 성경 본문의 말씀이나 장르를 조작한다면 성경 본문의 의미를 조작하는 것이다. 두 가지 모두를 인정하고 보존해야만 저자의 의도가 바르게 전달될 수 있다. 슬프게도, 많은 수의 복음주의 설교자들이 이렇게 하지 않는다.

많은 설교자들이 신학교에서 배운 하나의 "허용된" 설교 형식에 성경의 모든 장르를 집어넣는 것으로 만족한다. 그들은 정통적인 설교학적 방법론을 신학적 정통성과 혼돈한다. 큰 실수다! 성경의 극적인 이야기들을 박사논문 형태로 설교하려 한다면, 결과는 끔찍하고도 따분하다.

성경의 장르는 주문제작한 설교 형식을 통해 설교학적으로 보존되어야 한다. 그렇게 하는 설교자들은 저자의 의도 이상을 보존할 것이다. 그들은 또한 회중과 성경 독자들이 수백 년간 동일하게 즐겨왔던 풍부하고 신선한 소통의 경험을 제공할 것이다!

깊은 설교는 그 출처의 형식을 반영한다.

(8) 깊은 설교는 감정적인 크레센도가 있다

깊은 설교는 감정적으로 공허하면 안 된다. 그것은 지적인 것에만 전적으로 초점을 맞춘 열정 없는 학자들이 전하는 메마른 강의가 아니다.

하나님의 말씀은 전화번호부의 형태로 오지 않았다. 그들이 섬기는 사람들에 대해 열정적으로 보살폈던 사람들로 인해 주어졌다. 그들은 하나님의 말씀을 그들의 입에 달고 다녔고 하나님의 감정이 그들을 통해 분명히 나타났다.

왜 예레미야만 눈물의 선지자여야 하는가? 바울도 물론 감정을 두려워하지 않았다. 에베소교회에 보내는 작별인사에서 바울은 장로들에게 그들을 어떻게 섬겼는지 상기시켰다. "곧 모든 겸손과 눈물이며 유대인의 간계를 인하여 당한 시험을 참고 주를 섬긴 것과"(행 20:19) 그리고 "그러므로 너희가 일깨어 내가 삼 년이나 밤낮 쉬지 않고 눈물로 각 사람을 훈계하던 것을 기억하라"(행 20:31). 매주 눈물을 터뜨려야 한다고 제시하는 건 아니지만 우리 설교에 성경 본문의 분위기가 분명히 드러나야 된다고 생각한다. 우리의 설교는 웅얼거리다 끝나면 안 된다.

너무 자주 "다음 주에 11절에서부터 다시 시작하겠습니다"라는 진술로 사람들이 설교를 마치는 것을 듣는다. 얼마나 밋밋한가?

하나님은 성경을 예수님이 백마를 타고 정복 왕으로 세상에 돌아오시는 장면으로 마치셨다.

> 그 눈이 불꽃 같고 그 머리에 많은 면류관이 있고 또 이름 쓴 것이 하나가 있으니 자기 밖에 아는 자가 없고 또 그가 피 뿌린 옷을 입었는데 그 이름은 하나님의 말씀이라 칭하더라 하늘에 있는 군대들이 희고 깨끗한 세마포를 입고 백마를 타고 그를 따르더라 그의 입에서 이한 검이 나오니 그것으로 만국을 치겠고 친히 저희를 철장으로 다스리며 또 친히 하나님 곧 전능하신 이의 맹렬한 진노의 포도주 틀을 밟겠고 그 옷과 그 다리에 이름 쓴 것이 있으니 **만왕의 왕이요 만주의 주라 하였더라**(계 19:12-16).

이것이야말로 감정적인 절정의 결말이다! 예수님도 그분의 훌륭한 산상설교를 튼튼해 보이는 집이 "그 무너짐이 심하니라"(마 7:27)라는 사나운 폭풍과 강한 비와 같은 표현으로 마무리하셨다. 하나님이 그분의 소통을 마무리하실 때, 영화 "007"이나 "다이하드" 같은 감정적인 흥분이 있다. 그런데 왜 우리의 설교는 그런 감정으로 끝나지 않는가?

우리 설교는 "C-SPAN" 재방송에 대한 흥미 정도보다는 차이코프스키의 "1812년의 서곡" 끝의 대포의 일제 사격을 표현하는 감정으로 막을 내려야 할 필요가 있다. 우리의 설교는 끝나는 것 이상이 필요하다. 절정이 필요하다.

깊은 설교는 우리의 영혼을 깨우듯 우리의 감정을 불러일으킨다.

2) 깊은 설교자의 모습

깊은 설교자들은 각양각색의 모양, 나이, 교육 배경, 교단, 문화, 성, 그리고 수사적인 선호로 등장한다. 하지만 깊은 설교자를 다른 사람들로부터 가장 잘 구별하는 특징은 그들이 자신을 어떻게 보는지에 관한 것이다. 깊은 설교자의 형성에 중대한 요소는 성경적인 자아상이다.

(1) 깊은 설교자는 자신이 진실로 누구인지 안다

설교에는 확실히 공연적인 요소들이 있다. 사람들 앞에 서서 말하지 않고는 설교할 수 없다. 눈부시게 환한 조명 아래 홀로 서서, 당신의 말소리가 증폭되고 녹음되는 가운데 중압감은 상승하기 시작한다. 숨을 수 있는 곳이 없고 누구도 탓할 수 없다. 모든 눈이 당신을 주목할 때 혼자 받는 부담은 엄청나다! 당신의 말이 사람들의 마음을 감동시키면, 그들이 당신을 높이 평가하고, 당신의 삶과 사역은 훨씬 좋아질 것이라는 것을 안다. 또한 당신의 말이 잘 수용되지 않는다면, 그들은 당신에 대해 험담할 것이다. 부정적인 평판이 퍼질 것이고, 당신의 삶과 사역의 진로는 가파르게 될 것이다.

설교자가 되는 것은 TV 쇼 "아메리칸 아이돌"American Idol의 참가자들과 좀 비슷한 느낌일 수 있다. 이 유명한 쇼의 참가자들은 위험부담이 얼마나 큰지 알고 있다. 그들이 잘하면, 부와 인기를 차지할 것이다. 만약 잘 못하면 사이먼 코웰의 웃음거리가 될 것이다. 모든 것은 그들이 얼마나 잘 보이는지, 그리고 얼마나 공연을 잘 하는지에 달려 있다. 머리가 괜찮아 보이는가? 마지막 음을 낼 수 있을 것인가?

"아메리칸 아이돌" 참가자나 설교자나 무대 위로 걸어나가기까지 상당한 양의 용기가 필요하다. 무대 위에서 공연하는 것은 많은 이들이 갖지 않은 자신감-투지-을 요구한다. 하지만 공연을 해야만 하는 가차 없는 압력 아래, 투지는 흔히 교만과 이기주의로 변한다. 유명한 연예인들(그리고 설교자들)이 함께 작업하기 어렵다고 알려진 바는 놀랄 일이 아니다! 그들의 자아는 공연 아니면 죽음이라는 연예계 분위기 속에서 오만해진 것이다.

미국의 복음주의 교회는 설교자들을 유명인사로 만든다. 다른 목회 직원에 비해 설교자들은 제법 더 높은 수입, 더 높은 인지도, 그리고 영향력을 누린다. 많은 사람들이 성경 집회의 설교자들과 사진을 찍고 그들의 사인을 받기를 원한다. 그들을 저녁식사에 초대할 기회를 위해 다투기도 한다. 집회는 록 콘서트와 유사해지기 시작한다.

설교자의 교만도 그만큼 흔하지만, 투지가 교만으로 부풀 때 효과적인 사역은 불가능해진다. 교만은 깊은 설교를 파괴한다.

깊은 설교자들은 "A급" 행사에서 많은 무리들에게 말씀을 전하면서도 강단에 가져가는 설교에 대해 냉정한 관점을 가진다. 자신들을 "교회를 위한 하나님의 선물"로 여기기보다는 오히려 설교에서조차 자신의 역할이 대단하지 않다고 생각한다. 그들은 다음과 같이 말한 사도 바울로부터 힌트를 얻는다.

> 우리가 우리를 전파하는 것이 아니라 오직 그리스도 예수의 주 되신 것과 또 예수를 위하여 우리가 너희의 종 된 것을 전파함이라 어두운 데서 빛이 비춰리라 하시던 그 하나님이 예수 그리스도의 얼굴에 있는 하나님의 영광을 아는 빛을 우리 마음에 비취셨느니라 우리가 이 보배를 질그릇에 가졌으니 이는 능력의 심히 큰 것이 하나님께 있고 우리에게 있지 아니함을 알게 하려 함이라(고후 4:5-7).

바울이 자신을 어떻게 여기는지 보았는가? 그는 자신을 "질그릇"으로 묘사한다. 놀라운 이미지다! 질그릇은 1세기에 흔히 사용되던 가정 용기를 언급한다고 알려졌다. 얼마나 흔했던지, 사실상 이것은 오늘날 발굴되더라도 고고학적으로 별 가치가 없기 때문에 제외된다. 바울은 자신이 일반 부엌 용기와 동등한 사역자라고 말하고 있다.

그는 자신을 특별한 데 적합하다고 볼 수 없는 품위 없는 용기로 여긴다. 우리 집에 그런 용기가 있다. 나와 아내가 27년 전 결혼했을 때 어머니가 주신 밀폐용기로 터퍼웨어Tupperware 제품이다. 작고 못난 갈색 용기다. 그것에 맞는 건 오렌지색 뚜껑밖에 없다. 그리고 뚜껑에 금이 가서 완전 밀폐도 안 된다. 솔직히, 무안할 정도다.

우리는 이 오래된 터퍼웨어 용기를 먹다 남은 음식을 냉장고에 하루 이틀 두기 위해 사용하는 것은 용납하지만 가족 식사 때 식탁에 올려놓는 것은 안 된다고 생각한다. 그리고 특별한 때 식사를 위해 식탁에 화려한 도자기 접시들과 함께 절대로 놓지 않는다! 아니, 이 용기는 그러한 영예의 자격이 없다. 사실상 가치가 없고 거의 쓰레기 수준이다. 이것은 고린도의 질그릇과 맞먹는 21세기판 용기다.

이것이 바울이 자신을 설교자로 보는 관점이다. 그렇다. 그의 설교는 셀 수 없이 많은 삶들을 변화시켰고 많은 교회를 개척하는 데 중요한 역할을 했다. 그렇다. 오늘날에도, 그가 죽은 지 수세기가 지난 후에도 바울의 설교 사역의 영향력은 남아 있다. 바울의 설교는 유난히 능력 있고 효과적이었다. 하지만 바울은 그의 설교 사역에 있어서 역할을 무시한다. 그는 설교의 능력이 그로부터 오지 않음을 알고 있다.

바울은 모든 사람이 그의 훌륭한 메시지들이 탁월한 재능으로부터 오지 않았음을 알기 원한다. 그렇다. 바울은 전혀 특별하지 않다. 그는 그저 금이 간 오렌지 뚜껑의 갈색 터퍼웨어 용기다. 그는 자신이 부엌에 숨겨져 있어야 하는 무안함이라는 것을 잘 안다. 그래서 그의 사역이 당신을 감동시킨다면, 그것이 담겨져 있는 플라스틱 용기 때문일 수가 없다. 그의 설교의 능력은 그토록 놀라운 것을 그렇게 보잘 것 없는 용기에 넣기까지 자신을 낮추신 위대하신 하나님으로부터 올 수밖에 없다.

왜 하나님은 그러한 보배를 그렇게 평범한 용기에 두셨을까? 왜 하나님은 그의 도자기 진열장에서 좋은 그릇을 꺼내 배정하지 않으셨을까? "우리가 이 보배를 질그릇에 가졌으니 이는 능력의 심히 큰 것이 하나님께 있고 우리에게 있지 아니함을 알게 하려"(고후 4:7) 고 하나님은 버림받은 터퍼웨어 설교자들을 선택하여 사용하신다.

바울은 "질그릇"이란 단어를 가볍게 사용하는 것이 아니다. 그는 진실로 그렇게 믿는다. 그의 겸손은 진심 어린 만큼 깊다.

바울은 깊은 설교 배후에 있는 참된 능력은 설교자가 아니라는 것을 알았다. 인간 재능과 설교적 소질도 중요하겠지만, 바울은 설교의 참된 능력은 그의 범위 밖에 있다는 것을 알았다. 때문에 그는 말했다.

> 내가 복음을 부끄러워하지 아니하노니 이 복음은 모든 믿는 자에게 구원을 주시는 하나님의 능력이 됨이라 첫째는 유대인에게요 또한 헬라인에게로다(롬 1:16).

로마서 1:16에 "능력"dunamis이라고 번역된 단어는 강한 효력을 생산할 수 있는 능력으로 그 무엇을 성취한다는 의미다. 이 용어의 어원은 영어 단어 "다이너마이트"의 어원과 같다. 바울이 복음을 그의 사역에서의 "하나님의 능력"이라고 인정하고 자신은 그렇지 않다는 것을 고백하는 것이다. 바울은 개인적으로 능력이 없다. 그의 힘은 그가 설교하는 메시지에 근거한다. 바울은 설교할 때 다이너마이트 막대기를 던질지 몰라도, 세상을 바꾸는 것은 그 다이너마이트다. 설교자가 하는 것은 다이너마이트를 작업 현장에 가져오는 것뿐이다.

바울은 자신이 설교 배후의 능력의 원천이 아니라는 것을 알았다. 그가 될 수 없었다. 그는 그저 금이 간 오렌지 뚜껑의 오래 된 터퍼웨어 용기였다.

자기 자신을 내세우려고 주장하고, 세상에서 하나님의 사역에 있어 자신들이 중심이라고 생각하는 설교자들은 하나님의 축복을 누리지 못할 것이다. 하나님은 이사야 42장에 이것을 매우 명백하게 말씀하신다.

> 나는 여호와니 이는 내 이름이라 나는 내 영광을 다른 자에게 내 찬송을 우상에게 주지 아니하리라(사 42:8).

그리고 혹시 놓친 사람들을 위해서, 하나님은 몇 장 뒤에서 말씀을 반복하신다.

> 내가 나를 위하며 내가 나를 위하여 이를 이룰 것이라 어찌 내 이름을 욕되게 하리요 내 영광을 다른 자에게 주지 아니하리라(사 48:11).

만약 우리가 하나님의 주시를 대신 받으면, 하나님은 우리를 무대 밖으로 끌어내신다. 만약 우리의 투지가 설교자의 교만으로 자란다면, 하나님은 우리를 한쪽으로 치워 두실 것이다. 깊은 설교자들은 하나님이 그 자신을 굳이 필요로 하지 않으신다는 사실을 안다. 그들은 자신이 터 퍼웨어 용기인 것과 자신의 분명한 무능을 통해 하나님의 위대한 "놀라운 능력"을 나타내는 데 선택되었음을 인식한다.

소요리 문답에 "사람의 제일되는 목적은 하나님을 영화롭게 하는 것과, 영원토록 그를 즐거워 하는 것이다"[2]라고 한 것이 옳다. 우리 삶과 사역은 우리를 위한 것이 아니다. 하나님을 위한 것이다. 항상 그랬고 항상 그럴 것이다. 깊은 설교자들은 이것을 안다.

깊은 설교자들은 기드온의 이야기를 기쁨으로 읽는다. 그는 미디안인들이 너무 무서워서 포도 짜는 곳에 숨어서 밀을 탈곡하는 불쌍한 사람으로 소개되었다. 그리고 그가 미디안, 아말렉, 그리고 그 외의 동부 사람들이 연합한 군대를 무찌를 수 있었다고 생각하는 사람이 아무도 없게 하기 위해, 하나님은 당초 32,000명의 군대를 가지고 공격하는 것을 기드온에게 허락하지 않으셨다. 오히려 그 누구도 곧 있을 승리의 명예를 기드온에게 돌리지 않도록 하나님은 기드온의 군사들의 수를 단지

---

2 R. Steel, *The Shorter Catechism with Proofs, Analyses and Illustrative Anecedotes* (London: T. Nelson and Sons, 1885), 9.

300명으로 줄이셨다. 이렇게 소수의 남자들이 압도적인 적군에 맞서 결정적인 승리를 한다는 것은 불가능했다. 하지만 그들은 해냈다.

왜 하나님은 기드온같이 그토록 가능성 없는 전사와 아주 적은 수의 남자들을 사용하여 그토록 엄청난 승리를 거두셨을까? 하나님이 그렇게 하신 것은 승전의 명예가 이스라엘의 성공을 당연히 책임지고 있는 분에게 돌아가게 하기 위해서였다. 바로 하나님 자신이셨다.

하나님은 그 전쟁을 이기기 위해 기드온을 사용하셨지만 그 전쟁에서 승리하기 위해 기드온이 필요하진 않으셨다. 기드온이 기여한 것은 그의 무용지물 의식이었다. 하나님이 그를 사용하신 이유는 그 아무도 기드온을 보고 그가 적군을 완패시켰다고 생각할 수 없을 것이기 때문이다. 이 전쟁에서 차이를 만든 것은 하나님의 능력이지 기드온의 기술이 아니라는 사실을 온 세상이 알게 하려는 데 있다.

하나님은 당신과 나를 설교자로 선택하셨지만 실은 우리를 필요로 하지 않으신다. 하나님이 당신과 나를 강대상에서 사용하시는 것은 그 누구도 우리를 보고 우리가 깊은 설교를 할 수 있다고 생각할 수 없을 것이기 때문이다. 분명한 것은 우리의 설교의 능력이 우리가 아니라 하나님으로부터 와야만 한다는 것이다. 우리는 오래된 터퍼웨어다. 그분은 하나님이시다.

이 교훈을 배울 수 있는 길은 2가지다. 쉬운 길 아니면 어려운 길이다. 쉬운 길은 고린도후서 4장을 믿는 것이다. 어려운 길은 하나님이 우리 삶의 상황들을 통해 그분과 그분의 능력에 온전히 의지하며 사역하도록 강요하시는 것이다. 사도 바울은 이것이 바로 하나님이 그에게 행하신 것이라고 고린도후서 12장에서 다음과 같이 고백하고 있다.

> 여러 계시를 받은 것이 지극히 크므로 너무 자고하지 않게 하시려고 내 육체에 가시 곧 사단의 사자를 주셨으니 이는 나를 쳐서 너무 자고하지 않게 하려 하심이라 이것이 내게서 떠나기 위하여 내가 세 번 주께 간구하였더니 내게 이르시기를 내 은혜가 네게 족하도다 이는 내 능력이 약한 데서 온전하여짐이라 하신지라 이러므로 도리어 크게 기뻐함으로 나의 여러 약한 것들에 대하여 자랑하리니 이는 그리스도의 능력으로 내게 머물게 하려 함이라 그러므로 내가 그리스도를 위하여 약한 것들과 능욕과 궁핍과 핍박과 곤란을 기뻐하노니 이는 내가 약할 그 때에 곧 강함이니라(고후 12:7-10).

바울의 능력의 비밀은 그가 아무런 능력이 없다는 인식이었다. 그가 사역을 자신의 힘으로 하려는 노력을 중단하는 만큼 그는 한없이 강력한 그리스도의 능력을 즐길 수 있었다. 언뜻 납득하기 어려운 이러한 사역에 대한 접근이 너무 성공적이어서, 이윽고 바울은 자신의 연약함을 기뻐하기 시작했다. 왜냐하면 그는 바로 그때, 하나님이 능력으로 역사하신다는 것을 알았기 때문이었다.

깊은 설교자들은 자신들이 터퍼웨어 용기라는 것을 안다. 그들은 강대상에서 성취하는 그 무엇이든, 모든 것은 자신의 것이 아니라 하나님의 능력으로 말미암았음을 깨닫는다. 하나님은 깊은 설교자들이 하나님의 영광을 쟁탈하려 하지 않기 때문에 그들을 사용하신다.

(2) 깊은 설교자들은 공개적으로 투명하다

당신은 좌석에 앉아 있는 사람들과 그들이 자신에 대해 하는 말이 왜 그토록 연결이 안 되는지에 대해 스스로 질문한 적이 있는가? 왜 그리 많은 사람들이 실제로는 도덕적으로 방황하고 있으면서 영적 승리 속에 살고 있는 것처럼 행동할까? 그들은 어떻게 해서 본질보다 이미지를 더 중요하게 여기게 되었는가? 그들은 왜 경건의 실제보다 명성을 더 소중히 여기는가? 너무나도 많은 경우에 그 답은 우리 자신이다. 사람들이 스스로 그들 자신의 지도자가 되어서다.

너무나도 많은 설교자들은 그들 자신이 누구인가보다는 어떻게 보이는지에 대해 더 관심이 있다. 마음을 들여다보기보다 거울을 훨씬 더 자주 들여다본다. 우리가 입는 옷, 모는 차, 사는 집, 보는 영화와 TV쇼는 올바른 목회적 "이미지"를 비추기 위해 계산된 것이다. 우리는 정치인들처럼 행동하고 우리의 배우자들은 정치고문의 기능을 한다. 증거를 원하는가?

한 교회에서 십 년 넘게 사역을 하면 성도들은 우리에 대해 많은 것을 알게 된다. 가장 좋아하는 야구와 축구팀이 어떤 팀인지, 어떤 음악을 좋아하는지, 제일 좋아하는 음식은 뭔지, 자주 가는 휴양지, 심지어 우리의 드림카가 뭔지까지도 안다. 그런데 왜, 너무나도 많은 경우에, 성도들은 우리가 언제 그리고 어디서 하나님과 씨름했는지를 모르는가? 또한 우리가 전통적인 영성수련을 잘 실행하고 있는지, 어디서 전략적인 영적 전진과 후퇴를 했는지, 그리고 어디서 도덕적으로 완전히 실패했는지 왜 모르는가? 왜 우리 교회의 그 누구도 우리가 영적으로 누구인지 실제로 알지 못하는가?

이런 상황은 우리가 설교할 때 사람들에게 솔직하지 않기 때문에 일어난다. 우리는 사회적으로는 인정받지만 모든 사람들이 가짜라고 알고 있는 영적 외관을 세우고 관리하는 데 열심히 노력한다. 분명히 그렇다! 우리 모두가 죄와 씨름하는 죄인들이 아닌가? 이러한 영성은 마치 대머리인 사람이 아무도 안 속는데 싸구려 가발을 쓴 것처럼 초라해 보인다.

우리 삶에 싸구려 영적 겉치장을 붙이면, 아무도 우리가 파는 것을 사고 싶어하지 않는다. 가식적이고 엉큼하게 보이기 때문이다.

자신이 실제로 누구인지 아는 설교자들은 공개적 투명성을 어려워하지 않는다. 그들은 자신 안에서 보이는 죄에 대해 기뻐하지 않을 뿐 아니라 위선을 열정적으로 증오한다. 불가능한 완벽한 명성보다는 하나님과 그분의 백성들에게 솔직하기를 원한다. 이런 이유 때문에, 깊은 설교자들은 그들의 약점, 실패, 그리고 불안함을 인정하는 데 두려움이 없다.

사도 바울처럼, 깊은 설교자들은 가식을 피한다. 그들이 하는 사역에 자신이 충분한 척하는 "완벽한 목사"가 되려는 노력을 포기한 지 오래되었다. 깊은 설교자들은 자신에 대한 진실을 알고 그들 자신의 약함과 한계를 스스럼없이 인정한다. 그들은 죄의 교리가 기독교 신앙 중 가장 잘 증명된 교리인 것을 알고 자신의 몫을 책임진다.

깊은 설교자들은 자신의 취약성을 통신의 술책으로 보완하려 하지 않는다. 그들은 진심으로 그리고 열정적으로 그들의 삶이 하나님께로 들어가기를 원한다. 그리고 이것이 이루어진 후에야 회중에게 다가간다. 깊은 설교는 하나님을 특별하게 만난 사람들의 삶의 표면에 올려진 풍부한 크림이다. 깊은 설교는 하나님의 영광의 충만함 가운데 하나님을 아는 것이 그들의 열정인 사람들의 입에서 흘러나온다. 깊은 설교자들은 골방 작업의 세 번째 질문을 매우 진지하게 받아들인다. 그들은 내면을 보며 "이 본문에서 하나님이 나에게 하시는 말씀이 무엇인가?"라고 묻는 것을 두려워하지 않는다. 로마서 7장의 바울처럼 깊은 설교자들은 그들이 설교할 본문을 경외감과 담대함으로 대한다. 그들은 자기 평가에 대해 거침없이 솔직하고 성령께 볼 수 없는 것을 보여 달라고 간구한다. 깊은 설교자들은 하나님과 사람 모두에게 투명하기를 원한다.

깊은 설교자들은 그들의 마음을 믿음을 갖고 검토한다. 왜냐하면 그들의 마음의 어두운 구석에 숨겨져 있는 죄가 무엇이든 간에 하나님이 그들을 거절하지 않으실 것을 알기 때문이다. 하나님은 그들이 아무리 일을 그르쳤다해도 결코 그들에게서 등을 돌리지 않으실 것이다. 다윗이 밧세바와 죄를 범한 뒤 하나님에 대해 말했다.

> 주는 제사를 즐겨 아니하시나니 그렇지 않으면 내가 드렸을 것이라 주는 번제를 기뻐 아니하시나이다 하나님의 구하시는 제사는 상한 심령이라 하나님이여 상하고 통회하는 마음을 주께서 멸시치 아니하시리이다(시 51:16-17).

하나님은 우리가 깨진 영혼과 상처 난 마음의 제사를 가져오기 원하신다. 우리가 그분께 와서 "아버지, 용서해 주세요. 저는 죄를 졌습니다!"라고 말하기를 원하신다. 하나님은 위선을 증오하시는 만큼 정직함을 기뻐하신다. 이런 이유 때문에 우리 설교자들은 D. A. 카슨(D. A. Carson)의 도전을 경청하고 따르는 것이 현명할 것이다.

> 공연의 매끄러움이 하나님에 대한 두려움보다 우리에게 더 중요해졌는가? 윤기가…본질을 대신했는가? 전문적인 능숙함과 매끄러운 쇼맨십이 못 박히신 그리스도에 대한 진지한 생각보다 더 소중해졌는가?
>
> 연약함, 질환, 또는 압도당하는 느낌을 두려워 말라. 그러한 경험들은 흔히 하나님이 그의 능력을 가장 크게 나타내실 때의 상황이다. 사람들이 당신의 강렬한 개성과 인상적인 은사로 인해 감명 받고 있는 한, 못 박히신 구세주로 말미암은 감명을 줄 여지는 거의 없다.[3]

---

3 D. A. Carson, *The Cross and Christian Ministry: An Exposition of Passages from 1 Corinthians*

하나님이나 그분의 백성에게 당신이 완벽한 것처럼 행동하지 말라. 모든 사람들은 당신이 완벽하지 않다는 것을 안다-왜냐하면 아무도 그렇지 않으니까-그리고 완벽한 것처럼 행동하는 것은 당신을 더 초라하게 만들 뿐이다.

깊은 설교자들은 그들의 대중 사역을 개인적인 정직함에 뿌리 내린다. 그들은 복음주의적 화장을 지우고 있는 그대로의 자신을 사람들에게 보여준다. 그렇게 함으로 그들의 성도들에게 참된 의는 어떤 것인지 모범으로 보여준다.

(3) 깊은 설교자들은 모험가다

자신이 누구인지 진실로 알고 이미지 관리보다 공개적인 인격을 선택할 때 당신은 강대상에서 위험을 무릅쓸 수 있을 것이다.

예레미야는 새로운 베띠를 사서 공개적으로 얼마동안 차고 있다가 그것을 돌 밑에 묻어 두었다. 수일이 지난 뒤 그것을 파냈다. 그리고 "띠가 썩어서 쓸데없이"(렘 13:7)된 것을 발견했다. 그 썩은 띠를 유다에게 향한 설교의 실물교구로 사용하면서 하나님이 그들의 교만을 어떻게 파할 것이며, 그의 설교를 듣기 거부하는 사람들은 그 띠와 같이 아무런 쓸모가 없다는 말씀을 전했다.

와우! 정말 강한 말씀이다. 그리고 메시지가 전달된 과격한 방식은 요점을 확실히 이해시켰다. 그 당시 랍비가 설교할 때 곰팡이가 슨 옷을 입는 경우는 일반적 관습이 아니었다. 이것은 아주 색다른 설교다. "일반적"이라 여겨지는 선을 훨씬 넘어선 말씀선포다.

그런 뒤 예레미야는 정말로 정도를 벗어난다. "모든 병이 포도주로 차

(Grand Rapids: Baker, 1993), 38.

리라 하셨다 하라"(렘 13:12)라고 그들에게 말한다. 이것은 현시대로 치면 강단에서 교회 성도들에게 주류 판매점에 가서 맥주 한 상자를 사라고 하는 말이다. 하나님의 참 선지자로부터 들을 만한 정상적인 말은 아니다! 그러면 예레미야는 왜 이런 말을 하는가? 이스라엘이 술에 취해 인사불성인 상태로 하나님의 심판을 향해 가고 있다는 주장을 하기 위해서다.

우리는 예레미야의 이 과격한 설교를 듣고 두려워 떨면서, 하나님이 이렇게 문화적으로 부적절한 설교를 허락하셨을 뿐만 아니라 이것은 하나님의 생각이었다는 것을 스스로 상기해야 할 것이다. 이것은 하나님이 명하신 것이다.

하나님의 설교법은 한 시대의 문화적 세부사항에 제한받지 않는다. 하나님은 백성에게 말씀을 전하기 위해 그 어떤 방법이든 사용할 의향이 있으신 것 같다. 하나님은 그 회중의 민감성에 대해 상관하지 않으시는 만큼 그분의 설교자의 명성에 대해 상관치 않으신다. 하나님이 오로지 신경쓰시는 것은 그분의 메시지의 효과적인 전달뿐이다. 그 외의 모든 것은 두 번째다.

만약 예레미야가 그랬듯이 하나님의 대변인으로서 충실하고 싶다면, 당신은 설교의 임무를 다하기 위해 죄가 아니라면 그 무엇이든 기꺼이 할 수 있어야 한다. 당신의 교만과 명성도 기꺼이 희생할 수 있어야 한다. 당신은 설교적인 모험가가 되어야 한다.

언제부터 교회 사역이 현상유지의 안식처가 되었나? 강대상은 왜 그리 자주 지난날의 피난처인가? 너무나도 많은 교회들이 예전의 TV 쇼 "해피 데이즈"Happy Days의 세트장 같이 느껴지고, 너무나도 많은 목회자들은 리치 커닝햄같이 보이고 들린다.

하지만 지난날은 지나갔고 우리는 우리의 세대에게 가장 효과적인 방법으로 하나님의 말씀을 전하도록 부르심을 받았다. 당신은 기꺼이 전진하겠는가? 당신은 설교법의 최첨단에 기꺼이 서겠는가?

당신 자신이 진정으로 누구인지 알 때, 그리고 당신의 명성에 대해 상관치 않을 때, 당신은 전통주의의 덫을 피할 수 있을 것이다.

우리가 청바지를 입든 말든 누가 상관하는가? 또는 상관치 않는가? 넥타이를 매는지 안 매는지? 또는 이야기식 설교보다는 3대지 설교를 하는지? 보통보다 더 길게 하는지 짧게 하는지? 아니면 "투나잇 쇼"Tonight Show 의 "재이 워킹"Jay Walking 부분과 비슷한 비디오 몽타주를 설교 준비에 사용했는지? 우리 세상의 영적 흑암을 강조하기 위해 강당 불을 켜지 않는 것과 같은 거대한 은유가 지배하는 설교를 한다면? 또는 다른 사람에게 복음을 전할 때만 사용가능하다는 주의사항과 함께 모든 사람에게 5불짜리 스타벅스 상품권을 준다면?

만약 주일을 예측할 수 없다면 어떠한가? 그리고 설교의 효과를 판단할 수 있는 유일한 기준이 가장 효과적인 방법으로 정확히 하나님의 말씀이 전달되었는가 하는 것이라면?

하나님의 말씀을 더 효과적으로 전달하기 위해 무엇이든 하겠다고 기꺼이 말할 수 있는가?-전문적으로 당혹스럽거나 개인적으로 굴욕적이더라도-무엇이든?

그 질문에 즉시 "네"라고 대답하기를 주저하는 우리는 어떠한가? 예수님은 육신으로 오시기까지 자신을 낮추셨다. 세례 요한은 기꺼이 곤충도 먹었다. 바울은 기꺼이 자신을 헌신했다.

> 모든 사람에게 종이 된 것은 더 많은 사람을 얻고자 함이라 유대인들에게는 내가 유대인과 같이 된 것은 유대인들을 얻고자 함이요 율법 아래

있는 자들에게는 내가 율법 아래 있지 아니하나 율법 아래 있는 자 같이 된 것은 율법 아래 있는 자들을 얻고자 함이요 율법 없는 자에게는 내가 하나님께는 율법 없는 자가 아니요 도리어 그리스도의 율법 아래 있는 자나 율법 없는 자와 같이 된 것은 율법 없는 자들을 얻고자 함이라 약한 자들에게는 내가 약한 자와 같이 된 것은 약한 자들을 얻고자 함이요 여러 사람에게 내가 여러 모양이 된 것은 아무쪼록 몇몇 사람들을 구원코자 함이니 내가 복음을 위하여 모든 것을 행함은 복음에 참예하고자 함이라(고전 9:19-23).

깊은 설교자들은 항상 기꺼이 하나님의 말씀을 효과적으로 전하기 위해 그들의 안전지대를 떠났다. 당신도 그런가?

(4) 깊은 설교자들은 공동체를 받아들인다

왜 우리는 설교를 경쟁운동으로 생각하는가? 설교자들이 너무나도 많은 공통점을 가졌음에도 불구하고 우리들 가운데 진실된 공동체가 너무 적게 존재하는 것이 좀 수상하지 않은가?

나는 내 생애 목회 사역의 전부를 한 교단에서 보냈다. 하지만 아주 초기 동안만 다른 교단 목회자들과 감정적으로 그리고 영적으로 연결된 느낌을 가졌다. 모든 사람이 자신의 교회와 일에만 몰두하는 것 같다. 목회자들은 다른 목회자들을 대초원의 우두머리 수사자가 젊은 총각 사자를 보듯 한다—그들의 무리를 뺏으려는 위협으로 본다.

깊은 설교자들은 다른 설교자들을 경쟁상대로 보지 않는다. 그들은 하나님 앞에서 자신이 누구인지 알고 보호해야 할 자아가 없다. 그들이 정말 원하는 것은 하나님이 영광받으시는 것이다. 깊은 설교자들은 세례 요한에 진심으로 동의한다. "예수님이 사역이 커지는 한 나의 사역이 감소되는 것은 괜찮다"라고. 그들은 다른 설교자들을 하나님 나라의 동역자로 여기고, 우리의 공동 목표는 우리가 함께 섬기는 하나님을 위한 추수를 거두는 것임을 이해한다. 그리고 그들은 다른 동역자가 열매를 거두는 동안 사다리를 기꺼이 붙잡는다.

그렇다면 왜 설교 준비를 홀로 하는가? 왜 당신 지역의 다른 깊은 설교자들을 열심히 찾아서 그들과 함께 정기적으로 만나지 않는가? 이것은 요한 웨슬리의 "홀리클럽"Holy Clubs처럼 열정적인 설교 토론과 거침없는 말씀 적용 시간이 될 수 있다.

현대의 "홀리클럽"에 관심이 있고 이러한 모임을 시작하기 원한다면, 이 모임의 기본 목적은 함께 영성생활을 하는 데 두기를 바란다. 이러한 모임의 이차적인 목적은 설교 지원이 되어야 한다. 친밀함을 유지하고 모든 사람이 참여할 수 있게끔 나는 이 모임의 일원을 6명 정도로 제한하겠다.

이 모임은 골방 작업의 5가지 질문을 가지고 작업할 것이기 때문에 성경 본문을 살피면서 서로 거룩한 생활에 대해 책임을 묻고 영성수련을 함께 실행하게 될 것이다. 이 모임의 일원으로서의 자격은 절대적인 투명성, 정직함, 그리고 비밀보장이어야 한다. 이것을 약속하지 못하는 사람들은 정중히 모임에서 면제되어야 한다.

이러한 "홀리클럽"는 격주마다 만날 수도 있겠지만 대부분 목회자들은 한 달에 한 번씩 만나는 것을 가장 적합하게 생각한다고 본다. 나는 모임을 위해 다과를 마련해놓고 아침 시간(8:00-12:00)을 확보해 두겠다. 당신은 할 일이 많다!

모두 모이면, 미리 선정한 본문에 대해 모임의 일원들이 앞서 석의한 것을 나누는 것으로 시작하라. 모임이 얼마나 자주 모이느냐에 따라, 2

개 내지 4개의 본문에 대해 이야기할 수 있다. 몇 개의 본문을 살필 것인지와는 상관없이 모두 숙제를 해 오는 데 철저히 하라. 나는 이 점에서는 아주 단호하게 그들이 석의를 완전히 하기 전에는 참석을 금하겠다. "완전"이라 함은 그날 아침을 위해 계획된 모든 본문의 핵심 아이디어가 기록되고 석의적으로 수비하고 토론할 준비가 되어 있는 것을 의미한다. 이 모임은 사람들이 성경 본문의 어려운 작업을 피할 수 있는 곳이 아니다. 여기서 "이 본문은 당신에게 무슨 의미가 있는가?"라는 질문은 허용되선 안 된다. 세상에는 "집단 무식"이 충분히 많다. 우리는 그것에 기여할 필요 없다. 이상적인 것은 참여자들이 똑같은 시간에 똑같은 성경 본문을 가지고 작업하는 것이다. 이것은 설교자들, 그리고 그들의 교회들이 똑같은 시간에 똑같은 성경 본문을 설교한다는 뜻이다. 나는 이전에 이런 일이 있었다는 것을 들어본 적이 없다. 하지만 안 될 것 이유가 있는가? 설교자들과 교회들이 함께 노력하여 그 지역에 하나님의 말씀을 전파하는 것이 왜 안 되는가?

"홀리클럽" 모임을 사람들이 돌아가며 선정된 석의적 아이디어를 제시하는 것으로 시작하라. 주고받고 하는 토론 모임을 통해 아이디어에 대한 그룹 합의를 보기 위한 어느 정도의 시간을 가지라. 한 아이디어에 동의하는 게 불가능해도 멈추지 마라. 그냥 계속하라. 그룹의 일원이 거듭해서 헤매거나 그들의 아이디어의 표적이 완전히 빗나간다면, 이 모임에 문제가 있는 것이다. 아니면 그 사람에게 적합한 모임이 아닐 수도 있다. 한 사람의 석의적 어려움이 전체 그룹의 작업을 방해하게 두지 마라. 모임이 석의적 아이디어에 동의하면, 그 아이디어를 화이트보드에 적으라. 이제 골방 작업을 시작할 준비가 되었다.

이 책의 부록에 포함된 골방 작업의 5가지 질문의 요약을 사용하여 토론을 이끌어라. 뒤로 돌아볼 때, 당신의 아이디어를 원래 역사적인 이야기 속에 둘 것을 확실히 하라. 그 다음에는 그 아이디어를 가지고 은유를 만들기 위한 시간을 반드시 가져라. 그룹이 은유를 만드는 것은 큰 도움이 될 수 있다. 어떤 은유가 가장 적합하고 왜 그런지를 결정하는 과정이 성경 아이디어에 대한 사람들의 이해를 아주 날카롭게 할 것이다.

나는 당신의 모임이 두 번째 질문에서 하나님을 올려다보는 것이 가장 쉬울 것이라는 예감이 든다. 질문이 간단해서라거나 하나님이 그러시기 때문이 아니라 우리 자신의 마음으로부터 멀리 보는 것이 안전하게 느껴지기 때문이다. 이런 이유 때문에 그룹이 모든 시간을 여기에 사용하지 않도록 하고 전진하라.

세 번째 질문은 가장 어렵다. 안으로 보는 것은 설교자의 선호가 아니다. 우리는 우리 자신보다는 다른 사람들의 삶을 살피는 것을 차라리 원한다. 하지만 "이 본문에서 하나님은 나에게 무슨 말씀을 하시는가?"에 대한 토론은 중요하다. 여기에서, 그리고 어쩌면 여기에서만, 성경 본문과 그룹 일원들이 그저 "설교자처럼 행동"하고 있지는 않은지 확인할 수 있다. 여기서 우리가 하나님께 그리고 그의 백성 앞에서 솔직해진다. 바로 여기서 낯선 사람들이 친구로 변하고, 위협적인 사자들이 친숙한 동반자가 된다. 기도하고, 울고, 그리고 함께 웃어라-거짓말만 하지마라. 그리고 절대로 신뢰를 깨지 마라. 이 모임이 디트리히 본회퍼(Dietrich Bonhoeffer)의 공동체 사상이 살아 있는 현실이 될 수 있다.[4]

하나님이 이 본문을 통해 다른 사람들의 삶 속에서 무엇을 성취하기 원하시는지를 묻는 네 번째 질문 또한 당신의 토론에 도움이 될 수 있겠지만, 만약 사전 피드백을 이미 받았다면, 여기서 너무 많은 시간을 사용

---

4 D. Bonhoeffer, *Life Together*, 1st ed. (New York: Harper, 1954).

할 필요는 없을 것이다. 그리고 다른 사람들의 죄를 고백하거나 함께 하는 시간이 불평 토론회로 악화되지 않도록 분명히 하라. 그렇다. 사역은 어렵고 우리의 회중은 모두 죄인들이다. 이제 전진하자.

다섯 번째 질문을 "홀리클럽"에서 토론하는 것이 상당히 도움이 될 것이다. 그룹 일원들 중 하나님과 동행하며 그의 백성을 가장 오랫동안 인도한 사람들이 나눌 수 있는 중요한 통찰이 있다는 것을 발견할 것이다. 그들은 사탄이 어떻게 작동하는지 보았을 만큼 오래 살았다. 그들은 사탄의 수법을 파악했다. 중요한 가르침과 배움이 이곳에 있을 수 있다!

한 구체적인 본문의 아이디어에 대한 토론을, 일반적인 용어로, 이 아이디어가 어떻게 설교될 수 있을지 이야기하며 마무리하라. "홀리클럽" 모임으로부터 모두가 동일한 설교를 갖고 나오는 것이 요점이 아니다. 당신들은 모두 다른 사람이고 다른 사람들에게 다른 상황에서 설교한다. 그러므로 당신들의 설교는 모두 유일해야 한다. 하지만 모든 사람이 고려할 수 있도록 아이디어들을 토론하는 것은 도움이 된다. 설교적으로 더욱 창의성이 있도록 서로 도와 줄수 있다. 소심한 설교자들은 필요한 위험을 감수하도록 격려하고 즉흥적인 설교자들은 바보짓하지 않도록 주의를 서로 줄 수 있다. 모든 사람은 자신의 설교에 대해 책임이 있지만 아이디어를 나눌 수 있는 신뢰하는 설교자 친구들 모임이 있다는 것은 아주 멋진 일이 아닌가?

깊은 설교자들은 진지한 골방 작업을 하기 위해 하나님과 홀로 있는 것의 중요성을 이해한다. 하지만 그들은 또한 공동체를 중요시 한다. 우리는 우리의 것이 아니라 하나님의 나라가 오도록 일하고 기도해야 한다. 그리고 우리는 하나님의 영광을 위해 기꺼이 함께 일한다.

(5) 깊은 설교자들은 그들의 우선순위를 산다

깊은 설교의 가장 큰 어려움 중 하나는 그것이 걸리는 시간이다. 대부분의 목회자들은 설교 준비에 한두 시간 사용하는 것을 선호한다. 설교를 창조하는 데 요구되는 시간을 줄이기 위해 수천 달러를 설교 자료 구입에 투자한다. 우편물 가운데 또 다른 영수증들이 있기를 원하듯이 그들은 또 다른 자료들을 원한다. 이것이 왜 수많은 목회자들이 지금 인터넷을 뒤지며 훔칠만한 설교를 찾고 있는지를 부분적으로나마 설명해 준다.

당신에게 이번 주에 이루고 싶어 하는 항목들보다 "해야 할 일" 목록이 더 많다는 것을 안다. 아니면 이번 달조차도! 그러니 당신은 골방 작업과 깊은 설교를 당신의 스케줄에 비집고 넣기를 어떻게 바랄 수 있겠는가? 그럴 수 없다. 이 책의 내용을 당신이 지금 하고 있는 일에 추가하는 것은 불가능하다. 나는 당신이 일을 더 하도록 요구하지 않는다. 나는 당신이 일을 좀 다르게 하기를 부탁한다.

돌아가 제2장과 제3장을 다시 읽으라. 설교를 위한 강력한 신학적, 역사적, 그리고 실용적 이유들을 상기시켜라. 당신의 소명을 상기시켜라. 당신은 그냥 목회자가 아니다. 에베소서 4장에 의하면 당신은 목회자면서 교사이다. 설교는 당신의 목회 소명에 속해 있고 교회의 건강과 미래가 당신이 하나님이 주신 책임을 완수하는 데 달려 있다. 영적으로 굶주린 회중에게 팝타트 설교를 던져 주는 것으로 충분치 않다-그것은 고용된 삯꾼이 하는 것이다. 선한 목자는 그 이상을 간다. 우리 주님과 같이 그는 그들의 양떼를 푸른 목장으로 인도한다. 선한 목자는 양을 잘 먹인다. 그런데 그것은 시간이 걸린다.

깊은 설교를 지금 계획된 스케줄에 추가하지 마라. 깊은 설교에 필요한 시간을 위해 스케줄을 재배열하고 몇 개의 항목들을 제거하라. 깊은 설교자들은 다른 모든 사람과 똑같이 하루의 시간과 일주일의 나날들을 갖고 있다. 차이점은 깊은 설교자들은 모든 것을 하려고 하지 않는다는 것이다. 그들은 성경이 설교에 두는 우선순위를 인식하고 그 우선순위에 반응하여 그들의 스케줄을 맞추고 변경한다. 예수님이 그러셨듯이 그들은 우선순위를 따라 산다.

누가복음 4:31-33에 예수님의 사역 초기의 놀라운 이야기가 있다. 예수님이 사람들을 가르치기 시작하셨을 때 그들은 "그 가르치심에 놀라니 이는 그 말씀이 권세가 있기"(눅 4:32) 때문이었다. 예수님이 현지 회당에서 설교하시는 것은 그리 놀라운 일이 아니다. 정말 놀라운 것은 뜻밖에도 사탄이 일반적이지 않은 메시지로 예수님의 설교를 방해한다는 것이다. 사탄은 그냥 야유보다는 메시지를 전했다.

> 회당에 더러운 귀신 들린 사람이 있어 크게 소리 질러 가로되 아 나사렛 예수여 우리가 당신과 무슨 상관이 있나이까 우리를 멸하러 왔나이까 나는 당신이 누구인 줄 아노니 하나님의 거룩한 자니이다(눅 4:33-34).

그리고 누가복음 4:41에서 사탄은 여러 사람에게서 귀신들이 나가니까 또다시 "당신은 하나님의 아들이니이다"라고 소리지른다.

이것은 참으로 이상한 메시지다. 사탄이 왜 예수님의 진짜 신분을 알릴까? 취지가 무엇인가? 결국 예수님은 자신이 누구신지 사람들에게 알리는 것을 두려워하지 않으셨다. 예수님이 세례받으셨을 때, 하나님 아버지는 온 세상에 "너는 내 사랑하는 아들이라 내가 너를 기뻐하노라"(눅 3:22)라고 선포하셨다. 그리고 예수님은 나사렛에서 전하신 설교에서 이사야 61:1-2의 메시아 본문을 인용하셨다. 그리고 "이 글이 오늘날 너희

귀에 응하였느니라"(눅 4:21)라고 말씀하셨다. 그런데 왜 사탄이 예수님을 무료로 홍보해 주고 있나? 더욱 이상한 것은, 왜 예수님이 사탄에게 그의 신분을 알리지 말라고 반복하여 말씀하시는가? 여기에 무슨 일이 벌어지고 있는가?

이 본문을 이해할 수 있는 열쇠는 예수님의 메시아이심을 알리는 사탄의 발표를 듣는 무리의 반응을 주목하는 것이다. 사람들은 사탄의 발표로 인해—그리고 차후의 귀신 쫓기—예수님의 능력에 대해 매우 깊은 인상을 받는다. 이 일로 수많은 사람들이 예수님의 능력을 육신의 치유의 형태로 몸소 체험하기 위해 몰려오기 시작했다. 처음에는 시몬의 장모가 치유받았다. 그 다음은, "해질 적에 각색 병으로 앓는 자 있는 사람들이 다 병인을 데리고 나아오매 예수께서 일일이 그 위에 손을 얹으사 고치시니"(눅 4:40)가 되었다.

이 이야기 속에서 방금 있었던 변화를 알아챘는가? 예수님이 가버나움 회당에서 놀랍고 위엄있는 설교를 하는 것으로 시작하셨다. 그러나 지금은, 사탄의 홍보 활동 덕분에, 예수님의 시간 대부분을 사람들을 치유하며 그의 능력을 나타내는 데 사용하신다.

자, 사람들을 치유하는 것은 아무 문제가 안 된다. 치유는 훌륭한 일이다. 하지만 이제 예수님은 치유의 선한 사역을 하시는 데 너무 바빠서 더 이상 설교하실 시간이 없다. 사탄은 예수님 사역의 방향을 바꾸는 데 성공했다. 예수님의 스케줄은 원래 하나님이 의도하신 사역의 주된 목적을 이루시기에 그리 벅차지 않았다.

예수님이 자신의 주된 임무를 모르셨던 것이 아니다. 예수님은 나사렛 설교에서 이사야 61:1-2을 인용하시며 분명히 말씀하셨다.

주의 성령이 내게 임하셨으니
이는 가난한 자에게 복음을 전하게 하시려고
내게 기름을 부으시고
나를 보내사 포로된 자에게 자유를,
눈먼 자에게 다시 보게 함을 전파하며
눌린 자를 자유케 하고
주의 은혜의 해를 전파하게 하려 하심이라 하였더라(눅 4:18-19).

예수님은 설교를 통한 사역에서 최대의 영향을 미칠 것이라는 것을 아셨다. 그리고 사탄도 알고 있었다. 그렇기 때문에 사탄이 그 많은 무력하고 비참한 사람들을 예수님께 보낸 것이었다. 사탄은 예수님이 좋은 일을 하시다 너무 바빠서 최고의 일을 하실 시간이 없기를 바랬다. 사탄은 예수님이 최대의 영향을 끼치지 못하도록 너무 바쁘시게 만들어서 사역의 효과를 무디게 하려고 한 것이었다.

이 본문이 우리에게 주는 교훈은 분명하다. 모든 사역의 기회가 하나님으로부터 오는 것이 아니다. 정당하고 보람 있는 사역의 기회도 어떤 것은 우리가 주된 소명에서부터 멀어지도록 만들려고 사탄이 보내는 것이다. 사탄은 우리가 하나님을 위해 최대의 영향을 미치지 못하도록 선한 일을 준다.

이것은 나에게 있어 배우기 힘든 교훈이었다. 주말마다 나는 아내에게 설교에 사용하고 싶은 만큼의 시간을 사용하기에는 나의 목회 스케줄이 너무 바빴다고 불평했었다. 그녀에게 그 주간에 몇 명을 병원 심방했고 부부상담을 위해 몇 시간을 썼으며 또 다른 사람들이 결혼상담을 얼마나 요청했는지 설명했었다. 그리고 내가 참석해야 할 위원회 모임이 있었고 장로수련회도 계획해야 했다. 눈코 뜰 새 없이 바빴다!

매주 아내는 나를 쳐다보며 말했다. "하지만 설교가 당신의 주된 은사가 아닌가요? 왜 당신의 최고의 시간을 설교에 쏟지 않나요?"

"당신은 이해 못해요"라고 나는 반응했다. "내가 목회자고, 내가 도울 수 있는 정당한 필요가 있는 사람에게 안 된다고 말할 수 없어요."

나는 참으로 어리석었다. 예수님이 설교하기에 너무 바쁘시게 만드는 사람들에게 어떻게 반응하셨는지 내가 알아챘더라면 좋았을 텐데….

> 날이 밝으매 예수께서 나오사 한적한 곳에 가시니 무리가 찾다가 만나서 자기들에게 떠나시지 못하게 만류하려 하매 예수께서 이르시되 내가 다른 동네에서도 하나님의 나라 복음을 전하여야 하리니 나는 이 일로 보내심을 입었노라 하시고 갈릴리 여러 회당에서 전도하시더라(눅 4:42-44).

내가 아내의 말을 들었다면 좋았을 것이다. 주된 소명으로부터 전향시키기 위한 사탄의 미묘한 전략을 예수님이 어떻게 처리하시는지 보았으면 좋았을 것이다.

예수님의 사역을 감소시키려는 사탄의 전략은 훌륭했다. 그리고 거의 성공할 뻔했다. 누가복음 4:42에서 예수님이 그분께 몰려왔던 사람들의 필요의 맹공격 이후에 균형의 회복을 위한 특별기도 시간을 필요로 하셨음을 읽을 수 있다. 예수님은 우선순위를 재조정 하기 위해 골방 시간이 필요하셨다.

예수님이 절대로 사람들을 돕고 치유하는 것을 멈추지 않으신 반면, 그분은 좋은 활동이 주 임무인 설교를 방해하도록 두 번 다시 놔두지 않으셨다. 다른 무엇보다도 예수님은 자신이 설교자인 것, 그리고 그 외의 모든 것은 동떨어진 두 번째라는 것을 아셨다.

우리는 이 본문의 주된 교훈을 배워야 한다. 아니라고 말하는 것이 괜찮다는 것을 알아야 한다. 우리의 사역들이 우선순위를 온전히 반영해야만 온전히 효과적일 수 있음을 알아야 한다. 심지어 우리가 들어 줄 수 있는 필요라 해도 사람들에게 언제 아니라고 말해야 하는지 알아야 한다. 이것이 제자들이 한 것이다.

제자들은 예수님이 그분의 스케줄을 어떻게 정리하셨는지 보고 그 교훈을 자신의 사역에 적용시켰다. 때문에 그들은 이렇게 말할 수 있었다.

> 열두 사도가 모든 제자를 불러 이르되 우리가 하나님의 말씀을 제쳐놓고 공궤를 일삼는 것이 마땅치 아니하니 형제들아 너희 가운데서 성령과 지혜가 충만하여 칭찬 듣는 사람 일곱을 택하라 우리가 이 일을 저희에게 맡기고 우리는 기도하는 것과 말씀 전하는 것을 전무하리라 하니(행 6:2-4).

이것이 얼마나 획기적이었는지 생각해 보라. 제자들은 과부들을 먹이는 것에 대해 아니라고 말했다! 과부인데! 그것은 목회 자살을 하는 것이 아닌가? 당신과 나는 그렇게 "쌀쌀"하고 "매정한" 방식으로 행동한 것에 대해 우리 회중의 일부 성도들로부터 나오는 얼마나 많은 저항을 견뎌야 할지 상상할 뿐이다.

우리 결정의 결과로 인한 이메일 보내기 운동이 너무 두려워서 우리는 모든 것을 다하려고 노력한다. 병원에 가는 길에 과부들을 먹이고, 참석할 수 있는 모든 위원회 모임에 참석하고, 토요일 밤에 "하나님 도와주세요"라고 기도하며 SermonCentral.com에 들이닥쳐서 설교할 거리를 찾는다. 하지만 하나님은 그러지 않으실 것이다. 하나님은 당신이 사역하는 방식을 바꾸길 원하신다. 하나님은 당신의 목회 스케줄이 당신의 목회 우선순위를 반영하도록 재정렬 되기를 원하신다.

교회의 지도자들이 당신의 참 소명을 이해할 수 있도록 그들과 논의할 시기가 왔는지도 모른다. 교회의 성도들이 그들의 영적 은사를 발견하여 스스로 과부들을 먹이고 위원회 모임의 회장을 할 시기가 되었을 수도 있다. 하나님은 다른 사역도 수행되기를 원하신다. 하지만 그분은 그저 당신이 다 하는 것은 원치 않으신다.

당신이 너무 많은 것을 하려 한다면, 당신은 너무 많은 일을 벌여서 깊은 설교는 불가능해질 것이다. 깊은 설교는 깊은 설교자들로부터 온다. 그리고 깊이 가기 위해 골방 작업을 하는 동안 충분한 양의 시간이 필요하다.

만약 깊은 설교가 하고 싶다면, 당신은 우선순위를 따라 살아야 한다. 사람들의 정당한 필요들에 "아니요"라고 기꺼이 말해야 한다. 그리고 하나님이 당신에게 하라고 부르신 설교를 위해 최선의 시간을 드려야 한다. 이것이 하나님이 주신 당신 삶의 높은 소명이다. 도전하고 앞으로 나갈 때이다.

(6) 깊은 설교자는 보상을 받는다

거짓 선지자들은 급료를 위해 설교한다. 깊은 설교자들은 설교해야만 하기 때문에 설교한다. 설교는 깊은 설교자들의 영적 DNA의 일부다. 하나님의 말씀을 설교하는 것은 물고기가 수영하는 이유와 같다. 하나님이 그들을 그렇게 만드셨다. 멈추면 죽는 것이다.

깊은 설교자들은 예레미야가 하나님께 불평한 것에 공감한다.

> 여호와여 주께서 나를 권유하시므로 내가 그 권유를 받았사오며 주께서 나보다 강하사 이기셨으므로 내가 조롱거리가 되니 사람마다 종일토록

나를 조롱하나이다 대저 내가 말할 때마다 외치며 강포와 멸망을 부르짖으오니 여호와의 말씀으로 하여 내가 종일토록 치욕과 모욕거리가 됨이니이다 내가 다시는 여호와를 선포하지 아니하며 그 이름으로 말하지 아니하리라 하면 나의 중심이 불붙는 것 같아서 골수에 사무치니 답답하여 견딜 수 없나이다(렘 20:7-9).

깊은 설교자들은 그들의 설교의 사명은 하나님의 보좌로부터 오고 하나님만이 우리가 기쁘게 해야 하는 분이라는 것을 안다.

하나님의 말씀을 열 때, 그것이 아무리 어렵다 해도, 우리를 고용한 교회와의 계약상 의무를 완수하는 것만이 아니다. 말씀을 전할 때, 우리는 또한 우리를 설교자로 임명하신 하나님을 영화롭게 하는 더욱 높고 더욱 두려운 의무를 수행하는 것이다.

그러므로 세상의 포상으로 성공을 측정하는 것은 충분치 않다. 예배 후 한 사람이 "목사님, 은혜받았어요"라고 우리에게 말한다. "영감 있는 말씀이었어요"라고 다른 성도가 맞장구친다. 그러한 말들도 도움이 되고 격려가 되겠지만, 절대로 그것들로 충분하면 안된다. 깊은 설교자는 더 많은 것을 원한다.

깊은 설교자의 보상은 하나님의 성령이 갑자기 그리고 능력 있게 우리가 설교하는 동안에 우리의 말을 통해 흐르면서 회중의 삶에 깊이 영향을 미치는 그러한 소중한 순간에 시작한다. 하나님이 그 순간에 우리가 계획할 수 있는 그 어떤 것 이상으로 역사하고 계신다는 인식으로 사로잡혔을 때 시작된다. 초자연적인 것이 자연적인 것을 능가한 것이다.

그 순간 우리는 하나님이 "살았고 운동력이 있어 좌우에 날선 어떤 검보다도 예리"(히 4:12)한 말씀을 영적 수술을 실행하기 위한 메스로 활용하는 데 우리를 사용하시는 것을 깨닫는다. 강단 끝에 서서 하나님의 말씀이 회중의 삶을 자르고 다시 만져서 그리스도의 형상으로 만드시는 것을 본다. 이것은 참으로 달콤한 순간이다! 하지만 아무리 훌륭하다 해도, 이것이 우리의 최종 보상은 아니다.

이 세상에서 일어나는 것 외에, 우리는 우리를 부르시고 은사를 주신 그분의 인정을 갈망한다. 우리는 하늘의 갈채를 듣기 원한다. 설교의 최종 목표는 우리를 그분의 신부로 사랑하시는 하나님을 기쁘시게 하는 것이다. 생명보다 더 사랑하는 하나님께 기쁨이 되길 원한다.

그분의 보좌 앞에 나아가 우리가 한 일에 대해 이야기할 날이 올 것이다. 그분의 거룩함에 압도되어 땅에 엎드려있는 그 순간, 깊은 설교자는 하나님의 손이 자신을 일으키시는 것을 간절히 느끼기 원한다. 그리고 그의 귀에 "잘하였도다 착하고 충성된 종아"(마 25:21)라고 하나님이 속삭이시기를 갈망한다.

사역의 경주를 잘 달리자. 우리 영혼의 연인을 기쁘시게 하기 위해 달리자.

깊은 설교는 사랑의 수고다.

부록 1

골방 질문

골방 시간을 보낼 때, 석의를 통해 발견한 아이디어에 대한 묵상과 기도, 그리고 필요하면 금식을 하면서 보내기를 제안한다. 이 시간을 잘 사용하기 위해 5개의 다른 관점을 가지고 본문의 아이디어에 초점을 맞춰 살펴보라. 각 질문마다 당신에게 다른 방법으로 도전을 줄 것이다. 각 질문마다 성경 본문과 그것이 포함하는 아이디어에 깊숙이 들어가게 할 것이다.

이 질문을 살펴보면서 설교를 작성하는 것이 아니라는 것을 유념하라. 이 다섯 질문은 골방 작업의 내용이다. 골방 안에서 묵상하고, 기도하고, 필요할 땐 금식을 할 것들이다. 이 다섯 질문의 의도는 당신과 하나님과의 시간에 초점과 목적을 주는 데 있다.
설교 작성은 골방 작업이 완성되기 전까지 시작하면 안 된다.

1. 뒤로 보라

당신의 골방에서 묵상하고 기도하면서 물어 볼 첫 번째 질문은 "왜 이 석의적 아이디어가 원 회중에게 필연적이었는가"이다.

질문 1 왜 이 석의적 아이디어가 원 수신자에게 필연적이었는가?

① 성경의 저자는 누구에게 이 메시지를 전달했는가?
② 무슨 문제를 다루었는가?
③ 왜 그들은 그것을 들을 필요가 있었는가? 얼마나 긴급했나? 왜?

여기서 당신의 목적은 그 문제가 원 수신자의 삶에서 구체적으로 무엇이었는지를 결정하는 것이다. 이 성경적 진리가 요구하는 상황을 마음에 그려보라. 당신의 머릿속에서 그것을 보라. 당신이 보는 문제가 실재하는 것임을 분명히하라. 당신의 머릿속에서 실제적이지 않다면, 왜인지를 물어라.

④ 원 수신자들의 선행역사가 이 가르침이 이 시간에 이 사람들에게 필요했던 이유를 설명하는 데 도움이 되는가?
⑤ 이 가르침의 필요를 품거나 가속화하기 위한 문화적인 요소들이 있었는가? 어째서 원 수신자의 마음은 이 방향으로 흘러가기가 그렇게 쉬웠는가? 왜 하나님은 그들에게 이 아이디어가 구체적으로 필요하다고 생각하셨는가?
⑥ 이 성경 진리에 대한 원 수신자의 감정적 반응은 어떠했다고 생각하는가? 처음 들었을 때 그들의 본능적인 반응은 어떠했는가? 왜

그렇게 생각하는가?
⑦ 이 메시지의 원 수신자는 그것으로 무엇을 했는가? 그들은 이 말씀을 주의했는가 아니면 모른 체했는가? 우리는 아는가?
⑧ 이 진실은 원 수신자의 삶을 어떻게 변화시켰는가, 또는 어떻게 변화시킬 수 있었겠는가?

성경 속에 있기 때문에 그것이 진리가 아니다. 그것이 진리이기 때문에 성경에 있다. 그것에 순종하거나 불순종하는 결정은 우리의 삶이 번성할 것인지 허둥거릴 것인지를 결정한다. 이것을 유념하며 두 시나리오를 발전시킨다.

ⓐ 원 수신자들이 이 본문의 진리에 완전히 반응했다면 그들의 삶이 어떠했을까?
ⓑ 원 수신자들이 이 진리를 모른 체하거나 무시했다면 그들의 삶이 어떠했을까?

⑨ 이 원칙이 성경에 언급되어 있는 유일한 때인가? 성경적 역사 내내 이 이슈와 투쟁한 다른 사람들이 있는가? 누가? 언제? 왜? 어떤 결과가 있었는가?
⑩ 무슨 비유가 이 본문의 의미를 가장 잘 포착하는가?

2. 위로 보라

당신의 골방에서 묵상하고 기도하면서 물어볼 두 번째 질문은 "이 본문에서 자신에 관해서 무엇을 나타내시는가?"이다.

질문 2 하나님은 이 본문에서 자신에 관하여 무엇을 나타내고 계시는가?

① 이 본문은 하나님의 성품에 관해서 무엇을 보여주고 있는가? 하나님의 어떠한 속성으로부터 이 아이디어가 나오는가? 여기서 당신은 행동과 성품을 연결하라. 이 진리가 원 수신자에게 주어진 그때에 왜 하나님의 성품이 그것을 줬어야 했는지 이해하라.
② 이 본문의 진리가 왜 신학적으로 필수적인가? 하나님은 왜 그분의 백성에게 이것을 요구하실까? 하나님이 비합리적이거나 불공평하신가? 하나님은 당신의 최선의 이익을 마음에 두고 계신가? 그것을 어떻게 아는가?

3. 안으로 보라

우리는 골방 작업을 뒤로 돌아보며 "하나님이 이 본문에서 무엇을 소통하셨나?"라는 질문을 하며 시작했다. 다음 위로 보며 본문이 하나님에 대해 무엇을 말하는지 보았다. 이제는 안으로 보면서 "이 본문에서 하나님이 나에게 하시는 말씀이 무엇인가?"라는 질문을 할 필요가 있다.

질문 3 이 본문에서 하나님이 나에게 하시는 말씀이 무엇인가?

당신이 발견한 아이디어가 다른 사람들의 삶에 어떻게 영향을 미쳐야 할지 생각하기 전에, 먼저 그것이 당신의 삶에 어떤 영향을 미쳐야 할지 질문하라. 여기에 도움이 될 질문들이 있다.
　어떠한 점에서 나의 삶이 이 책의 원 수신자와 비슷한가?

① 나의 약점이 그들의 약점인가?
② 나의 유혹이 그들의 것인가? 그들처럼 나도 굴복했는가?
③ 그 결과로 나의 삶이 뒤틀렸는가?
④ 어떻게? 어떤 결과가 있었는가?
⑤ 언제 이 죄에 더 빠지기가 쉬웠나?
⑥ 이 문제를 야기하는 어떤 버릇/습관이 내 삶에 존재하는가?
⑦ 나에 대한 무엇이 이 구체적인 적의 공격에 취약하게 하는가(즉 이 죄로 나타나는 근본적인 문제가 무엇인가)?
⑧ 나의 삶과 사역이 이 죄로 인해 어떻게 고통받았나?
⑨ 다른 사람들은 이것으로 인해 어떻게 영향받았나?
⑩ 이 유혹을 견딤으로 인해 나의 삶과 사역이 어떻게 강화될 수 있었을까?
⑪ 이 본문의 아이디어가 당신의 삶을 영적으로 어떻게 전진시킬 수 있나?
⑫ 당신이 다른 선택을 했다면 당신과 당신의 사람들이 바로 지금 경험했을 또 다른 현실을 그려보라.

　이 질문들을 당분간 생각하라. 이 질문들이 당신의 혼을 파고들도록 하라. 그리스도의 임재를 실행하라. 성령이 당신의 생각을 당신이 맡을 역할과 당신이 나타내는 이미지 뒤에 있는 참된 자신에 대한 지식으로 조명하시도록 하라.

『내 마음 그리스도의 집』*My Heart, Christ's home*[1]이라는 소책자에서 로버트 보이드 멍어Robert Boyed Munger는 집의 은유를 사용하여 우리 마음에 대한 이해를 도와 준다. 멍어처럼, 당신 본문 속에서 발견한 아이디어의 빛 아래 그리스도를 당신의 삶으로 안내하라.

- ◆ 서재–당신의 마음
- ◆ 식당–식욕과 욕구의 방
- ◆ 거실–예수님과 대화와 교제하기에 좋은 조용하고 한적한 곳
- ◆ 작업실–하나님의 나라를 위한 것들이 제작되는 곳
- ◆ 오락실–내가 가서 휴식하고 재미있게 노는 곳
- ◆ 침실–나의 결혼 생활의 축제가 있는 곳
- ◆ 가족실–하나님의 가족과의 관계가 계발되고 풍요롭게 되는 곳
- ◆ 부엌–다른 사람들과 함께 하나님의 가족을 섬기는 곳
- ◆ 복도 벽장–우리의 숨겨진 죄를 덮으려고 노력하는 곳

예수님을 안내해드리면서 당신이 발견한 것에 대해 만족하는가? 당신의 실제 삶과 하나님이 당신의 본문 아이디어에서 요구하시는 것과 일치되지 않는 부분들이 있는가?

혼자서나 다른 사람들의 도움으로 스스로에게 물어야 할 중요한 질문들이 있다. 이 진리를 나의 삶에 근본적으로 적용하는 것을 막는 것이 무엇인가? 알면서도 왜 이것을 실행하기를 거부하는가? 왜 그것은 내 삶을 이토록 사로잡고 있는가?

규칙을 기억하라. 당신이 더 영적이라고 생각할수록 실은 하나님으로부터 더 멀리 있는 것이다. 하나님과의 관계 속에서 "도달"했다고 생각

---

[1] R. B. Munger, *My Heart, Christ's Home*, 2nd rev. ed. (Downers Grove, IL: InterVarstiy Press, 1992).

하는 사람들은 그분으로부터 가장 멀리 떨어져 있다.

4. 밖으로 보라

우리가 설교할 본문의 아이디어를 뒤로, 위로, 그리고 안으로 보았다면 이제 밖으로 볼 때가 되었다. 그리고 "이 본문을 통해 하나님이 이루고자 하시는 것이 무엇인가?"라고 질문한다.

질문 4 이 본문을 통해 하나님이 이루고자 하시는 것이 무엇인가?

좋은 출발점은 원 저자가 이 진리의 원 수신자들의 삶에서 무엇을 성취하려 했는지를 보는 것이다. 당신의 회중에게 똑같이 적용되는가? 여기에 원 수신자와 당신의 회중 사이의 공통점과 차이점에 초점을 맞출 수 있도록 도와줄만한 여러 질문들이 있다.

① 당신이 인도하는 사람들이 원 수신자와 어떤 방면으로 비슷한가? 존재할 만한 유사점들을 고려하라. 다음과 같은 요소들을 고려하라.

  ⓐ 사회경제적으로-가난한가 아니면 풍족한가?
  ⓑ 사회적으로-안락한 가정인가 아니면 과부/고아인가?
  ⓒ 도덕적으로-음란에 둘러싸인 삶을 사는가? 부요한가? 쾌락을 원하는가?
  ⓓ 정치적으로-당신의 나라는 하나님의 인도하심/지도를 따르려는 사람이 지도하는가 아니면 불신자인가?
  ⓔ 영적으로-그들이 하나님과 동행한 기간은? 그들이 누리고 있는 영적 유산은? 그들의 영적 열정의 온도는?(예, 차가움, 미지근함, 또는 펄펄 끓음?)

이제 회중이 본문의 아이디어를 얼마나 수용할 것인지 시간을 두고 생각하라.

① 당신의 사람들이 이 본문의 가르침과 조화되어 살기 원할 것 같다고 생각하는가? 왜 그런가 또는 왜 안 그런가? 그들의 반대 이유는 무엇인가?
② 우리가 이 본문처럼 살 때, 방해하는 것이 무엇인가? 조직적인 집단적인 장애물이 있는가?

당신의 설교에 도움을 줄 수 있는지 한 그룹에 부탁하라. 본문의 석의적 아이디어를 간단히 요약한 뒤, 그 그룹의 구성원들을 이 진리가 그들의 삶에 구체적으로 어떻게 영향을 미치는지에 대해 이야기하도록 초청하라.

여기 당신의 그룹과 만날 때 도움이 될 질문들이 있다.

- ◆ 이 아이디어가 당신을 *끄는가* 아니면 밀어내는가? 자극하는가 아니면 두렵게 하는가? 왜 그런가?
- ◆ 이 아이디어가 허튼소리 같은가 아니면 상식 같은가? 탁월하게 실용적인가 아니면 가망 없이 이상적인가? 왜 그런가?
- ◆ 만약 당신이 하나님을 쳐다보고 이 아이디어에 대한 당신의 생각을 말한다면 뭐라고 말할 것인가? 무슨 말을 하기가 두렵겠는가?
- ◆ 회중석에 앉아 있는 사람들에게 이 아이디어에 대해 말한다면, 뭐라고 말할것인가? 누구에게 말할 것인가? 왜 그런가?
- ◆ 일반 지역사회의 어떤 사람들이 이 진리를 반드시 들어야 하나? 왜 그런가?

- 일반 지역사회의 어떤 사람들이 이 아이디어에 대해 격렬한 반대 또는 찬성을 하겠는가? 왜 그런가?
- 만약 당신이 오늘 이 진리를 아주 진지하게 받아들일 결정을 한다면 당신의 삶에 어떤 변화가 있겠는가? 왜 그런가?

① 당신의 회중 중 누가 이 본문에 순종하며 살았는가?(구체적인 사람들을 생각하라)
② 당신의 회중 중 누가 이 본문을 불순종하며 살았는가?(다시 구체적인 사람들을 생각하라)
③ 이 진리가 당신과 당신의 청중들이 살고 섬기는 지역사회와 당신의 사람들을 어떻게 변화시킬 수 있는가? 이 본문의 진리를 수용함으로 나타나는 파급효과는 무엇인가?

이 질문들은 당신의 성경 본문의 적용이 한 사람의 삶의 과정, 유전적 소인, 자기 훈련, 교육, 배우자의 지지, 또는 다른 요소에 크게 영향 받는지를 결정한다. 그리고 그것을 순종함으로 인한 거대한 혜택도!

5. 앞으로 보라

당신이 설교할 아이디어를 뒤로, 위로, 안으로, 그리고 밖으로 보는 골방 작업에 시간을 투자했다면 이제는 앞으로 바라보며, "이 본문에서 내가 얻은 진보를 효력 없게 만들 수 있는 것은 무엇인가?"라고 질문할 때이다.

질문 5 이 본문에서 내가 얻은 진보를 효력 없게 할 수 있는 것은 무엇인가?

당신이 목적을 모두 성취하는 설교를 한다면 사탄은 아무것도 하지 않고 가만히 서 있을 것 같은가? 당신이 방금 취한 영적 영토를 아무런 도전 없이 즐기도록 가만히 앉아 있을 것 같은가? 난 그렇게 생각하지 않는다. 반격을 대비하라. 당신이 그리스도와 그의 나라를 위해 방금 취한 영적 영토를 되찾기 위해 어떻게 노력할 것인가?

시작에 도움이 될 질문들이 여기 있다.

① 어떠한 방법을 통해 사탄이 반격할 가능성이 높은가?

ⓐ 거짓말을 할 것인가?(그는 거짓의 아버지다 - 요 8:44)
ⓑ 낙심을 사용할 것인가?
ⓒ 분열을 일으키려고 노력함으로 그의 뜻을 펼칠 것인가?
ⓓ 이전부터 존재하던 상황 또는 상태를 이용하려고 할 것인가?

② 어떠한 상황이 이 진리를 지속적으로 순종하는 것을 어렵게 하는가? (예, 갑작스런 독신(이혼/사망), 경제적인 불경기/실직, 건강의 손실)

③ 무슨 연령대(예, 어린이, 청소년, 대학생, 신혼부부, 중년, 최근에 은퇴, 노인) 가 이 진리의 적용을 가장 어려워하겠는가? 왜 그런가? 이 진리에 대해 심하게 몸부림치지 않을 사람들이 그러할 사람들을 어떻게 도울 수 있겠는가?

부록 2

완벽한 것을 개선하다(연장된 은유)

완벽한 것을 어떻게 개선할 수 있는가?¹ 당신은 램브란트Rembrandt의 그림에 한두 획을 그을 뻔뻔함이 있는가? 아니면 프랭크 로이드 라이트 Frank Lloyd Wright가 지은 집을 개조할 수 있는가? 아니면 타이거 우즈Tiger Woods에게 퍼팅에 대한 충고를 준다던지? 헨델Handel의 "메시아"Messiah에 몇 바를 추가한다던지? 어떤 것은 너무 좋아서 우리가 할 수 있는 최선의 일은 그것에 손대지 않는 것이다. 그대로 내버려 두는 것이 낫다. 훼손되지 않은 채. 원래 그대로.

"보기만 하시고 만지지는 마세요"라는 원리에 적합한 그 무엇이 있다면 내가 최근에 발견한 품질 높은 크리스탈 그릇이 그러한 것 같다. 이 그릇은 4.25인치의 높이와 13.25인치의 넓이에 가격은 숨 막히는 6,100불이다. 왜 그리 비싼가? 왜냐하면 미쉘 오카 도너Michele Oka Doner가 디자인했고 스튜번 유리 회사Steuben Glass Company가 제작했기 때문이다. 합동 걸작품이다.

---

1 이 기사는 캘리포니아, 우드랜드힐스교회의 발행물인 「보이스」(*The Voice*, Summer 2008)에 처음 실렸다. J. Kent Edwards가 담임목사다.

미셸 오카 도너는 국제적으로 호평을 받은 예술가이자 디자이너이고 그녀의 경력은 40년이다. 그녀의 예술은 메트폴리탄 미술관과 뉴욕의 쿠퍼 휴이트 국립 디자인 미술관과 시카고 미술연구소의 수장품에서 찾을 수 있다. 그녀의 공개 예술 장소는 뉴욕의 헤럴드 스퀘어 지하철역과 마이애미 국제공항을 포함한 여러 곳이다. 도너가 그 분야에서 얼마나 존경받는지 그녀에 대한 책이 두 권이나 출간 되었다![2] 때문에 도너가 크리스탈 그릇을 만들기로 결정했을 때, 그 결과는 굉장할 것이라는 사실을 짐작할 수 있다.

하지만 이 6,100불짜리 그릇을 더욱 인상 깊게 만드는 것은 도너의 구상을 그 유명한 뉴욕의 스튜번 유리 회사가 현실화 했다는 것이다.

스튜번의 뉴욕 본점은 2,000년도에 메디슨 거리의 61번지에 지어졌다. 하지만 이 6,100평방피트 되는 3층 시설의 현대적인 장엄함에 속지 마라. 이 회사는 최고의 품질을 보장하는 긴 역사를 가지고 있다.

스튜번 회사는 1903년에 설립되었고 언제나 뉴욕에 있는 코닝 공장에서 유리를 제조하였다. 스튜번 고유의 유리는 뛰어난 광학 제조법으로 수공된다. 최첨단의 용출법은 유리가 유난히 순수하고 아주 세밀한 시각적 결함조차 없도록 보장한다. 마스터 "감독"의 지도 아래 숙련된 공예가들은 글로리 홀이라고 불리는 재연소실에서 팀별로 작업한다. 녹은 유리는 수집되어 탱크에서 글로리 홀로 운반되어지고 그곳에서 수백 년이 넘도록 거의 변하지 않은 분관, 폰테 막대, 큰 가위, 켈리퍼스 그리고 다른 도구들로 불 위에서 작품으로 만들어진다. 완성된 작품은 냉각조에서 서서히 식혀 잘리고, 광이 나고, 손으로 새겨진다. 다이아몬드 촉을 가진 펜으로 서명되기 이전에 하나하나 세밀하게 점검된다. 결함이 있는 제품

---

2 http://www.micheleokadoner.com/back.html을 보라.

은 파괴된다. 스튜번에는 중고는 없다. 오직 완벽한 제품만 판다!³

미셸 오카 도너와 스튜번 유리 회사는 최고 중의 최고다. 그들은 손에 손잡고 작업하며 그들의 어마 어마한 전문지식을 결합하여 진정한 예술작품인 크리스탈 그릇을 창조했다.

만약 이 명품을 위해 6,100불을 내놓는다면 당신은 그들의 훌륭한 작품에 당신의 감탄 외에는 더 이상 추가 할 것이 없다고 믿는 것이다. 어쨌든, 완벽한 것을 어떻게 개선할 수 있는가? 하지만 이 경우에는 그럴 수 있다. 도너와 스튜번 회사가 당신에게 그리하도록 부탁한다.

이 그릇을 구매하는 사람들은 끝에 다이아몬드가 달린 순은 펜도 함께 받는다. 그리고 이 그릇의 사용설명서에 "만지지 마시오" 또는 "손대지 마시오"라는 문구는 전혀 없다. 오히려, 구매자들에게 정반대로 하도록 격려한다.

이 아름다운 예술작품의 창조자들은 이런 제안을 한다.

> 영원히 사라지지 않을 추억을 위해, 이 "그랜드 시그니처 볼"Grand Signature Bowl 위에 동반된 순은 펜으로 참석한 손님들의 이름을 서명하게 하십시오. 이 펜은 특별히 유리에 사용될 수 있도록 촉이 다이몬드로 되어 있습니다. 펜 사용법은 사용설명서를 참고하십시오.

이 그릇의 합동 창제자들은 당신의 만찬 손님들이 일반적인 방명록에 서명하기보다는 그 아름다운 유리 그릇에 특별한 펜으로 그들의 이름-그들만의 자국-을 아로새기도록 요청한다. 도너와 스튜번 회사는 그들의 아름다운 작품을 그보다 더 낫게 할 수 있는 유일한 방법은 다른 사람

---

3 http://steuben.com/acb/article.cfm?section=9&subsection=62&subsubsection=70&aid=328을 보라.

들이 그들의 유일하고 지울 수 없는 자신만의 자국을 남기도록 하는 것임을 안다.

하나님은 그의 창조 걸작품에 대해 동일한 말씀을 하신다. 미쉘 오카도너가 완벽한 크리스탈 작품을 만들었듯이, 하나님 아버지는 그분의 백성들을 완벽하게 디자인하셨다. 창세기 1장과 2장에서 하나님이 아름다운 우주를 만드셨을 뿐만 아니라 그분의 창조물 중 최고의 보배인 인류를 만드실 때 허리 굽혀 손에 흙을 묻히신 것을 볼 수 있다. 우리는 하나님의 손가락으로 하나님의 형상으로 빚어졌다. 그리고 하나님 아버지는 자신이 손수 만드신 우리를 보시고 좋다고 선포하셨다. 하나님은 불량품을 만들지 않으신다!

하지만 기독교인으로서 우리는 제2의 명장 디자이너이신 성령의 혜택을 받는다. 우리는 그저 태어난 것이 아니라 거듭났다. "육으로 난 것은 육이요 성령으로 난 것은 영이니"(요 3:6).

그리고 스튜번 회사와 같이, 성령은 보잘 것 없는 일을 하지 않으신다. 성령의 열매는 사랑과 기쁨과 화평과 오래 참음과 자비와 양선과 충성과 온유와 절제이다. 성령은 참으로 아름다운 사람들을 만드신다! 이러한 정교한 작품을 어떻게 개선할 수가 있겠는가?

당연히 하나님은 그의 이중 디자인된 창조물인 우리에게, "만지지 마시오. 손대지 마시오. 내버려 두시오"라는 작은 설명서를 주셔야 하지 않겠는가? 그 누가 감히 최고 디자이너이신 하나님이 창조하신 것에 손대겠는가? 그분의 작품에 손댄다는 것은 적절하지 않은 듯하다. 신성 모독이다. 하지만 그렇지 않다.

도너와 스튜번 회사가 만찬 손님들의 손에 순은 펜을 쥐어주며 그들의 아름다운 용기에 새기도록 초청했듯이 하나님도 우리 손에 영적 필기구를 쥐어 주시고 하나님의 보배롭고 아름다운 창조물인 동료 그리스도인들의 삶에 새기도록 초청하신다. 하나님이 우리에게 영적 은사를 주셨을 때 그분은 우리에게 다른 사람들의 삶에 새길 수 있는 다이아몬드 촉과 같은 초자연적인 능력을 주신 것이다.

우리의 은사는 다 같지 않다. "은사는 여러 가지나"(고전 12:4a) 하나님은 모든 은사가 동일한 목적에 사용되기를 바라셨다. "각 사람에게 성령의 나타남을 주심은 유익하게 하려 하심이라"(고전 12:7)라고 바울은 말한다. 하나님의 은사는 공동의 유익을 위해–다른 사람들의 이익을 위해서–주어진 것이다. 우리만의 즐거움을 위해서만이 아니다.

도너와 스튜번 회사와 같이, 하나님 아버지와 성령은 우리 개개인을 아름답게 만드셨다. 우리는 영적으로 흠이 없다. 하지만 하나님은 또한 특별한 필기구인 영적 은사를 나눠 주셨다. 그것을 사용해 다른 사람들의 삶 속에 새기기 원하신다. 우리는 주위 사람들 속의 하나님의 작품을 감탄하며 바라보는 것 이상을 해야 한다. 하나님은 우리의 영적 서명을 그분의 보배롭고–그리고 아름다운–창조물에 남기길 원하신다. 그분의 완벽한 작품을 더욱 아름답게 하기를.

당신의 필기구를 들어라. 당신의 자국을 남기기 시작하라.

DEEP PREACHING

부록 3

얼어붙다(연장된 은유)

500년 전 한 아름다운 15살 잉카 소녀가 그녀의 최고급 옷을 입고 아르헨티나의 눈덮인 유야이야코Llullaillaco 산을 등반했다.[1] 그녀는 22,000피트 정상까지 올라갔다. 그리고 돌아오지 않았다.

그녀는 수백 명의 잉카 아이들 중 한 명이었고 카파코차capacocha라고 알려진 종교적 의식의 일부로 희생되었다. 오직 아름답고, 건강하고, 육체적으로 온전한 아이들만 이 의식을 위해 선발되었고, 선택받는 것은 명예스러운 것이었다. 선택된 자들은 산 정상에 데려가서 치치chichi(옥수수 맥주)를 받아 마셨다. 그리고 그들이 잠들면 얼어 죽을 때까지 내버려졌다. 차갑고 마른 산 공기가 나머지를 책임졌다.

1999년에 라 돈셀라La Doncella라고 불리는 이 소녀의 얼어붙은 몸이 믿을 수 없을 정도로 잘 보존된 상태로 이 황량하고 몹시 추운 산 정상에서 발견되었다. 그녀의 옷은 새것처럼 보였다. 그녀의 내장은 온전했다. 그

---

[1] 이 기사는 캘리포니아, 우드랜드힐스교회의 발행물인 「보이스」(*The Voice*, Summer 2007)에 처음 실렸다. J. Kent Edwards가 담임목사다.

녀의 심장과 폐 속에는 아직도 피가 있었다. 그녀의 머리는 여전히 빗겨져 있었다. 그녀의 피부마저 좋아 보였다. 그녀가 등반한 500년 뒤, 그녀는 잠자는 아이처럼 보였지, 미라 같지 않았다. 차갑고 마른 고도의 산 공기는 그녀가 살아 있는 것처럼 보이게 하였다.

라 돈셀라는 아르헨티나의 고고도 고고학High Altitude Archaeology 박물관의 새로운 터로 이전되었다. 여기서 아크릴 원기둥 속에 아늑하게 놓여진, 3장의 창유리로 만든 유리 상자 속에 그녀는 놓였다. 컴퓨터화된 실내 온도 조절 시스템이 산소, 습도, 그리고 온도를 그녀가 지난 500년간 경험했던 것과 똑같도록 해주었다.

박물관 전시의 방문객들은 존중의 의미로 어둡게 한 방으로 들어간다. 그러나 버튼을 누르기만 하면, 불빛이 들어오고 라 돈셀라가 어둠 속에서 나타난다.

그녀는 갈색 옷과 줄무늬가 있는 샌들을 신고 책상다리를 하고 앉아 있으며, 코카 잎의 작은 조각들이 그녀의 윗입술에 아직도 달라붙어 있고, 그녀의 긴 머리는 많고 가는 갈래로 땋았으며 한쪽 뺨에는 자면서 숄에 기대서 난 주름 자국이 있다. 그 광경은 으스스하거나 불안스럽지 않았다. 박물관의 책임자인 가브리엘 E. 미르몬트Gabriel E. Miremont는 그녀가 너무나도 잠자는 아이와 같아서 "고고학적인 작업보다는 납치 같은" 느낌이 들었다고 했다.

라 돈셀라는 완벽해 보인다. 그녀는 살아 있는 것처럼 보인다. 언제든지 깨어날 것같이. 하지만 장담할 수 있는 것은 이 젊은 여자는 확실히 죽었다는 것이다. 그런지 500년이나 되었다. 외모는 믿을 수 없다.

이 불쌍한 여자 아이는 내가 만난 몇몇 그리스도인들을 상기시킨다. 겉으로 그들은 영적 건강을 보여주는 그림 같다. 삶의 모든 모습을 지녔다. 조명 아래에서는 그들이 아직도 따뜻하고 숨 쉬고 있다고 쉽게 착각할 수 있다. 하지만 끔찍한 현실은 그들이 수년 동안 영적으로 죽어 있다는 것이다.

그들은 얼어붙어 있다.

얼어붙은 그리스도인들은 자신에게 성경으로 영양을 공급하지 않는다. 그들은 성령과 함께 걷지 않는다. 하늘의 아버지와 기도로 대화하지 않는다. 거룩함을 받아들이지 않는다. 그들의 마음은 예배 동안 흥분해 뛰지 않는다. 하나님을 위한 열정이 없다. 그리고 계속 악화된다.

얼어붙은 그리스도인들을 둘러싸고 있는 분위기는 독성이 있다. 얼어붙은 사람들에게 너무 가까이 가면, 그리고 그들의 태도와 가치관들을 받아들이기 시작하면, 당신은 영적인 잠에 빠져버릴 것이다. 그들의 태도는 당신을 죽일 것이다. 그들을 죽였던 것처럼.

당신은 영적으로도 그리고 육체적으로도 얼어붙어 죽을 수 있다. 요한계시록 2장에서, 사도 요한은 에베소교회에 신랄한 비난을 한다. 왜냐하면 그들의 훌륭한 외적 모습과는 달리 그들은 하나님에 대한 첫사랑을 잃어버렸기 때문이다. 열정이 식었던 것이다.

하나님과의 관계는 메마르지 않고 뜨거워야 하는데 그들은 이성적이고 율법적으로 되었다. 그들의 마음은 얼음으로 뒤덮였다. 당신에게 이러한 일이 일어나지 않도록 하라.

이 우주의 하나님은 당신을 사랑하신다. 당신을 향한 그의 사랑은 불합리적이고 불가해하다. 열정적이고 뜨겁다. 하나님은 당신을 직원이 아니라 신부로 선택하셨다. 운전할 때 지나가면서 손 흔들어주는 친절한 이웃이 아니라 당신의 영혼의 연인이 되길 원하신다. 당신과 눈이 맞아 함께 달아나기 원하신다.

우드랜드힐스교회Woodland Hills Church에서는 당신이 불붙도록 도와주려 한다. 당신의 믿음이 고지대 사막에서 폭발하는 불처럼 될 때까지 부채질 할 것이다. 우리의 목적은 사람들을 예수 그리스도와의 열정적인 관계로 인도하는 것이다. 그것이 우리가 예배를 드리는 이유다. 그리고 소그룹 모임도. 하나님을 향한 열정은 우리가 하는 모든 것의 배후에 있는 원동력이다.

이들을 향한 우리의 열정적인 추구에 합류하자. 함께 우리 영혼의 연인과 열렬한 사랑에 빠지자.

색인

ㄱ

가르침 160

갈라디아 308

감정 257-266

결혼 106, 114, 247, 272

    청혼 188

겸손 176

경건 139

경력 122, 136

고린도 성도 163

골로새 60, 178-179, 282

골방공포증 184

골방 작업 172-176, 233-235, 299

과학 35, 211

관심 33, 92, 122

교사들 193, 258

"교육목표 분류학" 258

구원받지 못한 사람들 56

9월 11일 130, 131

권위 182

그리스도인 57, 224

근본주의 36, 175

금식 175, 187, 217-232, 255

기대 34, 37

기도

    바울 199-203

    베드로 205

    사도 74

    설교자의 기도생활 149

        196-217

    예수 186, 202-203, 343

기드온 324-325

기적 50, 52, 226-228

길이 252, 266-268, 312

깊은 설교 모델 170-171

깊이 데려간다 310

ㄴ

나단 70, 266

"내 마음 그리스도의 집" 280, 282, 352

니느웨 71, 221, 227

ㄷ

다윗 70, 113-114, 221, 228-229, 266, 274, 290, 329

다중 작업 185

독립선언 129-130

디모데 59, 76, 209, 284, 309

ㅁ

맥도날드 265

명예의 전당 80

모세 57, 70, 111-113, 166, 191, 196

목사들의 기대 38

목자 74

목자이신 예수님 74

묵상 175, 187, 207-208, 215

문화 35

미니 쿠퍼 254

미디어 33-35

밀리 바닐리 123

밀실공포증 184

ㅂ

바나바 222, 228

바리새인 61, 110, 163, 222, 240, 256, 261, 263, 284, 287

바울

   금식 222

   기도 200-202

색인　369

능력　323-326
설교　56, 61, 76
성경　59, 165, 270
성령과 함께　161-165, 177
위험을 감수하는　330, 337
하나님과의 관계　116, 285
바퀴　154
반격　298, 356
배경　53
베드로　54, 58, 73-74, 159, 203-205, 308
　기도　205
보충 요소　147, 150-156, 168, 170, 236-253
복음주의　84, 88, 96-97, 170, 305, 317, 320, 330
분위기　102, 202, 211, 313, 320, 365
　본문　261, 266, 318
　은유　262, 264
블랙베리　185, 310
비유　81, 102, 202, 239, 248, 349

ㅅ

사도　209
사람 대 사람　93
사울　220-221, 228, 261, 290
사탄　66, 104, 134, 298, 299, 337, 339-342
사회정의　81
산상설교　171, 240, 247, 307
석순과 종유석　182
석의　140, 147-150, 154-160
선한 목자　246, 338
설교　247, 286-289
　감정적　261, 319
　강의 및 과제들　189
　깊은 설교　303-346
　명백한　95, 229, 285
　목적　73, 99, 124, 260, 291, 309, 315
　성경적　36, 61-62, 80
　장르　316-317
　집중된　133
　흥미있는　81, 310-312
설교자　31, 32, 33, 77, 89

기대 34, 37-38, 66, 311
기도 생활 199-202
깊은 설교자 44, 124-125, 134, 144, 146, 156, 183, 186, 268, 275, 306, 319-346
마음 102
목자 74, 287, 338
목표 121-125, 145, 290
선생님들 244
성경 30
영감 55, 137
유혹 32, 45, 59, 122-124, 133-134, 140, 176, 274, 278-279, 297, 306, 312, 351
이스라엘 63
위신 38
자기인식 278
정직 329-330, 334
준비 과정 178, 195
투명성 328
특성 84, 231, 280
하나님과의 관계 101-102, 104, 110, 113, 118-119, 123, 177, 186, 191, 216, 219, 220, 222, 224-225, 260-261, 285, 352, 365
하나님 말씀의 능력 64, 68
설교자의 유혹 32, 123
설교자의 인격 101
설교하기
　겉치장 328
　노동 17, 60, 193
　바울 177-179, 322
　사도행전에서 75, 207
　성령과의 동행 303
　역사적인 이유들 44, 77
　영양분 142-143, 194
　예측 가능성 141, 272, 276, 332
　장로교 교회(미국) 54, 98
　전자기술로 95
　중요성 56, 74-75, 98
　창조성 141
　하나님의 목적으로 68, 309
성경 140
　가치 57
　권위 55, 70, 73
　성령의 역할 162, 170

색인 371

영적인 영양분   142-143, 194
완성   164
의도   139-141, 144, 145
장르   141-142, 150, 316-317
하나님의 특별계시   53
성경적 긴장   140-141
"성경 이미지 사전"   246
성령강림절   199
성령 골방 작업   173
성령의 역할   162, 170
성육신적 소통   91-93
소통   168, 171
스물 네 시간(24시간)   31, 49
스케줄   38, 41
스타벅스   115, 301, 303, 332
스튜번 유리 회사   357-361
시간   37, 38, 41, 96
신뢰   56
신앙 부흥 운동   87-88
"신약신학사전"   197
신학   45
씨에쓰아이CSI   53, 138, 270

ㅇ

아리스토텔레스   249
아브라함   63, 111, 240-241
아삽   274
아이디어   127-156
아이팟iPod   184
아이폰   89, 185, 253, 310
안나   220
야고보   147, 215
얕은 설교   180, 239
어거스틴   29, 82
에너지   44, 45, 79, 88, 96, 121, 183, 188, 190, 300
에베소   59, 75, 76, 117, 119, 144, 163, 170, 200, 201, 296, 308, 300, 318, 338, 365
에스겔   189, 194
에스라   221, 227
에프150F150   254
엘리   216-217
엘리야   197
여호사밧   221, 227
여호수아   62-63, 191, 195

역사　29
역사 채널　290
열매　47, 67, 83, 163, 201, 208,
　　　248, 283, 287, 334, 360
영감　53-55, 95, 116, 130, 137-183,
　　　141, 142, 145, 161, 165, 176, 180,
　　　210, 236, 239, 270, 301, 306, 317
영적 교훈　58
영적 선물　111-112. 310. 321
영적 성숙　59, 61, 143
영적 분위기 형성　102
영화　31, 33, 39, 109, 173, 296,
　　　313, 315, 319, 327
예레미야　18, 65-66
예수님　50
　　고독　186
　　권위　177
　　금식　222, 228
　　기도　197, 202-203, 222
　　목적　73, 90
　　비유　171, 202, 222, 256
　　설교자　247, 342
　　하나님의 특별계시　53
요나　71, 221

우상　102, 103, 105, 111, 323
"위기의 주부들"　137
유사함　249
유행　79, 99
의로움　263
이사야　72, 288, 323, 339, 340
이스라엘　58, 63, 70, 106, 108,
　　　111, 220
이스라엘의 설교자　63
인간　128
잉카　363

ㅈ

자기인식　278
자아　121, 225-226, 319-320, 333
적용　145, 171, 195, 203, 209, 258,
　　　280-283
절대 진리　35, 128
정보　29-32, 35
· 정직　320, 330, 334
제니 크레이그　217
존경　39, 140

색인 373

종교 35, 86, 88, 224
    맹목적인 믿음 36, 103
종유석 182
주석 214
주인공 39, 269
주제 136, 139, 148-152
중요히 여기는 92, 94, 185, 212, 327
"쥬라기 공원" 33
지식 31, 47
지피에스GPS 103, 105
집중 121, 122, 235, 258

ㅊ

창조성 141
청교도 87, 196, 211
청소년들 40, 58, 188
추수감사절 303, 312
침묵 47, 62, 163, 75, 185

ㅋ

켄터키대학 194

ㅌ

타임 129
태도 96, 202, 260, 261
터퍼웨어 190, 321-322, 323, 325, 326
텔레비전 79
투명성 328
트라이엄프Triumph 104

ㅍ

파워포인트 34, 138, 157
팟캐스트 35, 89
"패션 오브 크라이스트"The Passion of the Christ 109

ㅎ

하나님과 함께 하는 7분   192

하나님의 계시

    일반계시   48-50

    특별계시   50-53

하나님의 명령   73-77

하나님의 사랑   108, 110, 151, 152, 153, 246

하나님의 소통   52

하나님의 존재   46-47

하만   221, 227

한나   216-217

한인교회   38

해부학   147-151

핵심   127-156

현대주의   175-176, 245

호세아   62, 105-107

회중   91

휴대용 맥 컴퓨터 Mac   157

깊은 설교
Deep Preaching

2012년 5월 30일 초판 발행

지은이   켄트 에드워즈
옮긴이   조 성 헌

펴낸곳   사)기독교문서선교회
등록   제16~25호(1980. 1. 18)
주소   서울시 서초구 방배3동 983-2
전화   02)586-8761~3(본사) 031)923-8762~3(영업부)
팩스   02)523-0131(본사) 031)923-8761(영업부)
홈페이지 www.clcbook.com
이메일   clckor@gmail.com
온라인   국민은행 043-01-0379-646, 기업은행 073-000308-04-020
              예금주: 사)기독교문서선교회

ISBN 978-89-341-1194-8(93230)

* 낙장·파본은 교환해 드립니다.